Kurt Roeske

—

Im Dialog mit der Antike

Der Autor Kurt Roeske hat Klassische Philosophie in Frankfurt/ Main und Tübingen studiert. Als Schulleiter hat er die Diltheyschule in Wiesbaden, die Deutsche Schule in Athen und das Rabanus-Maurus- Gymnasium in Mainz geleitet. Zahlreiche Publikationen bei K&N, auch Hörbücher.

Kurt Roeske

Im Dialog mit der Antike

Göttliches Wirken und
menschliche Verantwortung

Texte und Interpretationen
von Hesiods *Theogonie*
bis zu Ovids Orpheusmythos

Königshausen & Neumann

Umschlagabbildung:

Attic amphora by Exekias depicting Achilles and Ajax
playing a game during the Trojan War. Ca 530 v. Chr.
Vatikanische Museen. Wikicommons:
https://commons.wikimedia.org/wiki/File:Akhilleus_Aias_MGEt_16757.jpg
(Letzter Zugriff: 06.04.2018)

Bibliografische Information der Deutschen Nationalbibliothek

Die Deutsche Nationalbibliothek verzeichnet diese Publikation in der Deutschen
Nationalbibliografie; detaillierte bibliografische Daten sind im Internet
über http://dnb.d-nb.de abrufbar.

© Verlag Königshausen & Neumann GmbH, Würzburg 2018
Gedruckt auf säurefreiem, alterungsbeständigem Papier
Umschlag: skh-softics / coverart
Bindung: docupoint GmbH, Magdeburg
Alle Rechte vorbehalten
Dieses Werk, einschließlich aller seiner Teile, ist urheberrechtlich geschützt.
Jede Verwertung außerhalb der engen Grenzen des Urheberrechtsgesetzes ist
ohne Zustimmung des Verlages unzulässig und strafbar. Das gilt insbesondere
für Vervielfältigungen, Übersetzungen, Mikroverfilmungen und die Einspeicherung
und Verarbeitung in elektronischen Systemen.
Printed in Germany
ISBN 978-3-8260-6495-1
www.koenigshausen-neumann.de
www.libri.de
www.buchhandel.de
www.buchkatalog.de

Jeder hat noch immer bei den Alten gefunden, was er brauchte oder wünschte, vorzüglich sich selbst.

Friedrich Schlegel

Inhaltsverzeichnis

Vorwort 9

Götter und Menschen in Hesiods *Theogonie* 13

Das Recht auf Asyl und die Interessen des Landes
Der Konflikt in den *Schutzflehenden* des Aischylos
und Euripides 35

Das göttliche Wirken in der Geschichte
Die Begründung der Geschichtsschreibung durch Herodot
und Thukydides 63

Der Gott des Sokrates 93

Die Vernunft als Wesensmerkmal des Menschen
Gedanken zur Entwicklung der Idee von Sokrates bis zur Neuzeit 119

Die vier Kardinaltugenden
Die Begründung eines Systems in Platons Schrift über den Staat 131

Die Demokratie im antiken Athen 143

Der tödliche Blick
Die Geschichte von Orpheus und Eurydike 191

Vorwort

Wir studieren die alten Griechen und Römer nicht nur, um unser historisches Interesse zu befriedigen, sondern hauptsächlich, weil wir von ihnen etwas über uns selbst lernen möchten, über uns als Menschen. Wir setzen dabei voraus, dass sich bei allen Veränderungen, die die Welt in mehr als 2000 Jahren erfahren hat, der Mensch mit seinen Fragen und Problemen, seinen Bedürfnissen, Erwartungen, Hoffnungen und Ängsten im Wesentlichen gleich geblieben ist. Nach wie vor möchte er wissen, wie weit er über sich, sein Geschick selbst bestimmt und wie weit über ihn verfügt wird, von Göttern, von Gott, vom Schicksal, von anderen Menschen, vom Zufall.

In der Antike glaubte man eher, als viele moderne Menschen es vielleicht tun, dass eine Gottheit auf das Leben Einfluss nehmen und dass es sinnvoll und hilfreich ist, den Blick auch auf das zu richten, was nicht in unserer Hand liegt, was wir nicht beeinflussen können; und in der Antike hat man eher über den Zusammenhang nachgedacht, der zwischen schuldhaftem Verhalten und Leid besteht. Darin mag sie uns fremd erscheinen, aber gerade das Fremde, Andersartige regt zur Auseinandersetzung dazu an, die eigene Sicht auf das Leben in Frage stellen zu lassen.

Die folgenden Vorträge haben die Zuhörer, wie die Diskussionen gezeigt haben, dazu angeregt, und sie werden, so hoffe ich, auch bei Ihnen, den Leserinnen und Lesern, ihre Wirkung nicht verfehlen. Sie erheben den Anspruch, für alle verständlich zu sein, die Interesse an den behandelten Themen haben, auch wenn sie fachlich nicht vorgebildet sind. Ob sie den Anspruch einlösen, entscheiden Sie, die Leserinnen und Leser.

Soweit nicht anders angegeben, stammen die Übersetzungen von mir, in Texten von Dichtern rhythmisiert. Ich habe mich darum bemüht, dass sie gut lesbar sind. Gelegentliche leichte syntaktische Umstellungen habe ich in Kauf genommen. Aus längeren Passagen habe ich, wenn nötig, eine Auswahl getroffen.

In **Hesiods *Theogonie*** erfahren wir, dass das Böse nicht durch die Menschen in die Welt gekommen ist, sondern durch den Gott Kronos, der seine Kinder für ewig in den Tartaros verbannen will, damit seine Macht nicht gefährdet wird. Mit ihm beginnt die endlose Folge von Frevel und Strafe, die die Weltgeschichte unentrinnbar durchzieht. Im Mythos von Prometheus wird der Mensch zum Spielball im Intrigenspiel der Götter, bis schließlich Pandora alle Übel über der Welt ausgießt und die Menschen mit ihnen allein lässt. Der Mensch muss sich mit ihnen auseinandersetzen, sie bekämpfen, kein Gott hilft ihm. Ein Gottes- und Menschenbild, das sich von dem jüdisch-christlichen fundamental unterscheidet.

In den Tragödien des Aischylos und Euripides, die den Titel *Hiketiden*, d.h. *Die Schutzflehenden*, tragen, müssen Herrscher entscheiden, ob sie die dringende Bitte von fremden Menschen um Hilfe auch dann erfüllen wollen, wenn sie damit ihr Volk Gefahren aussetzen, eine Entscheidung, die Politikern vieler Länder vor gar nicht so langer Zeit abverlangt worden ist und vor der sie sicher in Zukunft immer wieder stehen werden. Die mythischen Herrscher haben sich mit Blick auf Zeus entschieden, unter dessen Schutz alle Bedrängten stehen. Welche Maßstäbe gelten in unserer Zeit? Elfriede Jelinek konfrontiert in ihrem Drama *Die Schutzbefohlenen* aus dem Jahr 2013 die Gegenwart mit der Antike.

Die Geschichtsschreiber Herodot und Thukydides erkennen im Ablauf der Geschichte Gesetzmäßigkeiten. Im göttlichen Wirken sieht sie der eine, in der menschlichen Natur der andere. Beide sind der Überzeugung, dass man aus der Geschichte Erkenntnisse gewinnen, vielleicht sogar Lehren ziehen kann.

Sokrates markiert eine Wende in der Auffassung vom Göttlichen. Er begründet die Philosophie als einen infiniten Prozess menschlichen Strebens nach der Weisheit, die allein die Gottheit besitzt, und das heißt für Sokrates: Apollon. Der Gott ist der Inbegriff der Moral, Gottesdienst ist das unermüdliche Bemühen, sie in der Gesellschaft zu verwirklichen. Es fällt nicht schwer, sich mit dem Philosophen zu identifizieren.

Für Platon sind die **Kardinaltugenden** der Weisheit, Tapferkeit, Mäßigung und Gerechtigkeit nicht nur Individualtugenden, sondern vor allem Werte, die es im Staat zu verwirklichen gilt, eine ungewohnte, aber vielleicht beherzigenswerte Einsicht.

Aristoteles hat den Menschen als ein Wesen definiert, das durch die **Vernunft (*lógos, ratio*)** ausgezeichnet ist. Die Philosophie der Stoa und die moderne Aufklärung sind ihm darin gefolgt. Der Mensch ist stolz auf die Errungenschaften der modernen Technik, insbesondere auf dem Gebiet der Künstlichen Intelligenz. Bedarf es da nicht vielleicht eines Korrektivs, einer Erinnerung an seine Endlichkeit, an seine Fehlbarkeit?

Athen gilt als die Wiege der **Demokratie**. Der Text, der einem Volkshochschulkurs zugrunde lag, richtet den Blick auf ihre Grundsätze und Institutionen. Antike und moderne Demokratie werden miteinander verglichen. Wir ringen um die beste Form, den Staat zu regieren. Sollten die Menschen stärker in die Gestaltung ihres Lebens in der Gemeinschaft einbezogen werden? Sollten Plebiszite eine größere Rolle spielen? Zur Beantwortung der Frage könnte der Blick auf die Demokratie in Athen hilfreich sein.

Der letzte Vortrag richtet die Frage an uns, wie wir es mit dem Tod halten. Rebellieren wir gegen ihn wie **Orpheus**, finden wir uns mit ihm ab oder sehen wir in ihm das Tor zu einem neuen Leben?

Zwei Klassischen Philologen gilt mein sehr herzlicher Dank. Die Herren Dr. Lutz Lenz und Rolf Walther haben mein Manuskript kritisch durchgesehen und mich vor manch einem Fehler bewahrt. Irrtümer, die der Text nach wie vor enthält, verantworte ich selbstverständlich selbst.

Sehr herzlich bedanke ich mich auch für den großzügigen Beitrag, den die

>Gerd und Margarethe Krämmer-Stiftung, Mainz,

zu den Druckkosten beigesteuert hat.

Kurt Roeske   Im März 2018

Götter und Menschen in Hesiods *Theogonie*

Gliederung

Einleitung 15

1   Homer und Hesiod 16

2   Hesiods Theogonie 17

2.1   Von Uranos bis Kronos 17

2.2   Von Kronos bis Zeus 20

2.3   Die Herrschaft des Zeus 22

3   Götter und Menschen 23

4   Die Kritik des Xenophanes 25

5   Hesiod: Die condicio humana: Prometheus 26

6   Die Götter im Kult 30

Schluss: Ein kurzes Plädoyer für den Polytheismus 32

Literatur 33

Hesiod (7. Jh. v.Chr.)

Einleitung

Man kennt sie noch, die Namen der griechischen und römischen Götter, Uranos und Kronos, Zeus und Hera, Apollon und Dionysos, Athena, Aphrodite und Pluto, Jupiter und Juno, Minerva und Venus. Die Namen gehören noch zum Standardwissen eines gebildeten Menschen. Planeten heißen Uranus und Pluto, Jupiter und Venus, Mars und Neptun, Elemente Uran und Plutonium. Götternamen tauchen in der Werbung auf, leben in Begriffen und Namen fort wie apollinisch, dionysisch, Aphrodisiakum, Apollon-Rakete. Es gibt eine Apollon-Hochschule, einen Aphrodite-Friseursalon, einen Hermes-Paketversand, es gibt Juno-Hausgeräte, Jupiter-Blasinstrumente, Venus-Rasierer und Mars-Schokolade. In Mainz schmücken sich griechische Lokale mit den Namen des Zeus, des Apollon und der Athena.

Aber wer verbindet mit den griechischen Göttern mehr als nur die Namen? Und muss man das Desinteresse als Verlust buchen? Ist es nicht wichtiger, über den Islam, den Buddhismus und Hinduismus informiert zu sein als über Götter, die Griechen und Römer vor mehr als 2000 Jahren verehrt haben?

Ich widerspreche und behaupte: Es spricht noch immer einiges dafür, sich mit den religiösen Vorstellungen einer so weit zurückliegenden Zeit zu beschäftigen.

Ich nenne drei Gründe:

Für Christen könnte es sich lohnen, der Frage nachzugehen, in welchem historischen und religiösen Umfeld sich das Christentum entwickelt hat. Schließlich hat man den Apostel Paulus und seinen Begleiter Barnabas im Jahr 48 n.Chr. in der Stadt Lystra, die 30 km von Konya entfernt liegt, für Zeus und Hermes gehalten, hat man vier Jahre später in Ephesos die Göttin Artemis gegen Christus in Stellung gebracht.

Literarisch interessierte Menschen werden vielleicht der Frage nachgehen wollen, was es mit der Göttin *Dike* auf sich hat, *die drunten bei den Göttern wohnt*, auf die sich Antigone in der sophokleischen Tragödie beruft, als sie sich Kreons Befehl, den Bruder zu begraben, widersetzt.

Wer in Länder, in denen die antike Kultur einst blühte, reist, wird sich vielleicht nicht damit begnügen wollen, Theater, Tempel und Kunstwerke nur zu bewundern, sondern wird wissen wollen, welche Rolle die Bauwerke und Gottesbilder im Leben der Menschen damals gespielt haben.

Man muss gar nicht weit reisen: Nicht nur in München und Berlin bergen die Museen wertvolle Schätze der versunkenen Kulturen und nicht nur in Mainz begegnet man der Alten Geschichte auf Schritt und Tritt: Wer wird am römischen Theater, am Drususstein, an der Jupitersäule, am

Isistempel vorübergehen, ohne sich mit den Lebensumständen beschäftigen zu wollen, denen diese Monumente ihre Entstehung verdanken?

Wer Augen und Ohren in unserer Gegenwart nicht verschließt, hat gute Gründe, sich mit der Kultur der Römer und Griechen zu befassen.

Am Beginn der literarischen Überlieferung der Antike stehen die Dichter Homer und Hesiod. Ich konzentriere mich auf Hesiod. Ich werde nicht nur über ihn sprechen, sondern ich werde ihn selbst in Übersetzungen zu Wort kommen lassen.

1 Homer und Hesiod

Bei dem griechischen Historiker Herodot, der im 5. Jahrhundert v.Chr. lebte und den Cicero den *Vater der Geschichtsschreibung* nennt, lesen wir, dass Homer (ca. 700 v.Chr.) und Hesiod (7. Jahrhundert v.Chr.) *den Stammbaum der Götter aufgestellt, den Göttern Beinamen gegeben, ihre Ehren und Wirkungsbereiche geschieden und ihre Gestalten beschrieben* hätten. Sie haben, meint Herodot, die vielfältigen Überlieferungen strukturiert, die Götter in Beziehung zueinander gesetzt und sie als je eigene Wesenheiten mit Eigenschaften und Funktionen fassbar gemacht.

Seit Homer und Hesiod gibt es eine allen Griechen gemeinsame Vorstellung von der Welt der Götter. Die gemeinsame Religion, die gemeinsame Sprache, die Epen Homers, die *Ilias* und die *Odyssee*, und die Dichtungen Hesiods, die *Theogonie* und *Werke und Tage*, haben das Bewusstsein griechischer Identität begründet. Diese Welt ist in einem lange währenden Prozess entstanden, aus Einflüssen, die aus Kleinasien, Syrien, Assyrien, dem Zweistromland und Ägypten stammen, aus Glaubensvorstellungen der Urbevölkerung Griechenlands und der hellenischen Stämme, die in Griechenland eingewandert sind.

Die meisten Namen der olympischen Götter finden sich schon auf den sog. Linear B-Täfelchen, Urkunden der mykenischen Kultur aus dem späten 13. Jahrhundert v.Chr.

Homer und Hesiod sind das Ende einer Entwicklung und zugleich ein neuer Anfang. Wie die Vorstellung von der Welt der Götter und der Beziehung zwischen Gottheit und Mensch allmählich entstanden ist, so ist sie auch im Verlauf der Geschichte Veränderungen und neuen Interpretationen unterworfen worden – von Dichtern, Schriftstellern, Künstlern und Philosophen. Insbesondere Homer, aber auch Hesiod, haben sie nicht verdrängt. Sie blieben in der griechischen Ökumene lebendig und waren präsent wie bei uns die Bibel im Mittelalter.

2 Hesiods *Theogonie*

2.1 Von Uranos zu Kronos

Wie die Welt und die Götter entstanden sind und wie drei Generationen von Göttern aufeinander folgten, ist das Thema Hesiods in dem Werk, das den Titel trägt *Theogonia* – Entstehung der Götter. Hesiod erzählt Mythen, er bietet keine religionshistorische oder philosophische Abhandlung. Er hat sich zwar schon der Schrift bedient, aber sein Werk doch gewiss mündlich vorgetragen und bekannt gemacht. Er ist der erste Autor der griechischen Literatur, über den wir gesicherte Kenntnisse haben. Er stammte aus Böotien und lebte im 7. Jahrhundert v.Chr.

Ich zitiere aus der *Theogonie*, einem Gedicht in Hexametern:

> *Ganz am Anfang entstanden das Chaos und dann die Erde (Gaia) ...*
> *Gaia brachte zuerst den bestirnten Himmel (Uranos) hervor, der*
> *glich ihr. Er sollte sie überall umhüllen und immer*
> *für die seligen Götter ein sicherer Sitz sein.*   (VV. 11617, 126–29).

Ganz tief unten entstand der Tartarus.

Werfen wir einen Blick auf das Alte Testament. Es beginnt mit den Worten:

> *Am Anfang schuf Gott Himmel und Erde. Und die Erde war wüst und leer.*
> *Und Finsternis lag auf der Tiefe, und der Geist Gottes schwebte über dem Wasser.*
> *Und Gott sprach: Es werde Licht! Und es ward Licht.*
> (Genesis, VV. 1–4, Übers.: M. Luther)

Der erste Satz besagt, dass alles, was existiert – das meint *Himmel und Erde* –, seine Existenz Gott verdankt, einer transzendenten, personalen, schöpferischen Kraft. Gott hat nichts als das Chaos vorgefunden, das Tohuwabohu, das Wüste, Leere, Tiefe, die Finsternis, eine Urflut. Daraus schuf er die Welt. Er schuf sie durch seine Worte. Zuerst schuf er das Licht. Was vor dem Chaos war, fragt der Text nicht. Erst später wird man von einem *Nichts*, *nihil*, sprechen, aus dem die Welt erschaffen wurde. (2. Makk., 7, V. 28, ca. 100 v.Chr.).

Auch Hesiod beginnt seine Weltentstehungslehre mit dem Chaos. Es entsteht – woraus es entsteht, erfahren wir nicht. Es ist eine klaffende Leere, das Unerkennbare, Unerklärbare, der Gegensatz zu der sich entwickelnden Ordnung. Mit ihm wird dem prinzipiell unendlichen Regress auf das jeweils Frühere ein Ende gesetzt.

In dieses Chaos hinein formt sich die Erde, das Massive, das Bestimmte und Gültige, Sichere und zeitlos Beständige, der Seinsgrund, auf dem sich in zeitlicher Abfolge das Werden vollzieht. Die Erde erschafft den bestirnten Himmel, eine Parthenogenese. Die Naturphilosophen des 6. Jahrhunderts v.Chr. werden von einer der Materie innewohnenden Kraft sprechen. Erde und Himmel sind Gottheiten, die Erdgöttin Gaia und der Himmelsgott Uranos. Mythen personifizieren und benennen. Die personifizierten Wesen handeln wie Menschen. Durch die Analogie wird das Geschehen nachvollziehbar und verständlich. Die monotheistischen Religionen der Juden und Christen verfahren nicht anders, wenn sie von Gottes Herz und Hand, von Gottes Freude und Zorn sprechen und wenn sie den Himmel als seine Wohnstätte bezeichnen.

Im Vergleich der Texte zeigt sich dort die erschaffene, hier die entstehende Welt, dort die Transzendenz, hier die Immanenz, dort der Monotheismus, der eine männliche Gott, hier der Polytheismus, die beiden Götter Gaia und Uranos, männlich und weiblich.

Und so ist der Kosmos gegliedert: In der Mitte die Erdscheibe, darüber der alles umhüllende Himmel, darunter der Tartarus.

Hesiod berichtet weiter:

> *Eros entstand, der die Glieder löst. Er ist der Schönste*
> *unter allen unsterblichen Göttern. Denn er siegte*
> *über den Sinn der Götter und Menschen und ihren klugen*
> *Ratschluss. Aus dem Chaos entwuchsen sodann die schwarze*
> *Nacht und der Gott der Finsternis, Erebos. Es entstanden*
> *aus der Nacht Äther und Tag. Es hatte sich die*
> *Nacht mit dem Gott der Finsternis liebend verbunden,*
> *und sie hatte, schwanger geworden, beide geboren.*
>
> (VV. 120–25).

Gleich nach der Erde erblickt eine schöpferische Kraft das Licht der Welt, der Eros. Die Vorstellung von Zeugung und Geburt begegnet zuerst, als die Nacht das Lager des Gottes der Finsternis teilt und den Tag und die klare Luft des Äthers gebiert. Erst jetzt wird es Licht in der Welt Hesiods, und das Licht verdankt sich keinem transzendenten Gott, sondern der finsteren Nacht.

Der Kosmos entsteht aus den vier Grundelementen von Zeit (ganz zuerst), Raum (Chaos), Materie (Erde und Himmel) und der Kraft, die in der Materie wirkt und in Eros Gestalt wird.

Vom Himmelsgott Uranos empfängt die Erdgöttin Gaia die Titanen. Uranos birgt sie, bevor sie das Licht erblicken, tief in der Erde. Kronos, der Jüngste, entgeht diesem Schicksal. Er ist verschlagen, und er hasst seinen Vater. In ihm findet Gaia einen Rächer. (VV. 154–172).

> *Darüber freute sich die riesig große Gaia.*
> *Sie versteckte ihn in einem Hinterhalt und*
> *gab ihm eine Sichel mit scharfen Zähnen in die*
> *Hand und riet ihm, die Aufgabe listig anzugehen.*
> *Uranos kam, der große Gott, und mit ihm kam die*

> *Nacht. Er sehnte sich nach Liebe und umfing die*
> *Gaia und dehnte sich nach allen Seiten aus. Da*
> *streckte der Sohn aus seinem Versteck die linke Hand aus*
> *und ergriff mit der Rechten die ungeheuer große*
> *Sichel mit den scharfen Zähnen, mähte mit einem*
> *Schnitt des Vaters Geschlecht ab und warf es hinter sich. Es*
> *glitt niederfallenden blutigen Tropfen empfing die*
> *Erde. Und sie gebar die Erinyen, die Giganten ...*
> *und die Nymphen.* (VV. 173–187).

Aus dem Geschlecht des Uranos entwickelte sich weißer Schaum, aus dem die jungfräuliche *schaumgeborene* Göttin Aphrodite emporwuchs. (VV. 184–200). Auf Hesiod geht die volksetymologische Herleitung ihres Namens von *áphros* – Schaum zurück.

Durch die Kastration werden Himmel und Erde, oben und unten, getrennt. So wird Entfaltung des Lebens ermöglicht und durch Atlas, der den Himmel trägt, gesichert.

Die Kastration eines Unsterblichen entspricht der Tötung eines Sterblichen.

In der Genesis heißt es von Gott, nachdem er am 6. Tag den Menschen geschaffen hatte:

> *Und Gott sah an alles, was er gemacht hatte, und siehe, es war sehr*
> *gut.* (1, V. 31).

Und so blieb es, bis der Mensch sich versündigte. Im griechischen Mythos ist das Unrecht nicht durch den Menschen, sondern durch Uranos, den ersten Gott, in die Welt gekommen. Man darf gewiss unterstellen, dass der Gott befürchtete, von einem seiner Nachkommen entmachtet zu werden, wenn auch Hesiod *Freude an dem bösen Tun* als Motiv nennt (V. 158), höchst ungewöhnlich für die Antike, die dem Täter normalerweise unterstellt, dass er mindestens subjektiv einen guten Zweck verfolgt.

Der Frevel des Uranos erfordert eine Bestrafung. Kronos hat sie vollzogen. Den Frevel der Kastration wird Zeus rächen, der Sohn des Kronos, und auch wieder der jüngste. Frevel und Bestrafung sind ein alle Teile der Erzählungen Hesiods verbindendes Thema, sie konstituieren die Weltordnung. Im 5. Jahrhundert werden es die Tragödien und die Geschichtsschreibung des Herodot wieder aufgreifen.

Kinder der Gaia sind die Rachegöttinnen, die Erinyen. Kinder der Nacht sind der Tod und Eris, der Streit (VV. 211 und 225). Streit, Rache und Tod kommen nicht in die Welt, weil die Menschen sich verfehlen, sie sind in der Welt, bevor es die Menschen gibt. Die Welt ist geworden, nicht gemacht, schon gar nicht für den Menschen.

2.2 Von Kronos zu Zeus

Die Mutter der nächsten Göttergeneration wurde Rheia, eine Tochter des Uranos und der Gaia, eine Schwester und Gattin des Kronos. Sie gebar dem Kronos Demeter, Hera, Hades, Poseidon,

> den Erderschütterer, und Zeus, der
> weisen Rat weiß, den Vater der Götter und Menschen, von dessen
> Donnern die unermesslich weite Erde erzittert.
> Diese alle verschlang der mächtige Kronos, sobald sie
> aus dem heiligen Schoß der Mutter kamen vor ihr
> Knie. Es lag ihm sehr daran, dass keiner der edlen
> Uranosenkel im Kreis der unsterblichen Götter die Würde
> eines Königs erhalte. Denn er hatte von Gaia
> und dem bestirnten Uranos einst erfahren, dass es
> ihm bestimmt sei, von seinem eigenen Kind gestürzt zu
> werden.   (VV. 457–464).

Kronos hat ein zweites Mal Schuld auf sich geladen.: Er verschlingt seine Kinder.

Aber er versucht vergeblich, dem Schicksal zu entkommen.

> Rheia reichte, als Zeus geboren wurde, dem Kronos
> einen großen Stein, der in Windeln gewickelt war, ... und
> der ergriff ihn und verschlang ihn, der Frevler, ohne
> zu bedenken, dass an Stelle des Steins sein Sohn am
> Leben bleiben konnte, unbesiegt und ohne
> Mitleid. Der sollte ihn schon bald bezwingen mit der
> Kraft seiner Hände und ihn seiner Stellung berauben und herrschen
> über die Götter. Schnell wuchsen die Kraft und die Glieder des
> Herrschers
> Zeus. Und als das Jahr gekommen war, da spie der
> tückische Kronos, den der kluge Rat der Gaia
> so getäuscht hatte, alle seine Kinder wieder
> aus. Zuerst spie er den Stein aus, den er zuletzt an
> Stelle seines jüngsten Sohnes verschlungen hatte.
>   (VV. 485–497).

Wie Zeus' Leben bedroht ist, so wird auch Jesu' Leben bedroht werden. Hier ist es die Mutter Gaia, die Zeus rettet, dort werden es die Eltern Maria und Josef sein, die das Leben Jesu retten (Matthäus, 2, VV. 13/14).

Das Verhältnis der Väter zu ihren Söhnen ist gestört: bei Uranos, bei Kronos. Es gibt auch kein Korrektiv einer ungestörten Vater–Sohn–Beziehung bei Hesiod, wie sie uns zum Beispiel bei Homer in dem engen Verhältnis des Odysseus und des Telemachos zueinander begegnet. Bei Hesiod ist der Übergang von der einen Generation zur anderen moralisch verwerflich. Seine Darstellung enthält zugleich eine implizite Mythenkritik, an die sich die Vorsokratiker (6./5. Jahrhundert v.Chr.), insbesondere Xenophanes, und die Sophisten (5. Jahrhundert) angeschlossen haben.

Zeus trat die Herrschaft an und übte sie gemeinsam mit den geretteten Geschwistern und der Uranostochter Aphrodite aus. Nach und nach bezog er die von ihm gezeugten Kinder mit ein. Aber die *titanischen Götter*, zu denen auch Kronos gehörte, wollten sich mit dem Verlust der Macht nicht abfinden. Zehn Jahre dauerte ein das Universum erschütternder Krieg, die ganze Natur war in Aufruhr. Urwesen mit 50 Köpfen und 100 Armen, die Hekatoncheiren, standen auf der Seite des Zeus.

> *Dreihundert Felsen schmetterten sie in dicht gedrängter*
> *Folge auf die Titanen aus ihren muskulösen*
> *Armen, hüllten sie völlig ein mit den Geschossen,*
> *trieben sie unter die weite, große Erde und banden*
> *sie mit schmerzenden Fesseln, nachdem sie mit ihren starken*
> *Armen die übermütigen Feinde besiegt hatten, so tief*
> *in der Erde, wie der Himmel von ihr entfernt ist.*
> (VV. 715–720).

Da schmachten sie, noch immer lebendig, denn sie sind unsterblich.

Auch nach ihrer Niederlage sind die Herrschaft des Zeus und der Bestand der Welt bedroht, diesmal durch die Giganten, auch sie Kinder des Uranos und der Gaia. Sie werden besiegt und bleiben doch gefährlich: Vulkanausbrüche und Erdbeben, die oft tödlichen Wogen des Meeres und zerstörende Überschwemmungen zeigen ihre nie versiegende Kraft. Die Erde ist nicht beherrschbar, und sie wird es nie sein. Die dunklen Mächte sind ihr eingewoben, sie gehören zu ihr, sind ein Teil von ihr.

Der Gigantenkampf ist zum Sinnbild einer Auseinandersetzung zwischen der Ordnung und dem Chaos, zwischen Griechen und Barbaren, geworden. Die berühmteste Darstellung ist der Figurenfries des Pergamonaltars, den König Eumenes II. (197–159 v.Chr.) hat errichten lassen. Er wollte mit ihr seinen Sieg über die Galater feiern und seinem Ruhm über die Gegenwart hinaus Dauer verleihen.

Noch ein drittes Mal musste Zeus eine Bedrohung seiner Herrschaft abwenden: Gaia und Uranos hatten ihm geweissagt, dass eines der Kinder seiner Gemahlin Metis ihn seiner Herrschaft berauben würde. Was tat er? Er barg Metis in seinem Leib, gebar Athena, mit der sie schwanger war, selbst aus seinem Haupt und verhinderte, dass Metis weitere Kinder würde empfangen können. So ragt noch Vorolympisches in die olympische Götterwelt hinein (VV. 886–926).

An den Turmbau zu Babel, von dem in der Genesis erzählt wird (11, V. 4ff.), erinnert der Versuch der Aloaden, der Söhne der Iphimedeia und ihres Geliebten, Poseidon, den Himmel zu stürmen. Das Unternehmen scheiterte dort wie hier:

> *Iphimedeia ... gebar zwei Söhne, die nur eine kurze*
> *Zeit am Leben blieben, den göttergleichen Othon*
> *und den weithin berühmten Ephialtes; zu sehr*
> *großen Jünglingen wuchsen die beiden heran und zu den*
> *weitaus schönsten auf der Getreide spendenden Erde*
> *nach dem berühmten Orion. Als sie neun Jahre alt waren,*
> *maßen sie schon neun Ellen an Breite, neun Klafter an Größe.*
> *Diese beiden drohten den unsterblichen Göttern*
> *auf dem Olymp mit Krieg, und sie mühten sich ab, den Ossa*
> *auf den Olymp zu türmen und auf den Ossa noch den*
> *Blätter schüttelnden Pelionberg, um in den Himmel*
> *steigen zu können. Wären sie Männer geworden, dann hätten*
> *sie es auch sicher geschafft. So aber tötete sie der*
> *Sohn des Zeus und der schön gelockten Leto, Apollon,*
> *ehe Barthaar unter den Schläfen wuchs und ihr Kinn mit*
> *reichlich sprossendem Flaum bedeckte.*
> (Homer, Odyssee, 11, VV. 305–320).

Für die Poseidonsöhne war es trotz ihrer Breite von mehr als fünf und trotz ihrer Länge von mehr als sechzehn Metern Länge eine gewaltige Leistung, die drei thessalischen Berge übereinander zu türmen. Sie kamen mit ihnen immerhin auf eine Höhe von 6000 Meter. Die olympischen Götter hatten sich offenbar in den weiten, den Olymp überwölbenden Himmel geflüchtet.

2.3 Die Herrschaft des Zeus

Da Zeus ständig mit sterblichen und unsterblichen Frauen neue Göttinnen und Götter zeugte, wuchs ihre Zahl im Lauf der Zeit stark an. Sie alle hatten in der Abwehr der Titanen und Giganten schon kräftig mitgewirkt.

> *Leto vereinigte sich mit dem Aigishalter Zeus in*
> *Liebe und gebar Apollon und Artemis, die die*
> *Pfeile versendet, liebenswerte Kinder im Kreis der*
> *Götter des Olymps. Zuletzt machte Zeus die junge*
> *Hera zu seiner Gattin. Sie gebar Eileithyia,*
> *Hebe und Ares. Sie hatte sie in Liebe empfangen*
> *von dem König der Götter und Menschen. Der brachte selbst aus*
> *seinem Haupt Athena zur Welt, die Herrin mit den*
> *hellen Augen, die zu den Kämpfen antreibt, Heere*
> *anführt und unbesiegbar ist. An Getümmel und an*
> *Kriegen und an Kämpfen hat sie großes Gefallen.*
> *Hera gebar den berühmten Hephaistos ohne eine*
> *Liebesgemeinschaft. Sie war verbittert und zürnte dem Gatten.*
> *Mit seiner Kunst übertraf Hephaistos alle Götter. ...*
> *Hermes, der berühmte Götterbote, ist ein*
> *Sohn der Atlastochter Maia. Sie bestieg das*

heilige Lager des Zeus, und Semele, Kadmos' Tochter,
brachte ihm einen strahlenden Sohn zur Welt, der allen
Freude schenkt, Dionysos, einen unsterblichen Gott, doch
sie war sterblich. Jetzt sind sie beide göttlich.
(VV. 918–929; 938–942).

Aus der großen Zahl der Göttinnen und Götter hat man im 6. Jahrhundert 12 ausgewählt und privilegiert, die sog. olympischen Götter. Zu ihnen gehören Zeus, seine Geschwister und Kinder, auch Hephaistos, Heras Sohn. Dionysos gehörte ursprünglich nicht in den erlauchten Götterkreis, weil er eine sterbliche Mutter hatte und weil er in den homerischen Epen keine markante Rolle gespielt hatte. Hades blieb immer ausgeschlossen. Zeus war so klug, seine Verwandten an der Regierung zu beteiligen. Für manche Potentaten ist das noch heute ein probates Mittel der Herrschaftssicherung. Zeus etablierte die Herrschaft als ein System sozialer Beziehungen von Eltern und Kindern, Brüdern und Schwestern, Über- und Unterordnung. Regeln ordneten das Zusammenleben.

Der Mythos vermittelte den Menschen eine Vorstellung von der Welt der Götter und ihrer Genese. Hesiod hat die weit in die Vergangenheit zurückreichende Überlieferung systematisiert, und er hat ihr eine literarische Gestalt gegeben. Ein Prozess, in dem Generationen von Göttern einander ablösten, lief teleologisch auf die olympischen Götter zu. Von jetzt an galt in der Welt das Gesetz der Wiederkehr und des immer Gleichen.

3 Götter und Menschen

Die Götter sind nicht das ganz Andere, ganz und gar Transzendente, das Unerforschliche. Sie sind innerweltliche Mächte, sie denken und fühlen wie Menschen, ihre Entscheidungen sind meistens begründet, verständlich und nachvollziehbar. Es gibt in der griechisch-römischen Mythologie und Geschichte wohl niemanden, der wie Abraham einem Auftrag Gottes, seinen Sohn zu opfern, gehorsam Folge geleistet (1. Mose, Kap. 22) oder wie der christliche Kirchenvater und Theologe Augustinus (354–430 n.Chr.) formuliert hätte:

Si comprehendis, non est deus. Wenn du begreifst, ist es nicht Gott.
(Sermones, 117, 8,5).

Die antiken Götter wollen überzeugen.

Der antike Mensch versteht seine Götter, Juden und Christen vertrauen ihrem Gott.

Die antiken Götter sind anthropomorph. Sie entstehen oder werden geboren. Sind sie einmal etabliert, verändern sie sich nicht mehr. Sie bleiben vollkommen in ihrer makellosen Schönheit und Würde, Aphrodite in ihrer Jugend, Zeus in seinem reifen Alter.

Sie wohnen mitten unter den Menschen, wenn auch nicht real, so doch symbolisch: Sie sind präsent in den Statuen, die in den Tempeln stehen, und sie nehmen am Kult teil.

Der Mensch, der zu einer Gottheit betet und sich mit einer Bitte an sie wendet, weist gern auf das hin, was er schon für sie geleistet hat. Daraus, so meint er, erwachse der Gottheit eine Verpflichtung, seine Bitte zu erfüllen. Ich gebe, damit du gibst, *do ut des*.

Kann man auf keine erbrachten Leistungen verweisen, so verspricht man, sich erkenntlich zu erweisen, sobald der Wunsch erfüllt sei.

Ein unserem Begriff *Religion* entsprechendes Wort, das alle das Verhältnis Mensch – Gott betreffenden Bereiche und Verhältnisse umfasst, gab es nicht. Die Griechen sprachen von *eusébeia*, Frömmigkeit, von der Verpflichtung, die Götter zu ehren – *theoùs sébein*. Man ehrte sie, indem man am Kult teilnahm. Es gab kein im Wortlaut verbindlich festgelegtes Gebet, so wie es Jesus die Christen gelehrt hat.

Es gab kein Schuldbekenntnis, keine Beichte, keine Bitte um Vergebung und auch keine Bitte, nicht in Versuchung geführt und von dem Bösen erlöst zu werden. Die antiken Menschen hätten nicht von dem *lieben Gott* gesprochen. Seine Götter liebten die Menschen so wenig, wie die Menschen sie liebten. Sie beugten die Knie nicht wie der Christ, um Demut zum Ausdruck zu bringen (Paulus, Brief an die Epheser, 3, V. 14).

Es gab keine Mystik und keine monastischen Gemeinschaften.

Die antiken Götter waren weder allmächtig noch allwissend.

In vieler Hinsicht sind sie, was sich die Menschen erträumen:

Sie sind an keinen Ort gebunden: Sie bewohnen den Olymp, aber ebenso das Idagebirge oder den weiten Himmel.

Sie können sich verwandeln: Besonders Zeus macht von dieser Gabe regen Gebrauch.

Sie können Menschen verwandeln, z.B. einen stattlichen Mann wie Odysseus in einen unansehnlichen, hässlichen Bettler. (Homer, Od., VV. 429–438).

Asklepios hat die Gabe, Kranke auf ganz wunderbare Weise zu heilen. Inschriften in seinem Heiligtum in Epidauros legen davon beredtes Zeugnis ab. Aber er darf und kann keine Toten wieder zum Leben erwecken.

Die Götter erscheinen, wie und wo es ihnen beliebt. Die Menschen rechnen damit, ihnen unversehens zu begegnen. In Lystra hat man Barnabas und Paulus für Jupiter und Hermes gehalten. (Apg. 14, VV. 11ff.).

Aus Zeichen, dem Vogelflug oder dem Opferrauch, können Seher auf den Zorn oder das Wohlwollen der Götter schließen. Aber sie sind keine Götter, ihre Deutungen dürfen kritisch hinterfragt werden. (Soph. Ant. VV. 1033ff.).

Das wichtigste Unterscheidungsmerkmal der Götter von den Menschen ist ihre Unsterblichkeit. Die Trennlinie verläuft nicht so sehr zwischen Göttern und Menschen als vielmehr zwischen Unsterblichen (*athánatoi, immortales*) und Sterblichen (*thnetoí, mortales*).

Im Hellenismus wird nicht zuletzt unter ägyptischem Einfluss die Grenze zwischen Göttern und Menschen durchlässig. Nun muss man nicht mehr ein Heros wie Herakles oder Asklepios sein, um in den Himmel aufgenommen zu werden. Alexander der Große wird nach seinem Tod als Gott verehrt, Caesar und Augustus werden vergöttlicht. Domitian (81–96 n.Chr.) war schon zu seinen Lebzeiten dominus et deus, Kaiser und Gott.

Der Polytheismus war ein offenes System. Die Zahl der Gottheiten war unbegrenzt, nur der Gott der Juden und der Christen wollte ihr nicht hinzugefügt werden.

4 Die Kritik des Xenophanes

Es verwundert nicht, dass gerade die Griechen, die alles hinterfragt, die die Philosophie und Wissenschaft begründet haben, sich auch mit dem Mythos kritisch auseinandergesetzt haben. Denker machten sich daran, über die Entstehung der Welt nachzudenken und Theorien zu entwickeln, die ohne Uranos und Gaia, ohne Kronos, Rheia und Zeus auskamen. Einer dieser Männer, die man *Naturphilosophen* nennt, Xenophanes aus der Stadt Kolophon in Kleinasien (ca. 570 – ca. 470 v.Chr.), führte die mythische Gottesvorstellung vollends ad absurdum. Aus dem Werk *Über die Natur* sind folgende Verse überliefert:

> *Alles haben Homer und Hesiod, die Dichter, den Göttern*
> *zugeschrieben, was bei den Menschen tadelnswert ist und*
> *schimpflich: einander betrügen, die Ehe brechen und stehlen.*
> *Dass die Götter geboren werden, glauben die Menschen,*
> *Kleider tragen wie sie und Körper und Stimme haben.*
> *Doch wenn die Rinder, die Pferde und Löwen Hände hätten*
> *oder malen könnten mit ihren Händen und Werke*
> *schaffen wie Menschen, dann würden die Pferde Götterbilder*
> *malen wie Pferde, die Rinder wie Rinder und Statuen bilden,*
> *wie sie selbst gestaltet sind, ein jeder von ihnen.*
> *Dass ihre Götter schwarz und stumpfnasig seien, behaupten*
> *die Aithiopier; sie hätten blaue Augen und rote*
> *Haare, sagen die Thraker.*   (DK, B 11,14–16).

In der Vorstellung ihrer Götter spiegeln sich die Menschen. Die kritische Vernunft, der Logos, beansprucht, die Gottesvorstellung des Mythos als Lüge und Täuschung zu erweisen. Die Mythen *betrügen mit bunten Lügen* heißt es in einem Gedicht des Dichters Pindar aus dem Jahr 476 v.Chr. (Ol., 1,VV. 28–19).

Xenophanes hat nicht nur Kritik geübt, er hat auch ein eigenes Gottesbild entworfen. Er spricht von einem einzigen Gott, der der Größte unter den Göttern und Menschen ist, der keinem Sterblichen an Gestalt und Fähigkeit des Denkens gleicht, der als Ganzer sieht, hört und denkt, stets unbeweglich an demselben Ort verharrt und allein mit der Kraft seines Denkens mühelos das All erschüttert. (Diels-Kranz, B 23–26).

Ein Jahrhundert nach Xenophanes wendet sich Hippokrates, der berühmte Arzt aus Kos (ca. 460 – ca. 370 v.Chr.), gegen den Glauben, für Krankheiten seien die Götter verantwortlich. Homer hatte in der Ilias Apollon als Urheber der Pest ausgemacht, die in dem vor Troja kämpfenden Heer der Griechen wütete. Hippokrates schreibt:

> *Ich vertrete die Auffassung, dass der menschliche Körper von einem*
> *Gott nicht befleckt werden kann, das Hinfälligste nicht von dem*
> *Reinsten.* (Die heilige Krankheit, Kap. 1).

Beides, die Kritik an den anthropomorphen Göttern und die Idee des vollkommenen Gottes, haben fortgewirkt: Die Kritik bis zu Ludwig Feuerbach (1804–1872), der in der *Vorlesung über das Wesen der Religion* feststellt, dass die Theologie Anthropologie sei und der Gott der Menschen nichts anderes als das vergöttlichte Wesen des Menschen. Die Idee des vollkommenen Gottes hat ihre Ausprägung im Monotheismus gefunden.

Der Logos hat den Mythos nicht verdrängt. Er hat dazu beigetragen, dass man in den Göttern zunehmend sinnstiftende Ordnungsmächte verehrt hat.

5 Hesiod: Die condicio humana: Prometheus

In der jüdisch-christlichen Tradition wird erzählt, wie Gott die Menschen schuf und wie sie in ihrem Verhalten Gott gegenüber Schuld auf sich geladen haben und dafür bestraft worden sind. Der von Hesiod überlieferte griechische Mythos berichtet, wie die Welt geworden ist, in der der Mensch lebt, und wie der Mensch Opfer eines Streits wird, der zwischen dem Titanen Prometheus und Zeus ausbricht. Alles hat damit begonnen, dass die Götter und Menschen sich friedlich voneinander trennten. Hesiod berichtet weiter:

> *Da zerteilte Prometheus mit freundlichem Sinn einen großen*
> *Stier und reichte die Teile beiden dar. Er betrog den*
> *Sinn des Zeus. Den Menschen bot er nämlich das Fleisch und*
> *fette Eingeweide an, verhüllt mit dem Magen*
> *eines Stiers. Für Zeus aber legte er die weißen*
> *Knochen des Rindes listig zurecht und bot sie ihm an; sie*

waren umhüllt mit einer glänzenden Fettschicht. Da sprach der
Vater der Götter und der Menschen zu ihm die Worte:
„Sohn des Japetos, Ausgezeichneter unter allen
Herrschern, lieber Freund, das ist eine unfaire Teilung."
So sprach höhnend Zeus, der nie versiegenden Rat weiß.
Darauf sagte zu ihm der listenreiche Prometheus
mit unmerklichem Lächeln, er dachte an seinen Kunstgriff.
„Hochberühmer Zeus, Größter der ewigen Götter,
wähle davon aus, wonach dir am meisten der Sinn steht."
Listig sprach er so. Doch er konnte Zeus nicht täuschen.
Er, der nie versiegenden Rat weiß, durchschaute den Kunstgriff.
Übel sah er voraus für die sterblichen Menschen in seinem
Herzen, die sie nach seinem Willen treffen sollten.
Also hob er die glänzende Fettschicht mit beiden Händen
auf. Da wurde er zornig und vom Groll überwältigt,
als er die listig verhüllten weißen Knochen des Rindes
sah. Die Geschlechter der Menschen verbrennen auf der Erde
seit dieser Zeit den unsterblichen Göttern weiße Knochen
auf den Altären, die von Weihrauch duften. Da sagte
Zeus, der Wolkensammler, höchst ergrimmt zu Prometheus:
„Sohn des Japetos, der du mehr als alle Rat weißt,
lieber Freund, du hast deine listige Kunst nicht vergessen."
So sprach zornig Zeus, der nie versiegenden Rat weiß.
Deswegen gab er, sich stets an die Täuschung erinnernd, den armen
sterblichen Menschen, die auf der weiten Erde wohnen,
nicht mehr die Kraft des unermüdlich brennenden Feuers.
(VV. 536–564).

Die Geschichte beginnt mit einem Betrug des Titanen Prometheus. Die Welt, in der sich eine Ordnung herausgebildet hatte, erfährt einen Bruch. Prometheus fordert Zeus heraus, aber Zeus erweist sich als der Klügere. Er durchschaut den Betrug zwar, lässt sich aber trotzdem auf ihn ein und straft – nicht den Betrüger, sondern die Menschen. Um Vergehen und Strafe geht es in der Folge der Göttergenerationen, um Vergehen und Strafe geht es auch jetzt. Zeus enthält den Menschen den Blitz vor, d.h. das Feuer, über das sie bisher verfügen konnten. So hatte Prometheus ihm den essbaren Teil des Rinderopfers vorenthalten. Die Menschen sind das Medium, an denen die Götter ihre Überlegenheit demonstrieren.

Der zweite Abschnitt beginnt wiederum mit einer betrügerischen Handlung des Prometheus:

Aber der tüchtige Sohn des Japetos täuschte ihn wieder,
stahl in einem hohlen Narthexrohr den weithin
leuchtenden Strahl des unermüdlich brennenden Feuers.
Zeus, den Donnerer, biss das tief in seinem Herzen,
als er bei den Menschen den weithin leuchtenden Strahl des
Feuers erblickte. Er schuf sogleich für die Menschen ein Übel.
Nach dem Rat des Kroniden formte der hochberühmte

> *Meister Hephaistos ein Wesen, das einem züchtigen Mädchen*
> *glich, und Athene, die Göttin mit den hellen Augen,*
> *gürtete es und schmückte es mit einem Gewand, das*
> *silbern schimmerte. ...*
> *Als der Gott das schöne Übel angefertigt*
> *hatte an Stelle eines Gutes, nahm er es und*
> *führte es zu den anderen Göttern und Menschen. ... Da staunten*
> *die unsterblichen Götter und die sterblichen Menschen,*
> *als sie das den Menschen verderbliche, tückische Wesen*
> *sahen. Denn vom diesem stammen die unheilvollen*
> *Weiber, die mit den sterblichen Männern zusammenleben*
> *und die ihnen großes Unglück bringen, ab. Sie*
> *teilen nicht die schlimme Armut, sondern sie teilen*
> *nur den Aufwand. ... Keiner vermag den Sinn des Kroniden*
> *Zeus zu hintergehen oder zu täuschen. Auch der*
> *Japetossohn und Helfer, Prometheus, konnte seinem*
> *heftigen Zorn nicht entgehen. Eine starke Fessel*
> *hält ihn fest und gefangen, der doch so überaus klug war.*
> (VV. 565–616).

Diesmal wird Zeus tatsächlich getäuscht. Die Strafe folgt auf dem Fuß: Zeus schickt den Menschen eine Frau, die er hat erschaffen und wie eine Braut schmücken lassen. Sie täuscht etwas vor, was sie nicht ist, wie das weiße um die Knochen gewickelte Fett etwas vorgetäuscht hatte, was es nicht war. Sie ist schön *(kalé)*, aber nicht gut *(agathé)*. Von ihr stammen die weiblichen Wesen ab. Der Text gibt keine Auskunft darüber, ob es bis dahin gar keine Frauen gab, die Männer also als Autochthonen aus der Erde wuchsen, oder ob nur der Teil der Frauen gemeint ist, der den Männern zur Last fällt. Der Vorteil des wiedergeschenkten Feuers wird jedenfalls durch den Nachteil der Leiden bringenden Frau kompensiert. Das Gute ist fortan mit dem Schlechten verknüpft, das eine ist nur um den Preis des anderen zu haben. Die Hoffnung auf ein leidloses Leben ist eitel.

Dieses Mal trifft die Strafe auch Prometheus selbst. Er büßt, indem er seine Freiheit verliert und mit Fesseln an einen Fels geschmiedet wird. Zeus hat seine Herrschaft gesichert. Am Ende wird er Prometheus befreien und sich als ein großzügiger und gnädiger Herrscher erweisen.

Der Mythos, dass Prometheus den Menschen nach dem Bild der Götter aus Erde geformt hat, begegnet uns erst im 4. Jahrhundert v.Chr. Der römische Dichter Ovid (43 v.Chr.–17/18 n.Chr.) erzählt ihn in seinen *Metamorphosen*. Vielleicht, heißt es da, hat der Weltenschöpfer den Menschen aus göttlichem Samen geschaffen,

> *oder die junge Erde, die gerade vom hohen*
> *Äther getrennt worden war, bewahrte noch Samen des mit*
> *ihr verwandten Himmels. Der Japetossohn vermischte*
> *sie mit Regenwasser und formte sie zu einem*
> *Bild, das den alles beherrschenden Göttern glich.* (1, VV. 80–83).

In dieser Version war es Prometheus, der den Menschen als Mittler zwischen den Göttern und den Menschen geschaffen hat.

Bei Hesiod verschuldet ein Titan das Leid in der Welt. Er will klüger sein als Gott. Er lässt sich mit ihm in einen bei den Griechen so beliebten Wettkampf (agón) ein. Die Menschen selbst handeln nicht. Sie sind der Einsatz in dem Spiel, in einem Kampf, in dem sich die Herrschaft des Zeus festigt. Im Alten Testament verspielt der Mensch selbst sein Glück, weil er wie Gott sein und wie Gott wissen will, was gut und böse ist. (1. Mose, 3, V. 5).

In seinem zweiten Buch *Werke und Tage* erzählt Hesiod die Geschichte noch einmal, aber etwas anders. (VV. 45–105). Das Übel kommt in die Welt, weil Epimetheus den klugen Rat seines Bruders Prometheus, kein Geschenk von den Göttern anzunehmen, in den Wind schlägt. Als die Götter ihm die schöne Pandora, *die Gabe aller Götter*, schicken, empfängt er sie freudig und geleitet sie zu den Menschen.

> *Mit ihren Händen nahm das Weib den großen Deckel*
> *von dem Krug und ließ den Inhalt entweichen. Schlimme*
> *Leiden hat sie dem Menschen zugedacht. Die Hoffnung*
> *blieb allein im Innern des unzerbrechlichen Kruges*
> *unter den Rändern zurück, sie flog nicht heraus. Denn vorher*
> *hatte Pandora den Krug mit dem Deckel fest verschlossen.*
> *Anderes Schlimmes, unzählig an Zahl, schwirrt umher in der Welt der*
> *Menschen. Voll von Übeln ist das Land und voll von*
> *Übeln das Meer. Von sich aus suchen Krankheiten Tag und*
> *Nacht die Menschen heim und bringen ihnen schweigend*
> *Leiden, der weise Zeus beraubte sie nämlich der Stimme.*
> *Keinem ist es möglich, dem Willen des Zeus zu entkommen.*
>   (VV. 91–105).

Nicht die Frau ist das Übel, die Übel sind die Gaben, die sie bringt. Sie sind überall und allgegenwärtig. Sie kommen, ohne dass man sie vorhersehen, ohne dass man ihre Ursachen ausmachen kann. Sie sind unsichtbar und unhörbar. Indem die Krankheiten *von sich aus*, losgelöst von den Göttern, die Menschen heimsuchen, sind sie ein weltimmanentes Problem, dessen Lösung der medizinischen Wissenschaft übertragen wird.

Zeus – nicht Prometheus – hat dem Menschen eine Stellung zwischen den Göttern und Tieren zugewiesen: Das Feuer erhebt ihn über das Tier, ermöglicht ihm Erfindungen und Fortschritt, durch Übel, Leid und Tod unterscheidet er sich von den Göttern. Wie die Folge der Göttergenerationen auf die Herrschaft des Zeus zuläuft, so die Geschichte des Prometheus auf die Stellung des Menschen zwischen Gottheit und Tier.

Der Philosoph der Renaissance, Pico della Mirandola (1463–1494), hat in seiner *Rede über die Menschenwürde* (1486) die Würde als die Freiheit definiert, sich zwischen Gott und Tier entscheiden zu können, *sich zu einem himmlischen Lebewesen zu entwickeln* oder *zum Tier zu entarten*.

Damit bewegt er sich im Horizont der Prometheusgeschichte. In der freilich dem Menschen seine Stellung, sei es von Zeus, sei es von Prometheus, zugewiesen wird.

Als ein unerklärter und unerklärbarer Rest bleibt die Frage, was es bedeutet, dass die Hoffnung (*elpís*) anders als die Übel im Krug zurückbleibt. Hoffnung wird in den antiken Texten eher negativ konnotiert, Hesiod nennt sie *leer und eitel* (Erga, V. 498). Das Christentum wertet sie in der bei Hesiod fehlenden eschatologischen Perspektive in der Trias *Glaube, Liebe, Hoffnung auf das Heil* positiv. (1. Thess., 5, V. 8).

Vielleicht wurde sie deshalb im Krug zurückgehalten, weil sie weder ein Gut noch ein Übel ist.

6 Die Götter im Kult

Es waren und blieben zwar immer die Götter Homers und Hesiods, die man verehrte, aber sie blieben nicht immer dieselben. Dass an ihnen Kritik geübt wurde und dass die Philosophen die Vorstellung einer vollkommenen Gottheit entwickelt hatten, hat die Sicht auf sie verändert.

Welche Bedeutung ihnen zukam, formuliert der Redner Isokrates (436–338 v.Chr.) folgendermaßen:

> *Auf diejenigen, die uns von Anfang an die Furcht (vor den Göttern) eingegeben haben, ist es zurückzuführen, dass wir uns im Umgang miteinander nicht ganz und gar tierisch verhalten.*
> (Busiris, Nr. 11, § 25).

Ein wesentliches Element jeder Ordnung ist der Zusammenhang von Schuld und Strafe. Garanten dieser Ordnung sind die Götter. Dieser Gedanke beherrscht die Mythen Hesiods, und er beherrscht die Tragödie. Aus dieser Idee entwickelt sich im 5. Jahrhundert v.Chr. die Geschichtsschreibung Herodots. Die Götter sind Maß setzende Instanzen.

Wir kehren noch einmal zu Hesiod zurück:

Die zweite Gemahlin des Zeus nach der klugen Metis ist Themis. Sie gebar die Jahreszeiten, die Horen, und nannte sie Eunomia, Dike und Eirene.

> *Sie kümmern sich um die Werke der sterblichen Menschen.*
> (Theog., VV. 901–903).

Themis garantiert den Bestand der Ordnung, die durch die gute Gesetzgebung, Eunomia, und die auf ihr basierende Rechtsprechung, Dike, geschaffen wird. Eirene ist *der Wohlstand schenkende Frieden*. Die Werte gehören der sakral-religiösen Sphäre an und sind zugleich in der Natur verankert, da die Schwestern auch Göttinnen der Jahreszeiten sind. Sie vermitteln verbindliche Maßstäbe, die die Griechen als *ungeschriebene*

Gesetze bezeichnet haben und die nicht ohne Schaden vernachlässigt werden. Die Stoa wird später die Idee eines *Naturrechts* entwickeln, auf das sich noch heute die katholische Kirche beruft.

Solon, der Dichter und Staatsmann aus Athen (ca. 640 – ca. 560 v.Chr.), spricht von den

> *heiligen Fundamenten der Dike; schweigend erkennt sie, was geschieht und was geschah. Und ist die Zeit dann reif, kommt sie gewiss und straft.* (3 Diehl, VV. 14–16).

In demselben Gedicht preist er die Eunomia als die *gute gesetzliche Ordnung, die das krumme Recht geraderichtet.* (VV. 32–39).

Die Werte sind Personifikationen und zugleich göttliche Mächte, denen im 4. Jahrhundert v.Chr. sogar kultische Verehrung zuteil wurde. Sie vermitteln zwischen den Göttern und den Menschen.

Jede Polis hatte ihre eigenen Kulte, es gab keine zentrale Instanz in religiösen Angelegenheiten. Aber es gab den gemeinsamen Glauben der Griechen an die homerischen Götter, und es gab Gottheiten, die überregional verehrt wurden: Z.B. Asklepios in Epidauros und Pergamon, Hera in Argos und Samos und ganz besonders Apollon in Delos und Delphi, der Gott des Orakels.

Die Geschichte des Orakels umfasst mehr als 1000 Jahre, die Ausstrahlung reichte weit über den von Griechen bewohnten Raum hinaus. Der delphische Gott galt als unangefochtene Autorität.

Die Orakelstätte ist der Ausweis eines Vertrauens, das die Menschen auf den Gott Apollon setzten. Sie waren überzeugt, dass sie dem Gott nicht gleichgültig waren, dass der Gott sie als Gesprächspartner ernst nahm, dass er sie an seinem Zukunftswissen teilhaben ließ, dass ihr Leben nicht blindem Zufall unterworfen war.

Die überlieferten Sprüche sind oft dunkel und zweideutig. Sie verschlüsseln die Zukunft mehr, als dass sie sie erhellen. Sie verweisen den Fragenden auf sich selbst zurück, darauf, dass er selbst entscheiden, gestalten, sein Leben verantworten muss. Das gilt für den Lyderkönig Kroisos, der das Perserreich erobern will, für die Athener, die angesichts der Invasion der Perser um ihre Existenz bangen, und für Ödipus, der Auskunft über seine wahre Herkunft erwartet. Es gibt keine Aufforderung zum Gehorsam, wie sie Abraham und dem Apostel Paulus zuteil geworden ist.

Wer sich dem Tempel näherte, las die Aufschrift:

> *Erkenne dich selbst, gnothi seauton (nosce te ipsum).*

Mit diesen Worten ermahnte Apollon den Menschen, sich seines Menschseins, seiner Sterblichkeit und Hilfsbedürftigkeit, bewusst zu sein. Er forderte ihn zur Solidarität mit den Mitmenschen auf, zu einer Einstellung, die die Römer mit *humanitas* bezeichnet haben. Der Mensch sollte in dem Leiden eines Anderen stets ein mögliches eigenes Schicksal erkennen.

Delphi hat als Ort der Begegnung von Gott und Mensch eine große Wirkung entfaltet. Das delphische Orakel war die Stimme der Menschlichkeit in einer Welt, in der es so wenig menschlich zuging wie heute, in der Griechen gegen Griechen Kriege führten, Menschen als Barbaren verachtet, zu Sklaven herabgewürdigt und in Bergwerken wie Tiere ausgebeutet wurden.

Schluss: Kurzes Plädoyer für den Polytheismus

Die polytheistische Religion war offen und tolerant. Sie integrierte fremde Gottheiten, ohne ihnen ihre Identität zu rauben. Die Zahl der Gottheiten konnte beliebig vermehrt werden. Kultgemeinschaften anderer Völker ließ man gelten. Der griechische Historiker und Geograph Strabon stellt um die Zeitenwende fest:

> *Im Reich Alexanders des Großen existierten viele Religionen nebeneinander.*

Er nennt Beispiele. (10.3.18. p. 479 c). Die Aussage hatte auch für das Imperium Romanum ihre Gültigkeit.

Einzig der Gott der Juden und Christen erhob einen Alleinvertretungsanspruch und wollte sich in das Pantheon der heidnischen Gottheiten nicht einfügen lassen. Mit diesem Anspruch sollte er sich schließlich durchsetzen.

Immer wieder einmal hatten die Christen in der Kaiserzeit unter Verfolgungen leiden müssen. Als sich das Christentum im 4. Jahrhundert n.Chr. durchzusetzen begann, kehrten sich die Verhältnisse um: Nun verfolgten die Christen die Heiden. Hatten aber die Heiden die Christen nicht wegen ihrer Religionszugehörigkeit verfolgt, sondern als Untertanen, die es vermeintlich an Loyalität gegenüber dem Reich und seinem jeweiligen Herrscher fehlen ließen, wollten die Christen die heidnische Religion ausrotten.

Die homerischen Götter waren alles andere als zimperlich: Athena trieb Aias in den Wahnsinn (Soph., Aias), und Aphrodite vernichtete Hippolytos, weil er ihr die gebührende Achtung versagte (Eur., Hippolytos). Aber der Polytheismus kannte keine Kriege, die um des Glaubens willen geführt wurden.

Niemand will und kann das Rad der Geschichte zurückdrehen. Aber dass die Toleranz, die das Heidentum auszeichnete, künftig das Verhältnis der Religionen zueinander bestimmt, wäre wünschenswert.

Literatur

Karl Albert: Hesiod: Theogonie, Sankt Augustin (Akademie-Verlag), ⁶1998

Jan N. Bremmer: Götter, Mythen und Heiligtümer im antiken Griechenland, Darmstadt (WBG), 1996

Walter Burkert: Griechische Religion der archaischen und klassischen Epoche, Stuttgart (Kohlhammer), 1972

Hermann Fränkel: Wege und Formen frühgriechischen Denkens, München (Beck), 1968

Ders.: Dichtung und Philosophie des frühen Griechentums, München (Beck), 1962

Fritz Jürß: Vom Mythos der alten Griechen. Deutungen und Erzählungen, Leipzig (Reclam), 1990

Bernhard Linke: Antike Religion, München (Oldenburg), 2014

Gerhard Oberlin: Delphi – das Orakel. Zentrum der antiken Welt, Würzburg (Königshausen & Neumann), 2015

Walter F. Otto: Die Götter Griechenlands, Frankfurt/Main (G. Schulte-Bulmke), 1956

Kurt Roeske: Wege in die Welt der Antike, Würzburg (Königshausen & Neumann), 2014, S. 13–118

Veit Rosenberger: Griechische Orakel. Eine Kulturgeschichte, Darmstadt (WBG), 2001

Walter Simonis: Über Gott und die Welt. Gottes Schöpfungslehre, Darmstadt (WBG), 2004

Holger Sonnabend: Die Religionen der Antike, Darmstadt (WBG), 2014

Jean-Pierre Vernant: Mythos und Gesellschaft im antiken Griechenland, Frankfurt/Main (Suhrkamp), 1987

Paul Veyne: Die griechisch-römische Religion. Kult, Frömmigkeit und Moral, Stuttgart (Reclam), 2008

Bernhard Zimmermann: (Hrsg.): Handbuch der griechischen Literatur der Antike. Erster Band: Die Literatur der archaischen und klassischen Zeit, München (Beck), 2011, S. 78–123

Das Recht auf Asyl und die Interessen des Landes
Der Konflikt in den *Schutzflehenden* des Aischylos und Euripides

Gliederung

Einleitung 37

Aischylos 38

1 Die Vorgeschichte 38

2 Das Gebet der Danaiden 39

3 Die Rechtsgründe der Danaiden 40

4 Der Konflikt des Pelasgos 41

5 Die Versammlung der Argiver 46

6 Die Gewährung der Gastfreundschaft 49

7 Die Ängste des Danaos und seiner Töchter 50

8 Das Verhängnis 52

   Euripides 54

9 Vom Schutz des Asyls zum Kampf für das Recht 54

10 *Die Schutzflehenden – Die Schutzbefohlenen* 60

   Eine Konfrontation der Gegenwart mit der Antike 60

Literatur 62

Aischylos (ca. 525 – ca. 456 v.Chr.)

Euripides (484/480–406 v.Chr.)

Einleitung

Wenn es um grundsätzliche, die Zeiten überdauernde Fragen geht, greift man gern auf die Antike zurück, aus unterschiedlichen Gründen:

Der Blick in die Vergangenheit verleiht der gegenwärtigen Auseinandersetzung Tiefenschärfe. Er lehrt, dass es sich um eine über die Gegenwart hinausweisende Problematik handelt.

Der Blick in die Vergangenheit bietet alternative Lösungsmöglichkeiten, befreit von der starren Fixierung auf die Aktualität. Der Komplexität unserer modernen Zeit wird die Antike entgegengestellt, in der Dichter und Schriftsteller es verstanden, eindringliche, auf das Wesentliche reduzierte Paradigmen zu entwerfen.

In zwei Tragödien erfahren wir von Menschen, die vor Gewalt aus ihrer Heimat geflohen oder die ihres Rechts beraubt worden sind und sich Hilfe suchend an die jeweils verantwortlichen Staatsmänner eines fremden Landes wenden. Die Staatsmänner wissen, dass Gefahren drohen, wenn sie den Bitten entsprechen. Wir erfahren, wie die Staatsmänner sich verhalten haben, wie sie die Bürger jeweils in ihre Überlegungen einbezogen, wie sie ihre Entscheidung begründet haben. *Hiketiden*, Schutzflehende, ist der Titel beider Tragödien. Die eine stammt von Aischylos, die andere von Euripides. Die beiden Dichter lebten im 5. Jahrhundert v.Chr. in Athen.

Die Hiketiden-Dramen reflektieren in besonderer Weise das Identifikationsbedürfnis der politischen Gemeinschaft. In ihnen vergewissert sich Athen seiner Werte in Abgrenzung zu anderen Staaten.

Wir folgen zunächst dem Text des Aischylos und werfen am Schluss einen mehr summarischen Blick auf Euripides.

Elfriede Jelinek hat in ihrem 2013 erschienenen und 2015 in Leipzig uraufgeführten Drama *Die Schutzbefohlenen* die aktuelle Flüchtlingsproblematik mit der Darstellung des Aischylos konfrontiert. Das Stück haben inzwischen viele Theater, unter ihnen das Burgtheater in Wien, in ihr Programm aufgenommen.

Aischylos

1 Die Vorgeschichte

Flüchtlinge willkommen zu heißen, wird dann zum Problem, wenn ihre Aufnahme mit Risiken verbunden ist. Wir wissen das, und in der Antike wusste man es. Aischylos (ca. 525 – ca. 456 v.Chr.) hat sich in der Tragödie *Die Hiketiden*, das heißt *Die Schutzflehenden*, mit diesem Problem auseinandergesetzt. Es spricht vieles dafür, dass sie im Jahr 463 im Dionysostheater in Athen aufgeführt worden ist. Athen war zur Zeit der Aufführung in Aufruhr. Radikale Demokraten wollten den Areopag, das Adelsgremium, zu Gunsten der Volksversammlung entmachten. Der Dichter stellt aber keinen Bezug zu den aktuellen Ereignissen her.

Das Sujet des Stücks ist, wie es in der Tragödie üblich war, ein Mythos. Ort der Handlung ist die Stadt Argos auf der Peloponnes. König der Stadt ist Pelasgos. Der Mythos, dessen Quelle ein Epos war, erzählt die Geschichte zweier Zwillingsbrüder, Söhne des ägyptischen Königs, deren einer, Danaos, 50 Töchter, deren anderer, Aigyptos, 50 Söhne hat. Das Geschlecht, dem sie entstammen, leitet sich von Io her. Sie war die Tochter eines Königs von Argos. Sie stellt die Verbindung zwischen Ägypten und Argos her. Als Geliebte des Zeus war sie einst ein Opfer der Eifersucht der Hera geworden. Sie war im Verlauf der Verwicklungen in eine Kuh verwandelt, durch die ganze Welt gejagt und in Ägypten schließlich wieder in einen Menschen zurückverwandelt worden. Als Zeus sie anhaucht und berührt, wird sie schwanger und gebiert Epaphos, ihren gemeinsamen Sohn. Der Name leitet sich volksetymologisch von *epapháo* – berühren ab.

Nun also Danaos und Aigyptos, seine Nachkommen: Beide Brüder erhoben Anspruch auf die Herrschaft über Ägypten. Aigyptos glaubte, sie sich sichern zu können, indem er seine Söhne mit den Töchtern seines Bruders verheiratete. Eine Ehe zwischen Cousins und Cousinen war nach attischem und sicher auch ägyptischem Recht nicht tabuisiert, aber sie bedurfte der Einwilligung des Vaters der Mädchen. Danaos versagte sie, fürchtete aber daraufhin Gewalt und floh mit seinen Töchtern nach Argos. Bei ihnen spiegelt sich das Schicksal der Io in umgekehrter geographischer Richtung.

Davon, dass Danaos geweissagt worden sei, er werde von einem Schwiegersohn getötet werden und er habe deshalb seine Töchter nicht verheiraten wollen, ist zwar in den Quellen, aber in dem Stück jedoch nirgends die Rede.

2 Das Gebet der Danaiden

In Argos treten Danaos und seine Töchter, die Danaiden, als Schutzflehende auf und bitten, indem sie sich auf Io berufen, um Aufnahme als Mitbewohnerinnen. Sie haben in einem heiligen Bezirk vor den Toren der Stadt Zuflucht gesucht. Die Mädchen bilden den Chor, ein Element, das in der Tragödie nicht fehlen durfte. Dargestellt wurden sie von Männern – 12 an der Zahl –, die Masken und ägyptische Frauenkleider trugen. Sie halten mit Wolle umwundene Zweige in den Händen, die sie als Schutzflehende ausweisen. Ihre Aufgabe beschränkt sich nicht darauf, das Geschehen zu kommentieren. Sie sind Handlungsträgerinnen.

Sie geben an, sie seien aus eigenem Antrieb geflohen, weil sie die gottlose Gesinnung der Söhne des Aigyptos verabscheut hätten. Sie beten:

O Stadt, o Land und hell schäumende Wasser des Meeres,
ihr Götter dort oben und ihr, die ihr – hochgeehrt – die Gräber beschützt, und Retter Zeus, den ich als dritten anrufe,
Beschützer des Hauses frommer Männer,
empfangt den Schutz erflehenden Zug von uns Frauen
mit dem gottesfürchtigen Geist dieses Landes.
Doch den Schwarm der Männer, die Götter verachtenden Söhne des Aigyptos,
treibt mit schnell gerudertem Schiff zurück auf das Meer,
bevor sie ihren Fuß auf dieses vom Wasser benetzte Gestade gesetzt haben.
Dort, auf dem Meer, mögen sie auf den stürmisch wehenden Nord, auf Donner und Blitz und
Regen schüttende Orkane der rauen See treffen und zugrunde gehen,
bevor sie das Bett, das das Recht ihnen verwehrt,
gegen unseren Willen besteigen und sich das Recht der Ehe anmaßen
mit den Töchtern ihres Onkels. (VV. 23–39).

Die Aigyptossöhne sind Frevler, die von ihnen angestrebte Ehe verstößt gegen göttliches und menschliches Recht. Die Mädchen lehnen die Verbindung mit ihnen kategorisch ab, und, da sie Gewalt gewärtigen müssen, bitten sie um Schutz. So sehr sie sich Rettung wünschen, so sehr wünschen sie das Verderben der Frevler. Sie sind selbstbewusst, weiblich-scheue Zurückhaltung liegt ihnen fern. Sie fahren fort:

Ihr Götter unseres Geschlechts, die ihr recht gut das Gerechte seht,
hört uns an. Wenn ihr uns jungen Mädchen auch nicht alles gewähren könnt
entgegen der Ordnung, so erweist euch in tief empfundenem Hass gegen den Frevel
als gerechte Schützer der Ehe.
Gibt es doch auch für die, die der Krieg gepeinigt hat,

> *einen Altar für das Gebet, den Entkommenen ein Schutz*
> *durch die ehrwürdige Macht der Götter.* (VV. 78–85).

Der Altar bietet Asyl, den Schutz der Götter. Die Götter verkörpern die Ordnung der Welt, darin liegt ihre Macht und Begrenzung. Sie sehen das Gerechte, sie hassen und verfolgen den Frevel (VV. 78, 81), *Hybris* nennen ihn die Mädchen, ein Wort, das in keinem aischyleischen Stück so oft vorkommt wie in den *Hiketiden*. Es bezeichnet ein Verhalten, das nicht nur die Götter verletzt, sondern auch der Gemeinschaft der Menschen schadet, indem es das Recht zerstört.

Die Wege freilich, auf denen Zeus sein Ziel erreicht, sind oft dunkel und unerforschlich.

> *Sicher und beständig ist ein Entschluss, der im Kopf des Zeus gefasst*
> *worden ist.*
> *Dunkel und beschattet erstrecken sich die Wege seiner Gedanken.*
> *Sie zu erfassen, ist unmöglich.* (VV. 91–95).

3 Die Rechtsgründe der Danaiden

Danaos steht auf einer Anhöhe in der Nähe des Altars. Er erblickt eine Staubwolke, hört das Geräusch von sich nähernden Wagen, sieht Männer mit Schilden und Speeren. Pelasgos, der König von Argos, nähert sich auf die Nachricht von der Ankunft der Fremden mit bewaffneten Soldaten. Danaos ahnt nichts Gutes, sorgenvoll ermahnt er die Töchter:

> *Nicht vorlaut seid, nicht zögert, wenn ihr im Gespräch*
> *zur Antwort aufgefordert werdet. Misstrauen prägt die Menschen hier.*
> *Ich rate euch, gebt nach. Wir sind hier fremd, bedürftig, auf der*
> *Flucht.*
> *Da ziemt sich für den Schwachen nicht,*
> *in seiner Rede dreist zu sein.* (VV. 200–203).

Danaos legt Wert darauf, dass sich das Verhalten der Mädchen von dem der Aigyptossöhne deutlich unterscheidet, und er weiß, dass Fremde nicht ohne weiteres willkommen sind. Außer Zeus, dem traditionell prominentesten Schützer des Gastrechts, werden der Sonnengott, Apollon, Poseidon und Hermes angerufen, Hermes, dass er ihnen als Herold eine gute Botschaft übermittle. Er erscheint ihnen fremd. Beten sie doch in Ägypten andere Gottheiten an. Aber sie sind bereit, sich dem Schutz der griechischen Gottheiten anzuvertrauen. Das wird es den Argivern erleichtern, ihnen Schutz und Aufnahme zu gewähren. Sie kennen die Regeln, denen sie sich unterwerfen müssen. Zwischen den Barbaren, den Aigyptern, und den Griechen, den Argivern, nehmen sie eine Mittelstellung ein.

Bevor Pelasgus eintrifft, fordert Danaos die Mädchen auf, nah an den Altar heranzurücken. Er fasst noch einmal die Rechtsgründe zusammen, von denen sie den Anspruch auf Hilfe der Götter und Menschen ableiten:

> *Verehrt, ihr Mädchen, den Altar, er ist der Platz*
> *für alle Götter dieses Landes. Setzt euch hier*
> *in diesen heiligen Bezirk. Dem Taubenschwarm gleicht ihr,*
> *der Angst vor Falken hat, die ebenso gefiedert sind, wie ihr es seid,*
> *und blutsverwandte Feinde. Sie beflecken das Geschlecht.*
> *Wie kann ein Vogel rein und schuldlos sein, der einen Vogel frisst?*
> *Wie kann ein Mann denn schuldlos sein und rein,*
> *begehrt er eine Frau, die sich dagegen wehrt,*
> *und gegen ihres Vaters Willen? In der Unterwelt,*
> *wenn dieser Mann gestorben ist,*
> *entgeht er nicht dem Vorwurf frevelhaften Tuns.*
> *Ein andrer Zeus, so sagt man, sitzt dort zu Gericht,*
> *als höchster Richter spricht er über alle Toten Recht.*
>
> (VV. 221–231).

Die Anklage stützt sich darauf, dass Männer die Ehe gegen den Willen der Frauen und gegen den Willen ihres Vaters erzwingen wollen, obwohl sie ihnen verwandtschaftlich verbunden sind. Es ist bemerkenswert, dass der Dichter auf die Entscheidungsfreiheit der Frauen einen so großen Wert legt.

4 Der Konflikt des Pelasgos

Pelasgos tritt auf. Er erkennt an der Kleidung, dass Fremde, keine Griechen, in sein Land gekommen sind, und er erkennt daran, dass sie mit Zweigen in den Händen am Altar sitzen, dass sie, sich eines griechischen Brauchs bedienend, um Schutz flehen. An den Masken war vermutlich sichtbar, dass sie dunkelhäutig sind. Von den Mädchen wird es zwar nicht gesagt, wohl aber von den Aigyptossöhnen. (V. 719; vgl. auch Aisch., Prometheus, V. 851 von Epaphos). Der König begegnet ihnen freundlich. Er stellt sich vor. Dabei betont er die enge Zusammengehörigkeit von Herrscher und Volk, die darin zum Ausdruck kommt, dass das Volk nach ihm benannt ist: Pelasger. Als König eines großen Reichs nimmt er geradezu die Stellung eines panhellenischen Herrschers ein. Aus der Geschichte weiß er von einem Lokalheros zu berichten, der das Land von Ungeheuern befreit hat, die als Folge und Strafe für vergossenes Blut Schrecken verbreiteten. Unbewusst weist er damit auf die Aufgabe voraus, die ihm bevorsteht: das Land vor Befleckung und Bestrafung zu bewahren. (VV. 249–270).

Er erkundigt sich nach der Herkunft der Danaiden. Die Chorführerin antwortet kurz und präzise: Ihr Geschlecht stammt aus Argos. Io ist ihre Stammmutter, sie war im argivischen Heiligtum der Hera einst Priesterin. Der Mythos wird in einer Stichomythie, einer Gesprächsform, in der jedem Partner je ein Vers zugeteilt wird, bis in die Gegenwart entfaltet. Am Ende stellt Pelasgos die entscheidende Frage:

> Pelasgos: *Wie tu ich meine fromme Pflicht, was euch betrifft?*
> Chorführerin: *Auch wenn die Söhne des Aigyptos es von dir verlangen, gib uns nicht heraus!*
> Pelasgos: *Du forderst Schweres. Das bedeutet einen neuen Krieg.*
> Chorführerin: *Das Recht schützt, wer mit ihm verbündet ist.*
> Pelasgos: *Vorausgesetzt, dass es von Anfang an Begleiter eurer Sache war.*
> Chorführerin: *Sieh zu, dass solche Zier des Staatsschiffs Heck bekränzt!*
> Pelasgos: *Es ängstigt mich, zu sehen, dass der Platz hier so beschattet ist.*
> Chorführerin: *Es wiegt des Zeus Zorn schwer, der aber denen, die um Beistand flehen, hilft.*
> (VV. 340–347).

Mit dem Hinweis auf das Staatsschiff weist die Chorführerin auf die enge Verflochtenheit von Hikesie und Politik hin.

Der König zweifelt. Er möchte seinen Schutz nur dann gewähren, wenn das Recht von Anfang an auf der Seite der Danaiden war. Das ist ein wichtiger Vorbehalt. Haben die Mädchen ihre Situation selbst zu verantworten, dann haben sie ihren Anspruch auf Schutz verwirkt. Und der König zögert, weil Hilfe Krieg bedeutet. Darf man sein eigenes Volk um fremder Interessen willen einer drohenden Gefahr aussetzen? Der König ist nicht als Privatmann gefordert, sondern als verantwortlicher Staatsmann.

> *Ihr sitzt hier nicht an meines Hauses Herd,*
> *und wenn Befleckung alle Menschen in der Polis trifft,*
> *so sei auch das gesamte Volk darauf bedacht,*
> *sie abzuwenden. Ich verspreche nichts,*
> *bevor ich alle Bürger nicht in Kenntnis setzte über das Problem.*
> (VV. 365–369).

Indem sich Aischylos hier einen Anachronismus erlaubt, macht er auf einen wichtigen Unterschied aufmerksam. Privat darf man den Geboten der Religion, der Menschlichkeit, darf man seinem Gewissen folgen, nicht aber ohne weiteres, wenn die Entscheidung auch andere betrifft. Dann müssen die anderen in die Überlegung einbezogen werden, wenn möglich, um ihre Zustimmung gebeten werden.

Die Frauen betrachten das Argument als Ausflucht: Wer zur Entscheidung berufen ist, muss entscheiden. So urteilen sie vermutlich, weil sie von dem ägyptischen Pharao nichts Anderes kennen.

> *Du bist die Stadt, du bist das Volk,*
> *du bist der Herrscher, keiner richtet über dich.*
> *Altar und Herd des Landes unterliegen deinem Recht.*
> *Nur deine Stimme zählt, und niemand teilt mit dir den Thron,*
> *wenn du, was nötig ist, gewährst.*
> *Hüte dich vor Schuld.* (VV. 370–373).

Pelasgos bekennt seine Ratlosigkeit:

> *Die Feinde treffe Schuld!*
> *Ich kann nicht ohne Schaden euer Helfer sein,*
> *doch bin ich, wenn ich euren Wunsch missachte, schlecht.*
> *So bin ich ratlos, und ich habe Angst,*
> *ob ich es tun soll oder nicht,*
> *wie ich ergreife das Geschick.* (VV. 376–380).

Pelasgos versucht, seinen Kopf aus der Schlinge zu ziehen. Er kommt auf die Frage zurück, ob denn die Aigyptossöhne nicht einen Rechtsanspruch auf die Danaiden haben, so dass diese ihnen zu Unrecht die Ehe verweigert haben.

> *Wenn des Aigyptos Söhne aber eure Herren sind*
> *nach dem Gesetz, das in Ägypten gilt?*
> *Sie sind, so sagen sie, mit euch sehr nah verwandt.*
> *Wo gibt es gegen ihr Begehren einen Widerspruch?*
> *Ihr müsst nach dem Gesetz, das bei euch gilt,*
> *beweisen, dass ihr Anspruch unrechtmäßig ist.* (VV. 386–396).

Noch einmal: Asyl kann nur verlangen, wer nicht mit dem Gesetz in Konflikt geraten, wer moralisch integer ist. Die Antwort der Mädchen:

> *Dass ich doch niemals unterworfen werde männlicher Gewalt,*
> *und dass mein Weg mich von dem so verhassten Bund*
> *der Ehe so weit fortführt, wie der Abstand zu den Sternen ist.*
> *Verbünde du dich mit dem Recht,*
> *der Götter Macht bedenke gut!* (VV. 392–395).

Es ist unerheblich, was das Gesetz in Ägypten besagt. Es ist das unabdingbare Recht der Frauen, sich gegen männliche Gewalt zur Wehr zu setzen. Aischylos mutet Pelasgos, mutet der männlich dominierten Gesellschaft Athens viel zu. Die Danaiden helfen dem König nicht aus seinem Dilemma, ja, sie verstärken es eher noch.

Pelasgos könnte allein entscheiden, allein, er will es nicht.

> *Ein schweres Urteil. Übertragt das Richteramt nicht mir.*
> *Ich habe es ja schon gesagt, dass ich nur mit dem Volk*

> *gemeinsam handeln will, auch wenn ich ohne seine Stimme handeln*
> *kann.*
> *Es soll das Volk nicht einmal sagen, wenn es außer Acht gelassen wird:*
> *„Die Fremden ehrst du, uns vernichtest du."* (VV. 397–401).

Muss dem König nicht das Wohl des eigenen Volkes mehr am Herzen liegen als das Schicksal fremder Menschen? Da steht der ethischen Forderung, zu tun, was geboten ist, der ethische Anspruch entgegen, nicht zu handeln, ohne die Folgen zu bedenken.

Verständlicherweise wünscht sich der König, so entscheiden zu können, dass er dem einen wohl tut, ohne dem anderen wehtun zu müssen.

> *Ein tiefer, rettender Gedanke wie ein Taucher tut jetzt not,*
> *dass er mit klarem Blick sich in die Tiefe senkt,*
> *nicht allzu weinbeschwert, damit der Stadt kein Leid geschieht*
> *und es für uns ein gutes Ende nimmt,*
> *dass weder Kampf das Land berührt*
> *noch wir euch, die ihr am Altar der Götter sitzt,*
> *verraten und der Gott, der allvernichtend straft,*
> *zu unserm strengen Mitbewohner wird,*
> *der Gott, der selbst im Hades die Gestorbenen noch nicht befreit.*
> *Scheint nicht ein solcher rettender Gedanke uns jetzt notzutun?*
> (VV. 407–417).

Wieder und wieder mahnt der Chor, nicht den Zorn der Götter zu wecken. Doch welche Tat weckt ihn mehr, Hilfe zu leisten oder sie zu verweigern?

> *Es ist mir klar: Das Scheitern ist vorausbestimmt.*
> *Den großen Krieg zwingt das Geschick uns auf,*
> *das Schiff ist startbereit, mit Winden an den Start gehievt,*
> *es kehrt nicht ohne Leid zurück.*
> *Ja, werden Schätze aus dem Haus geraubt,*
> *erstattet Zeus, der unsre Habe schützt, uns den Verlust*
> *mit größerem Gewinn zurück und füllt den Vorrat wieder auf,*
> *und wenn die Zunge nicht das Rechte trifft,*
> *so wird das falsche Wort beschwichtigt durch ein gutes Wort.*
> *Man muss jedoch dafür, dass nicht Verwandtenblut vergossen wird,*
> *viel opfern. Vielen Göttern muss man Tiere töten in sehr großer Zahl*
> *als Schutz vor Leid.*
> *Vor diesem Streitfall schrecke ich zurück.*
> *Ich würde lieber unerfahren sein als durch ein Unheil klug.*
> *Ich habe Angst und wünsche sehr, der Ausgang möge glücklich sein.*
> (VV. 438–444).

Der König weiß, dass eine Entscheidung gefällt werden muss, das Staatsschiff ist startbereit. Und er weiß, dass sie, wie immer sie getroffen wird, Leid mit sich bringt. Güter sind ersetzbar, Worte durch Worte tilgbar, doch die Folgen des Konflikts, der ihn jetzt herausfordert, werden spürbar bleiben. Ob die vielen Opfer, die vielen Göttern dargebracht werden sollen, das Leid lindern werden? In ihrem übertriebenen Umfang wirken sie wie die Beschwichtigung eigener Ängste.

Die Mädchen interpretieren die Worte als eine Ablehnung. Sie greifen zum äußersten Mittel und drohen, sich mit den Bändern und Gürteln ihrer Gewänder im heiligen Bezirk zu erhängen. Sie meinen es ernst. Schon in ihrem Einzugslied hatten sie die Möglichkeit nicht ausgeschlossen, sich zu töten, wenn die Götter sie nicht erhören sollten. (VV. 160/161). Wie stünde Pelasgos da, machten sie ihre Worte wahr? Als ein Mörder von Menschen, die ihn im Namen der Götter um Hilfe, um Rettung, gebeten haben, als ein Gottesfeind. Der heilige Bezirk, mehr noch, die ganze Stadt würden befleckt.

> Pelasgos: *Von allen Seiten drohen Schwierigkeiten, die nicht leicht zu*
> *überwinden sind.*
> *Die Menge aller Übel strömt gleich wie ein großer Strom heran.*
> *Ich bin hineingeraten in ein grundlos tiefes Meer*
> *des Unheils, das den Schiffen sehr gefährlich wird.*
> *Entscheide ich mich nämlich, nicht zu tun,*
> *was ich euch schuldig bin,*
> *droht mir Befleckung, die kein andres Übel übertrifft.*
> *Wenn ich mich aber euren Vettern, des Aigyptos Söhnen, vor der Stadt*
> *in einer Schlacht entgegenstelle, zahle ich damit nicht einen hohen*
> *Preis,*
> *dass wegen Weibern Männerblut vergossen wird?*
> *Und doch: Wir müssen unbedingt uns scheuen vor dem Zorn des*
> *Zeus,*
> *der alle schützt,*
> *die auf der Flucht sind. Für die Menschen gibt es keine größre Furcht.*
> (VV. 468–479).

Das ist die Entscheidung. Sie fällt, als das Heiligtum befleckt zu werden droht, als die Danaiden zum Äußersten zu gehen bereit sind. Adaptieren sie damit die ihre Gegner charakterisierende Gewaltbereitschaft? Ihre Drohung ist doch wohl eher ein Zeichen für den Grad ihrer Verzweiflung. Es bedurfte ihrer, um ein Ergebnis herbeizuführen.

Die Entscheidung des Pelasgos ist religiös begründet: Zeus wird, wenn denen ein Leid geschieht, die unter seinem besonderen Schutz stehen, furchtbar strafen. Die Strafe, so die Rechnung, wird mehr Opfer kosten als vielleicht der Kampf mit den Aigyptossöhnen. Die Angst des Königs vor Zeus ist größer als die Angst vor den Bürgern, die ihn, hilft er den Weibern und führt er die Stadt in einen Krieg, einen schlechten Menschen schelten könnten. Diesen Vorwurf zu vermeiden ist nun sein Anliegen. Er weiß: *Das Volk neigt zu Schuldzuweisungen.* (V. 485).

Es sind keine positiven Urteile, die über das Volk gefällt werden.

Dass der König zögert, dass er Rückhalt beim Volk sucht, weist ihn nicht als einen schwachen Herrscher aus, zeigt vielmehr, welch eine schwere und folgenreiche Entscheidung ihm abverlangt wird.

Wir fragen: Wie fällt die Entscheidung aus, wenn es die Gottesfurcht nicht gibt, wie wird sie begründet? Entfaltet die Idee einer Wertegemeinschaft, die sich weitgehend von der Religion gelöst hat, genug Kraft gegen die vielfältigen Widerstände? Schon der König Theseus wird sich nur 50 Jahre später in den *Hiketiden* des Euripides mit diesem Problem konfrontiert sehen.

5 Die Versammlung der Argiver

Pelasgos rät dem Danaos, wenn er nun in die Stadt geht, unterwegs Zweige auf die Altäre aller heimischen Götter zu legen zum Zeichen dafür, dass er als ein Mann kommt, der fromm und hilfsbedürftig ist.

> *Denn wer das sieht, der wird vielleicht aus Mitgefühl*
> *den Frevelmut der Schar der Männer hassen, und es wird vielleicht*
> *das Volk euch dadurch mehr gewogen sein.*
> *Denn jeder schenkt dem Schwachen seine Gunst.* (VV. 486–489).

Der König ist sich sicher, dass die Menschen stets eher Schlechtes als Gutes zu unterstellen pflegen, dass sie gerade den Herrschern gegenüber misstrauisch sind, da diese auf ihren Vorteil mehr bedacht seien als auf den der anderen. Es gilt, das Volk so zu lenken, dass es in den Aigyptossöhnen Frevler, in Danaos und seinen Töchtern die Schwachen sieht, die im Recht sind und des Schutzes bedürfen. Es wird hilfreich sein, wenn Danaos sich als ein frommer Verehrer der Götter des Landes zu erkennen gibt.

Für Danaos ist das noch nicht genug der Vorsicht. Er bedenkt, dass die fremde ägyptische Tracht Fremdenhass schüren könnte:

So mancher tötet einen Freund, weil er ihn nicht erkennt. Ein ungewohnter Anblick auf den Straßen der Stadt reizt oft schon zu einer Gewalttätigkeit. (VV. 490–499). Es ist kein modernes Phänomen, einen Fremden zu hassen, bevor man ihn kennt.

Pelasgos folgt dem Danaos in die Stadt. Er will das Volk zu einer Versammlung zusammenrufen und sich darauf vorbereiten, es günstig für die Sache der Verfolgten zu stimmen. Die Mädchen sollen derweil den Platz um den Altar verlassen und in dem heiligen Bezirk auf seine und des Vaters Rückkehr warten. Die Zeit verbringen sie damit, von Zeus, ihrem Stammvater, zu singen und ihn zu bitten, sie zu erhören und zu beschützen:

> *Keiner thront über Zeus.*
> *Niemandes Herrschaft, der über ihm säße,*
> *hat er zu achten.*
> *Mit Tat und Wort vollendet er,*
> *was er denkend erstrebt.* (VV. 595–599).

Verse wie diese zeigen, wie sehr Aischylos schon einem Henotheismus zuneigt, der Vorstellung, dass die vielen Götter Erscheinungsformen eines mächtigen Gottes sind.

Danaos kehrt zurück und berichtet von der Versammlung des Volkes. Er beginnt mit dem Ergebnis. Den Dichtern der Tragödien kommt es nicht darauf an, Spannung zu erzeugen, das Interesse soll sich vielmehr auf den Inhalt dessen konzentrieren, was gesagt wird, und auf die Form, wie es gesagt wird.

> Danaos: *Seid guten Mutes, Kinder, was die Stadt betrifft,*
> *so steht die Sache gut.*
> *Das Volk hat einen bindenden Entschluss gefasst.*
> Chorführerin: *Willkommen, Vater, der du meldest, was mein Herz erfreut.*
> *Doch sag uns, wie der Anfang war,*
> *worauf des Volkes Mehrheit sich geeinigt hat.*
> Danaos: *Das Volk von Argos war nicht zweigeteilt.*
> *Vor Freude schlug mein altes Herz.*
> *Die Luft war starr von Händen, als das ganze Volk*
> *sie hob zu folgendem Beschluss:*
> *Als freie Menschen sind wir Mitbewohner dieser Stadt.*
> *Kein Mensch darf einen Anspruch auf uns geltend machen, und*
> *wir sind vor jeder Schädigung geschützt.*
> *Kein Fremder, keiner, der hier heimisch ist,*
> *darf uns verschleppen. Wenn es einer wagt,*
> *soll jeder Bürger, der in Argos über Eigentum verfügt*
> *und der uns nicht zu Hilfe kommt, vom Volk verbannt und ehrlos sein.*
> *So sprach für uns der König der Pelasger, und so überzeugte er das Volk.*
> *Er warnte vor dem großen Zorn des Zeus, der alle schützt,*
> *die auf der Flucht sind, dass die Stadt ihn niemals auf sich zieht.*
> *Ein Doppelfrevel, von der Stadt begangen an den Fremden, die zugleich*
> *auch Landeskinder sind, der werde Leid erzeugen, das unheilbar ist.*
> *Das Volk von Argos, das die Worte hörte, hob sogleich die Hände, noch bevor es dazu aufgefordert war,*
> *und fasste den Beschluss: Es soll so sein.*

> *Es folgte allen Windungen des Redners, und es wurde*
> *überzeugt.*
> *Den Schluss besiegelte dann Zeus.* (VV. 600–624).

Windungen nähren den Verdacht, das Volk könnte mehr überredet als überzeugt worden sein. Hat der König seine Angst vor einem Krieg mit den Aigyptossöhnen vielleicht gar nicht thematisiert? Es scheint kein einziger Widerspruch geäußert worden zu sein. Voller Begeisterung stimmt das Volk schon ab, bevor es förmlich dazu aufgefordert worden ist. Mit dem letzten Satz wird dem Verfahren die Billigung zuteil. Pelasgos wollte keine Debatte, er wollte die Zustimmung. Zeus hat das Ergebnis herbeigeführt.

Pelasgos ist nach der Phase der Unsicherheit, des Zögerns und Zauderns wieder zu einer selbstbewussten Haltung zurückgekehrt, er ist wieder der Herrscher geworden, der er war, als er sich vorgestellt hat.

Wie ist er vorgegangen? Er hat sich selbst in der Entscheidungssituation die Alternativen schonungslos vor Augen geführt, die Konsequenzen für sich und andere bedacht und eine Entscheidung gefällt, die er im Interesse der Allgemeinheit für die beste hielt. Diejenigen, die von der Entscheidung betroffen waren, hat er um ihre Zustimmung gebeten. Sie haben sie ihm gegeben, weil sie ihm offenbar vertrauten und sich sicher waren, dass er sie nicht in die Irre führt.

Ist das ein Beispiel dafür, wie Politik in der athenischen Demokratie funktioniert, funktionieren sollte? Bedarf das Volk eines verantwortungsvollen, klugen Politikers, der seine eigenen Interessen hintanstellt, und eines Vertrauensverhältnisses zwischen dem, der führt, und denen, die geführt werden? Das Verfahren birgt die Gefahr der Manipulation. Athen sollte beides kennen lernen: Perikles, den hervorragenden Staatsmann, und in seiner Nachfolge die egoistischen Demagogen.

Die Mädchen wünschen dem Land dankbar ein gutes Gedeihen. Und so beenden sie ihr Lied:

> *Die Bürger mögen den Fremden,*
> *bevor es zu blutigem Kampf kommt,*
> *das Recht gewähren, das ihnen zusteht,*
> *ohne Leid.*
> *Die Götter, die das Land besitzen,*
> *mögen sie nach der Väter Sitte ehren*
> *mit Lorbeerkränzen und Rinderopfern.*
> *Die Ehrfurcht vor den Eltern*
> *ist als Drittes den Satzungen*
> *der hochverehrten Göttin des Rechts,*
> *der Dike, eingeschrieben.* (VV. 701–709).

Sie beten für den Bestand ungeschriebener Gesetze, auf die sich auch Antigone in der nach ihr benannten Tragödie des Sophokles beruft: Wahrung des Rechts und Verehrung der Götter, die die Fremden schützen, Ehrfurcht gegenüber den Eltern. Antigone fordert das Recht der Toten auf Bestattung. Es sind diese ungeschriebenen Gesetze, die ein friedliches und menschliches Leben in der Gemeinschaft garantieren.

6 Die Gewährung der Gastfreundschaft

Danaos, der von einem erhöhten Platz aus gute Sicht hat, meldet die Ankunft des Geschwaders der Aigyptossöhne *mit einem schwarzen Heer.* (V. 745). Er hat keine Angst.

Es heißt, dass Wölfe stärker als die Hunde sind
und dass die Byblosfrucht nicht stärker als die Ähre ist.
(VV. 760/761).

Er spielt darauf an, dass in dem bevorstehenden Kampf zwei Kulturen aufeinander treffen werden.

Während er sich auf den Weg macht, um Hilfe zu holen, tritt ein Herold der Feinde auf, von Schergen begleitet. Sie umzingeln die Mädchen und fordern sie auf, ihnen zu folgen. Sie drohen ihnen Gewalt an, sie sind bereit, das von den Göttern geschützte Asylrecht zu verletzen. Durch die Abgesandten wird vor Augen geführt, was die Danaiden den Aigyptossöhnen immer wieder vorgeworfen haben. Nicht nur durch ihre Taten, sondern auch durch ihre Sprache erweisen sie sich als Barbaren. Sie stammeln:

Los, los zu Schiff
so schnell die Füße ...
Los, los. Sonst Packen am Haar, Stiche,
blutig mordendes
Köpfen.
Los, los, verdammter Haufe hinein in die verdammte Barke.
(VV. 836–842).

Verächtlich äußert sich der Sprecher:

Ich habe vor den Göttern dieses Landes keine Angst.
Sie haben mich nicht aufgezogen, ohne sie bin ich zum Mann gereift.
(VV. 893/894).

Sprache und Religion trennen die Ägypter von den Argivern. Bei der Aufnahme der Danaiden spielte die Religion keine Rolle, da sie sich von Anfang an assimiliert hatten. Dass auch sie wie ihre Vettern eine andere Sprache sprechen, werden sie später selbst erwähnen. (V. 973). Aischylos klammert das Problem aus.

Als Pelasgos mit Gefolge auftritt, müssen die Eindringlinge weichen. Sie tun es nicht, ohne mit Krieg zu drohen und damit auf die Fortsetzung der Handlung zu verweisen.

Pelasgos bekräftigt den Beschluss der Volksversammlung. Am Ende seiner Rede stellt er die griechische Freiheit des gesprochenen Wortes der geheimen schriftlichen Order ägyptischer Befehlsübertragung gegenüber:

> *Dies Wort ist deutlich festgeheftet, unverrückt.*
> *Auf Tafeln festgeschrieben ist es nicht*
> *und nicht versiegelt in den Falten der Papyruspflanze, dort versteckt,*
> *du hörst es klar aus eines freien Mannes Mund.* (VV. 944–949).

Kaum sind die Schergen fort, wendet sich Pelasgos an die Mädchen:

> *Ihr alle und ihr treuen Mägde, fasst jetzt Mut*
> *und geht in diese gut bewehrte Stadt,*
> *die von den Mauern, die mit kluger Kunst gebaut sind, eingeschlossen ist.*
> *Die Bürger haben dort sehr viele Häuser in Besitz,*
> *und auch ich selber habe mir mit starker Hand ein Haus gebaut.*
> *Ihr findet gut gebaute Häuser dort,*
> *in denen ihr mit anderen gemeinsam wohnen könnt.*
> *Gefällt es euch, so könnt ihr auch*
> *in einem Haus für euch alleine wohnen. Wählt,*
> *das Beste für euch aus. Was euer Herz erfreut,*
> *es wird gewährt. Ich stehe dafür ein,*
> *nicht weniger die Bürger, deren Stimme so entschied.*
> *Das ist der gültige Beschluss, es bleibt dabei.* (VV. 954–965).

Pelasgos stellt ihnen anheim, sich zu integrieren oder unter sich zu bleiben.

7 Die Ängste des Danaos und seiner Töchter

Die Danaiden entscheiden nicht selber, der Vater muss sich der Sache annehmen. Das unterstreicht noch einmal, dass eine Hochzeit – bei aller Selbstständigkeit der Mädchen – ohne Einwilligung des Vaters nicht möglich gewesen wäre. Sie selbst heben in ihrer Antwort auf die Frage des Pelasgos die Stellung des Vaters hervor:

> *Für all das Gute, das du uns getan hast, möge es dir gut ergehn,*
> *du edler König der Pelasger. Sende uns*
> *in deiner Güte unsern Vater her, den Danaos,*
> *der mutig ist und klug und guten Rat zu geben weiß.*
> *Wir müssen wissen, was er meint, wie es sich für uns ziemt,*
> *zu wohnen, wo es günstig ist.*
> *Denn jeder Mensch ist schnell bereit,*

> *nicht gut zu reden über den, der eine andre Sprache spricht.*
> *Es ende gut.* (VV. 966–974).

Die Mädchen fürchten mehr als Ablehnung, sie fürchten üble Nachrede.

Nun kommt Danaos zurück. Soldaten begleiten ihn und schützen ihn davor, von den Aigyptern getötet oder entführt zu werden. Er fürchtet noch mehr Gefahren als die, die ihm und seinen Töchtern als Fremden ohnehin schon drohen. Schließlich sind es 50 junge Mädchen in heiratsfähigem Alter, die in der Stadt heimisch werden sollen. Wir kennen das Problem aus der umgekehrten Perspektive: Eingewanderte junge Männer in heiratsfähigem Alter treffen auf einheimische Frauen.

Der Vater ermahnt seine Töchter:

> *Zu vielem, das der Vater euch geraten hat,*
> *das ihr schon wisst, merkt euch noch dies:*
> *Um Fremde zu erforschen, braucht es seine Zeit.*
> *Bei einem Neuankömmling äußert jeder schnell ein schlechtes Wort.*
> *Verleumdungen sind leicht dahingesagt.*
> *Ich bitte euch, dass ihr mir keine Schande macht.*
> *Ihr seid so jung, da blicken euch die Menschen gerne an.*
> *Die delikaten Früchte zu bewachen, ist nicht leicht.*
> *Die Tiere wie die Menschen fügen ihnen Schaden zu.*
> *Wie sollte es auch anders sein?*
> *Ob sie nun auf der Erde gehen oder fliegen in der Luft,*
> *zu reifem Obst lockt Kypris an.*
> *Ein jeder, der auf schöne und charmante Mädchen trifft,*
> *schießt seiner Augen Pfeile auf sie ab,*
> *will sie bezaubern, weil er sie begehrt.*
> *Lasst es nicht zu, dass wir erleiden, was zu meiden wir so viel*
> *an Mühen durchgestanden, ein so großes Meer*
> *durchfahren haben. Lasst nicht zu, was für uns schändlich ist*
> *und meine Feinde freut. Die Wahl der Wohnung steht uns frei.*
> *Pelasgos und die Bürger bieten sie uns an,*
> *umsonst. Der Umzug wird uns leicht gemacht.*
> *Nehmt euch zu Herzen das, wozu der Vater euch ermahnt,*
> *und achtet höher als das Leben eure Sittlichkeit.*

Die Töchter beruhigen den Vater:

> *Es mögen uns die Götter des Olymps in allem andern gnädig sein.*
> *Was meine Frucht angeht, sei, Vater, unbesorgt.*
> *Denn bleibt der Götter Rat bei dem, was er beschlossen hat,*
> *dann weiche ich von meiner Tugend Spur nicht ab.*
> (VV. 991–1017).

Manche Interpreten haben auch aus den Ermahnungen geschlossen, dass die Danaiden die Ehe grundsätzlich ablehnen. Aber macht sich hier nicht ein Vater verständliche Sorgen um seine heranwachsenden Töchter? Ergeht es Vätern heutzutage sehr viel anders? Bedenken wir zudem, dass junge Frauen in der Antike strenger beschützt waren, als es die Mädchen heute sind, ja, dass selbst die verheirateten Frauen sich eher im Haus als auf der Straße aufhielten.

Immer wieder geht es den Danaiden um die verhasste Ehe mit den Aigyptossöhnen, vor denen Zeus sie beschützen möge. (VV. 1052/53; 1062–1064).

Die Mädchen werden von Mägden begleitet, die sich zu einem zweiten Chor formieren und sich zu Wort melden. Sie preisen die Macht der Aphrodite. Sie wird nicht klein geredet, nicht außer Kraft gesetzt.

> Unser freudiger Gesang vernachlässigt nicht die Kypris.
> Denn – dem Zeus sehr nah – übt sie gemeinsam mit Hera Macht aus.
> Auf Grund ihrer heiligen Werke wird die listenreiche Göttin verehrt.
> An der Seite ihrer lieben Mutter sitzen die Sehnsucht
> und die bezaubernde Kunst der Überredung,
> ihr wird nichts abgeschlagen.
> In der Harmonie wohnen das Flüstern der Aphrodite
> und die Pfade der Zärtlichkeiten.   (VV. 1034–1042).

Aphrodite wirkt mit Hera, der Schutzgöttin der Ehe, zusammen. Das harmonische Miteinander der Geschlechter ist ihr gemeinsames Ziel und Anliegen.

Es sind diese Mägde, die den Mädchen wünschen, dass auch ihnen einr Ehe beschieden sei. Die Ehe mit den Aigyptossöhnen? Es wird sie geben. Wie kurz und blutig sie sein wird, vermögen die Mägde freilich nicht vorauszusehen.

> Was das Schicksal verhängt, wird wohl geschehen.
> Des Zeus großer Wille ist unhintergehbar, niemand kann ihn durchkreuzen.
> Wie bei so vielen Frauen der Vergangenheit möge die Ehe
> auch dieses Mal das Ende sein.   (VV. 1047–1051).

Die letzten Verse weisen voraus auf die *Danaiden*, das auf die *Hiketiden* folgende Drama, und dem Preis der erlösenden Macht des Gottes.

Zeus war das erste Wort des Stückes, *Gott* ist das letzte Wort.

Der Mensch handelt in einem von den Göttern abgesteckten Rahmen. Sie sind es, durch die sich Recht und Moral in der Welt durchsetzen. Sie sind es, denen sich der Mensch in der Not anvertrauen muss und darf, wie es Danaos und Pelasgos getan haben.

8 Das Verhängnis

Die *Hiketiden* gehören zu einer Trilogie dreier inhaltlich miteinander verbundener Stücke. Sie waren das erste Stück. Dann wurde in den *Aigyptioi* die Auseinandersetzung zwischen den Ägyptern und den Argivern dargestellt. Pelasgos fällt im Kampf. Das letzte Drama waren die *Danaiden*. Des Schutzes beraubt und von den Angreifern bedrängt, sieht der Vater keinen anderen Ausweg, als den, scheinbar auf die Vermählung einzugehen. Die Tragödie beginnt

Es beginnt nach der Ermordung von 49 Ägyptern durch die Bräute in der Hochzeitsnacht, eine Forderung des Vaters, der sich nur Hypermestra entzieht. Sie rettet Lynkeus das Leben. Er begründet das Geschlecht, aus dem Herakles hervorgehen sollte.

Prometheus prophezeit in Aischylos' Tragödie *Der gefesselte Prometheus* der Io die Zukunft ihres Geschlechts. Von Zeus würde sie einen Sohn empfangen, Epaphos. Prometheus fährt fort:

> *Es werden dereinst 50 Mädchen aus des Epaphos Geschlecht*
> *im fünften Glied geboren werden und zurück*
> *nach Argos kommen, unfreiwillig auf der Flucht*
> *vor einer Ehe mit den blutsverwandten Vettern. Sie,*
> *von Leidenschaft entflammt,*
> *verfolgen wie die Falken, die den Tauben immer nahe sind,*
> *die Mädchen auf der Jagd*
> *nach einer Ehe, die man nicht erjagen darf.*
> *Die Gottheit gönnt den Männern diese Frauen nicht.*
> *Pelasgien empfängt ihr Blut.*
> *Sie werden durch den Mut der Frauen in der Nacht*
> *getötet werden. Jede Frau raubt ihrem Mann*
> *das Leben. In die Wunde wird das Schwert getaucht,*
> *das beiderseits geschliffen ist. ...*
> *Nur einem wird das Glück zuteil, dass er dem Tod entkommen wird.*
> *Die Liebe wird die Frau bezaubern, die mit ihm*
> *das Bett teilt. Sie macht den Vorsatz stumpf.*
> *Es ist ihr lieber, dass man sie als schwaches Weib bezeichnen wird,*
> *als dass man sie des Mordes zeiht.* (VV. 853–868).

Die Gottheit steht hinter der Bluttat, die die Mädchen zu Mörderinnen macht. Aber auch Hypermestra darf sich göttlichen Schutzes sicher sein. Aphrodite ist ihre Schutzgöttin.

Über den weiteren Verlauf erfahren wir, dass Hypermestra von ihrem Vater angeklagt, aber doch freigekommen sei. Die anderen Mädchen seien entsühnt und verheiratet worden. Ein Fragment, das dem letzten Stück zugeordnet wird, lässt vermuten, dass sich Aphrodite persönlich für Hypermestra eingesetzt hat.

> *Der keusche Himmel sehnt sich nach der Erde Schoß,*
> *und Sehnsucht fasst die Erde, zu umfangen ihn –*
> *da fällt der Regen aus dem himmlischen Gewölk*
> *und macht die Erde schwanger. Sie gebiert alsdann*
> *den Herden Nahrung und das Brot den Sterblichen,*

der Bäume Blüte, von der Hochzeit Tau benetzt,
gedeiht zur Frucht. Ich bin der Grund von alledem.
(Frg. 44, Nauck, Übers.: nach Walther Kraus).

Sind aber die Mädchen am Schluss verheiratet worden, so zeigt sich einmal mehr, dass sie keineswegs grundsätzlich männerscheu waren.

Erst aus dem 4. Jahrhundert v.Chr. stammt der Mythos, dass die Danaiden in der Unterwelt ewig dazu verdammt seien, ein leckes Fass zu füllen. Ist es vielleicht das Wasser, mit dem sie immer und immer wieder versuchen, sich von der Blutschuld zu reinigen, und ist es vielleicht deshalb ein vergebliches Bemühen, weil der Makel des Mordes untilgbar an ihnen haftet?

Euripides

9 Vom Schutz des Asyls zum Kampf für das Recht: Euripides' *Hiketiden*

Ca. 40 Jahre nach Aischylos, im ersten Jahrzehnt des Peloponnesischen Krieges, verfasst Euripides (484/480–406 v.Chr.) wiederum eine Hiketiden-Tragödie, nach den *Herakliden* (ca. 430), die zweite, die sich mit diesem Thema befasst (ca. 428–422). Man hatte gerade beschlossen, die Werke des Aischylos zur Wiederaufführung zuzulassen, und unter seinen Tragödien war auch ein Stück, die *Eleusinioi*, in denen es um dasselbe Thema ging, dessen sich jetzt Euripides annimmt. Das aischyleische Drama ist nicht erhalten, aber man wird sicher davon ausgehen können, dass der jüngere Dichter auf den älteren Bezug nimmt.

In Theben hatten die Söhne des Ödipus zunächst gemeinsam das Erbe des Vaters angetreten und sich die Herrschaft geteilt. Als es zum Streit kam, verließ der eine, Polyneikes, die Stadt. In Argos suchte er Verbündete und unternahm mit ihnen einen Feldzug gegen Theben. Die Aggressoren erlitten eine Niederlage, die Anführer fielen, die Thebaner verboten, sie zu bestatten.

Der König von Argos, Adrastos, hat mit den Müttern und den Söhnen der gefallenen Thebaner das Heiligtum der Demeter und Persephone in Eleusis aufgesucht, um die Hilfe der Göttinnen zu erflehen. Die Mütter bilden den Chor der Hiketiden. Im Heiligtum haben sie Aithra, die Mutter des Theseus, des Königs von Athen, getroffen, ihr von ihrem Schicksal berichtet und sie davon überzeugt, dass Hilfe geboten sei. Sie lässt ihren Sohn holen.

Diesmal geht es nicht darum, Lebende in die Gemeinschaft der Polis zu integrieren, sondern Tote. Für Adrastos ist Athen ein Hort des Rechts und der Bereitschaft, selbstlos für das Recht einzustehen. (VV. 184–192).

Als Theseus, der König von Athen, den Bezirk betritt, erbitten Adrastos und die Mütter seinen Beistand: Die Götter, die Menschlichkeit und die Gesetze gebieten, so argumentieren sie, Tote zu bestatten. Im Gegensatz zu den Danaiden, die eine Verbindung zu Argos hatten, haben die Argiver keinerlei Beziehung zu Athen. Im Gegensatz zu den Danaiden sind sie auch alles andere als Opfer von Gewalttätigkeit. Im Gegenteil: Sie waren es, die den Krieg gegen Theben, ohne die Zustimmung der Götter einzuholen, leichtfertig begonnen haben.

(VV. 154–159). Sie können keine von Fehlverhalten freie Vergangenheit vorweisen.

Theseus erteilt Adrastos eine Absage:

Ich soll ein Kampfgenosse von euch sein?
Es gibt doch keinen guten Grund, den ich den Bürgern meiner Stadt
benennen kann.
Leb wohl und geh. Wenn du nicht gut beraten bist,
so zwinge selbst dein Glück, verschone uns! (VV. 246–249).

Aithra mahnt ihren Sohn:

Ich rate dir, mein Sohn, zuallererst,
dass du des Gottes Macht bedenkst,
damit du nicht, indem du sie missachtest, stürzt.
Denn wenn du sie missachtest, stürzt du, bist du noch so klug.
Und wäre es nicht eine allgemeine Pflicht,
für alle, denen Unrecht angetan wird, einzutreten, schwiege ich. ...
Das ist es, was der Menschen Städte eint,
dass Achtung vor der Vorschrift des Gesetzes sie beherrscht.
Es wird auch mancher sagen, dass die Furcht dich abgehalten hat,
obwohl du einen Ruhmeskranz gewinnen könntest für die Stadt. ...
Ich habe keine Angst um dich, ziehst du nun in den Krieg,
da du das Recht auf deiner Seite hast,
und sehe ich das Volk des Kadmos nun im Siegesglanz,
vertraue ich darauf, dass es auch wieder anders würfeln wird.
Der Gott kehrt nämlich alles um.
(VV. 301–305; 312–316; 328–331).

Sie ist eine Warnerin. Warner treten in den Tragödien auf, um dem Protagonisten, der in die Irre zu gehen droht, den richtigen Weg zu zeigen. Aithra weist auf die Pflicht hin, für allgemein anerkannte Rechtsprinzipien einzutreten, und auf die Folgen, die eine Ablehnung des Hilfegesuchs mit sich bringen würde. Sie fürchtet die Strafe des Zeus für den, der Rechtlosen die Hilfe verweigert, und den Vorwurf, der König habe aus Feigheit versäumt, den Ruhm der Stadt zu mehren. Sie beendet ihre Rede mit einer Sentenz, die zu ihren Ausführungen nicht so recht passen will, als sei das Leben ein Würfelspiel, in dem bald der eine, bald der andere einen Glückswurf macht. Da der Wechsel das Gesetz der Geschichte sei, könne man darauf vertrauen, dass Theben nicht ein zweites Mal als Sieger aus einer Schlacht hervorgehen werde. Erhebt da hinter Zeus die Göttin des Glücks und des Zufalls, Tyche, ihr Haupt?

Die mahnenden Worte bleiben nicht wirkungslos. Theseus muss sich nicht zu der Entscheidung durchringen, den Frauen zu helfen, obwohl auch er wie Pelasgos damit rechnen muss, dass seine Zusage Krieg bedeutet. Er begründet seine Entscheidung damit, dass er es sich zur Aufgabe gemacht hat, Frevler zu jeder Zeit zu bestrafen. Er geht damit weit über das Engagement des Pelasgos hinaus. Er bekennt sich zu einer universal und prinzipiell gültigen Rechtsverpflichtung, unabhängig von der Herkunft und moralischen Integrität derer, für die er eintritt.

Das wählte ich mir gegenüber allen Griechen als die Pflicht,
stets die zu strafen, die das Frevelhafte tun. (VV. 340/341).

Der Chor bekräftigt später diesen Grundsatz und erweitert ihn um die Verantwortung für alle Bedrängten:

Du ehrst das Recht, weichst nicht zurück
vor Ungerechtigkeit und schützt zu jeder Zeit
und ohne Vorbehalt den Menschen, den das Unglück trifft.
(VV. 379/380).

Klug strebt der König zunächst eine friedliche Lösung an:

Ich will es tun und will auf dem Verhandlungsweg
die Toten lösen. Wenn es aber nicht gelingt,
entscheide ich mich für Gewalt und weiß, dass Gott mir helfen wird.
(VV. 346–348).

Das Rechtsbewusstsein hat sich von der Religion emanzipiert. Theseus erwähnt Zeus nicht.

Die Bedeutung des Beschlusses hat der klassische Philologe Günther Zuntz, der 1933 aus Deutschland fliehen musste, in einer Rede gewürdigt, die er 1954 gehalten hat:

Im Bilde des Mythos klären sich die Motive und Normen politischen, d.h. zwischenmenschlichen Handelns. Adrast sinnt dem Theseus an, dass er seine Ehre und sein Leben – ja, und die Ehre und Existenz eines Staates! – riskiere für gar keinen Gewinn. Die ganze Last ist ihm zugemutet, der ganze „Gewinn" ist für die Bittsteller. Eine extreme Situation, aber nichts weniger als unrealistisch. Solche Situationen entstehen unaufhörlich. Unrecht geschieht und Vergewaltigung, und der Hilfeschrei ertönt – und was ist die Folge? Und was sollte die Folge sein, im Interesse der Menschengemeinschaft, ja der Existenz aller Menschen? (a.a.O., S. 307).

Wie Pelasgos möchte auch Theseus das Volk in die Entscheidung einbeziehen. Euripides scheut den Anachronismus so wenig wie Aischylos.

Dass alle Bürger diesen Plan beschließen, ist mein Wunsch.
Weil ich es wünsche, wird die Bürgerschaft es tun.
Da ich sie einbeziehe, wird sie umso freundlicher gestimmt.
Ich habe ihr die Macht verschafft,
allein zu herrschen, mir verdankt sie, frei zu sein,
so dass nun jedes Bürgers Stimme gleich viel zählt.
In der Versammlung soll Adrastos Zeuge meiner Worte sein.
Sobald die Bürger überzeugt sind, sammle ich die jungen Männer von
Athen. (VV. 349–356).

Hatte Pelasgos noch lange Zeit gebraucht, um sich von einem zögernden zu einem entschlossenen Herrscher zu entwickeln, so vollzieht sich der Wandel bei Theseus sehr schnell. Gerade hatte er noch gefragt, welchen guten Grund er seinen Bürgern denn vorlegen könne, so hält er ihre Zustimmung jetzt für eine reine Formsache. Eine nicht leichte Aufgabe, eine Last, nennt er, was der Stadt bevorsteht. Er hat den Bürgern alle Staatsgewalt übertragen, sie sind der Souverän, frei und gleich. Aber – so urteilt Euripides, offenbar nicht anders als Aischylos –, das Volk bedarf eines Führers, der klug und verantwortungsbewusst durchdenkt, was not tut, und der in der Lage ist, es den Menschen zu vermitteln.

Theseus irrt sich nicht. Er kehrt zurück und berichtet:

Das Volk hat gern und ohne Zwang
für diese Last gestimmt.
Nahm es doch wahr, dass es mein Wille war. (VV. 393/394).

König und Volk bilden eine Einheit, die in der Überzeugung der Gültigkeit panhellenischer Normen gründet. Diese Überzeugung ist es, hatte Aithra gesagt, die den Frieden in der Gemeinschaft der Städte garantiert.

In der anschließenden Debatte mit dem Herold der Thebaner begründet Theseus seinen Entschluss noch einmal klar und unmissverständlich:

Es ist die Sache von ganz Griechenland, geht alle an,
wenn man die Toten ihres Rechts beraubt,
sie unbestattet liegen lässt. (VV. 538–540; vgl. auch VV. 525/26).

Niemals solle es in Griechenland heißen, er habe einen alt-ehrwürdigen, von den Göttern geheiligten Brauch zerstört. (VV. 561–563).

Etwa zur Zeit der Aufführung der *Hiketiden* hat der Historiker Herodot sein Geschichtswerk abgeschlossen. In einer Rede lässt er die Athener das Bewusstsein griechischer Identität auf die gemeinsame Abstammung, die gemeinsame Sprache und gemeinsame Riten und Gebräuche zurückführen. (8, 144).

Über das Göttliche hat Theseus eine pragmatische Auffassung. Er vertritt sie gegenüber dem Herold der Thebaner:

> *Ihr Toren, seht das Unglück, das uns Menschen trifft.*
> *Ein Kampf ist unser Leben. Die einen leben bald im Glück,*
> *die andern später, andere schon jetzt.*
> *Der Daimon spielt den großen Herrn.* (VV. 549–552).

Dieser Daimon ist eher Tyche als Zeus. Da man ihn nicht kennt, tut man gut daran, moralische Verpflichtungen zu erfüllen. Hilft man anderen, stellt sich der Nutzen ein, dass man einen guten Ruf erwirbt. In diesem Sinn hatte schon Aithra argumentiert.

Der Versuch des Theseus, mit den Thebanern zu einer gütlichen Regelung zu gelangen, scheitert. Im Kampf siegen die Athener. Der Bote, der den Sieg verkündet, beendet seinen Bericht mit einem Preis der klugen Mäßigung, der zugleich eine Mahnung an das Volk ist.

> *Obwohl die Mauer Theben keinen Schutz mehr bot,*
> *hielt Theseus inne. Denn, so sagte er,*
> *er sei nicht hier, um Theben zu zerstören, sondern nur,*
> *dass er die Toten mit sich nimmt.*
> *Wenn doch das Volk stets einen Mann*
> *wie diesen sich zum Feldherrn wählt,*
> *der in Gefahren tapfer ist und der das Volk,*
> *das Grenzen überschreitet, hasst, das im Erfolg nicht Maß zu halten*
> *weiß*
> *und selbst das Glück mit einbüßt, das ihm zu Gebote stand.*
> (VV. 723–730).

Am Schluss mögen noch einmal Worte von Günther Zuntz stehen, Worte, die vor mehr als 60 Jahren gesprochen worden sind, aber ihre Aktualität bis heute nicht eingebüßt haben:

> *Das Ideal einer vernünftig geordneten Menschengemeinschaft, begründet auf einem allumfassenden Gesetz und aufrecht erhalten durch die Hingabe aller: dies Ideal, das Euripides in den „Hiketiden" vor sein Volk stellte, war und blieb durch Jahrtausende ein Traum, die Hoffnung und Illusion der Besten. Für unsere Zeit ist seine Verwirklichung zur Frage von Sein oder Nichtsein geworden.*
> (a.a.O., S. 324/25).

Euripides hat an eine auf Dauer vernünftig geordnete Menschengesellschaft nicht geglaubt.

Pessimistisch äußert Adrastos:

> *Ihr Toren, die ihr den Bogen übermäßig spannt,*
> *und sehr zu Recht viel leiden müsst,*
> *vertraut den Freunden nicht,*
> *gehorcht nur dem, wozu die Lage zwingt.*

> *Ihr Städte könntet Leid abwenden durch das Wort;*
> *durch Worte nicht, durch Blut zerstört ihr euren Staat.*
> (VV. 744–749).

Wie um die bitteren Worte zu bestätigen, erklären die Söhne der gefallenen Argiver:

> *Es wird der Tod der Väter einst gerächt,*
> *so will es auch der Gott.*
> *Die Untat ruht noch nicht.* (VV 1146/47).

Und wer sich noch einen Funken Hoffnung bewahrt hat, dem raubt sie Athena, die der Dichter am Schluss erscheinen lässt. Sie verheißt den jungen Argivern:

> *Sobald ihr Männer seid, macht Theben ihr dem Boden gleich*
> *und rächt so eurer Väter Tod.* (VV. 1213–1215).

Euripides hält den Anspruch, den Aischylos formuliert hatte, aufrecht: Es gilt, sich auch dann für die Verfolgten einzusetzen, wenn es mit Risiken für das eigene Volk verbunden ist. Aber er begründet die Forderung im Unterschied zu Aischylos als ein Gebot der Menschlichkeit in einer Welt, die von einer Glücksgöttin regiert wird und in der Unrecht und Leid herrschen werden, solange es Menschen gibt. *Das Leben ist ein Kampf*, in dem Ideal und Wirklichkeit nicht zur Deckung kommen werden.

Trotzdem dürften auch die *Hiketiden* des Euripides geeignet gewesen sein, den Athenern ihre Polis als eine Wertegemeinschaft vor Augen zu stellen.

Am Ende des 5. Jahrhunderts sollte Sophokles das Thema noch einmal aufgreifen, in seiner Tragödie *Ödipus auf Kolonos* (401 v.Chr.). Der blinde Ödipus ist aus Theben vertrieben worden und bittet in Athen um Asyl. Der König Theseus sagt sie ihm, ohne zu zögern, zu:

> *Der Kleidung und dem Schmerz, mit dem dein Haupt gezeichnet ist,*
> *entnahm ich, wer du bist.*
> *Aus Mitgefühl, du jammervoller Ödipus,*
> *will ich dich fragen, welcher Grund dich in die Stadt*
> *sowie zu mir führt, dieses Landes Herrn,*
> *dich selbst und deine jammervolle Helferin.*
> *Belehre mich. Da müsstest du mir eine schlimme Tat*
> *berichten, damit ich dir kein Retter bin.*
> *Ich weiß, wie du dich fühlst,*
> *wuchs ich doch selbst als Fremder auf wie du*
> *und kämpfte in der Fremde wie kein andrer Mann*
> *in vielen Kämpfen und Gefahren um den eigenen Kopf.*
> *Ich würde deshalb keinem, der als Fremder zu mir kommt wie du,*
> *die Hilfe je verweigern. Denn mir ist bewusst,*
> *dass ich ein Mensch bin und dass mein Geschick*
> *in gleichem Maß dem Wandel unterliegt wie deins.* (VV. 555–568).

Die spontane Hilfsbereitschaft des Theseus beruht auf zweierlei: einer vergleichbaren Lebenserfahrung und dem Bewusstsein, Teil einer alle Menschen verbindenden Schicksalsgemeinschaft zu sein.

Verstand sich im 5. Jahrhundert v.Chr. Athen als eine über die Grenzen der Polis hinaus verantwortliche Wertegemeinschaft, als ein Hort für Verfolgte und Entrechtete, als eine Macht, die auch das Risiko des wehrhaften Einsatzes nicht scheute – wer kann und muss im 21. Jahrhundert n.Chr. diesen Anspruch erheben? Gewiss nicht ein einzelnes Land, gewiss aber ein Staatenbund wie die Europäische Union. Wünschenswert wäre freilich, dass sich alle in ihr vereinigten Bürger zu dieser Aufgabe bekennten.

10 *Die Schutzflehenden – Die Schutzbefohlenen*

Eine Konfrontation der Gegenwart mit der Antike

Elfriede Jelinek hat sich auf ein Gespräch mit der Antike eingelassen und ihre 2013 entstandenen und inzwischen mehrfach aufgeführten *Schutzbefohlenen* den *Schutzflehenden* des Aischylos gegenübergestellt:

Die Schutzflehenden haben an einem Altar Schutz gesucht, die Schutzbefohlenen haben sich in einer Kirche in Wien niedergelassen. Die einen halten hoffnungsvoll Zweige in den Händen, die anderen verzweifelt Papier, Papiere, ausgefüllte und abgelehnte Anträge.

Die einen vertrauen auf die Hilfe der Götter, zu denen sie beten, die anderen beten auch, zu dem lieben Himmelsvater, zu Jesus, dem Messias, dem Messi, aber sie wissen nicht, wer Jesus ist, sie wissen nicht, welcher Gott außerhalb der Kirche zuständig ist. Sie fühlen sich nicht aufgenommen, nicht angenommen. *Jetzt preisen wir gern noch etwas, gern auch euren Gott. Des Gottes Söhne können wir nicht sein, das müssen andere sein.* Zu einem Gott ihrer Heimat beten sie nicht. Sie haben ihren Glauben verloren.

Die Danaiden sprechen Griechisch, die Schutzbefohlenen können sich nicht in der Landessprache verständigen. Sie bedürfen eines Dolmetschers, dem sie ausgeliefert sind, der sie ständig mahnt, nicht so schnell, nicht so langsam, deutlich zu sprechen.

> **Dort in Argos** eine überschaubare Zahl,
> **hier in Wien** eine unübersehbar große Masse, deren Zustrom nicht endet,
> **dort** Mädchen, die eine nachweisbare und einen Anspruch begründende Vergangenheit haben,
> **hier** Menschen, die sich nicht ausweisen können. *Sie können sich auf keine Herkunft*
> *berufen. In der Heimat sind alle weg. Es gibt nur noch mich.*

Dort der König, der sich ansprechen lässt, sich der Flehenden annimmt, mit sich um eine
Entscheidung ringt,
hier der Stellvertreter des Stellvertreters, niemand, der Verantwortung übernimmt, eine namenlose Bürokratie, die auf Bestimmungen und Gesetze verweist. *Nicht legal der Aufenthalt. Wo waren Sie zuletzt? Dort müssen Sie den Antrag stellen. Richten – Rettung überflüssig. Wir warten. Wir warten immer nur. Unser Leben ist warten. Wir sind gekommen, aber wir sind nicht da.*
Dort eine aufnehmende Gesellschaft,
hier Bewohner, die fürchten, die Flüchtlinge könnten ihnen nach und nach wegnehmen, was sie besitzen und ihre Sicherheit bedrohen. *Nichts und niemand nimmt uns auf. So jemand darf hier nicht sprechen. So jemand darf hier nicht sein. Sie stellen ja Ansprüche. Heute verlangen sie nichts oder nicht viel. Aber was werden sie morgen verlangen? Wenn sie da sind, liegen sie uns auf der Tasche. Sorgen Sie sich um Ihre Sicherheit, und jagen Sie uns fort. Nur so können Sie eine sichere Gesellschaft schaffen, indem Sie uns ausmerzen.*
Dort ein Frevel, der sich benennen lässt, hier Krieg, Vertreibung, Verfolgung, deren Ursachen
keiner mehr kennt. *Wieso machen Menschen das?*
Dort eine Lösung,
hier ein Zustand ohne Hoffnung. *Wir werden immer kommen und dezimiert*
werden. Wir werden hier sein. Wir sind die Vergessenen. Sie wollen sich in die Wertegemeinschaft integrieren, aber die Teilhabe an den Menschenrechten, auf die die zivilisierten Völker sich etwas zugute halten, wird ihnen versagt.

Ist das ein Gespräch, an dem die Teilnehmer aneinander vorbeireden? Eine illusionslose Gegenüberstellung von heute und damals?

Das hieße, den Sinn von Theater zu verkennen. Elfriede Jelinek will nicht anders als Aischylos und Euripides auf die uns verbindenden Werte hinweisen, will uns aufrütteln. Sie fragt: Gelten die in der Antike grundgelegten, von der christlichen Religion und der Philosophie der Aufklärung fortentwickelten, in Menschenrechtskonventionen festgeschriebenen Werte noch? Sie nimmt in Kauf, dass sie das Problem verkürzt, nur die Integrationswilligen auf der einen, die Fremdenfeinde auf der anderen Seite zu Wort kommen lässt. Gewiss, es gibt sie, auf beiden Seiten, aber es gibt ebenso gewiss auch die andern, die sich durch ihre Religion und Kultur abgrenzen wollen, auf der einen, und die vielen, die sich Schutzflehenden helfend zuwenden, auf der anderen Seite. Wenn das Theater dazu beiträgt, dass ihre Zahl wächst, hat es seinen Sinn erfüllt.

Literatur

Aischylos/Jelinek: Die Schutzflehenden/Die Schutzbefohlenen. Eine Inszenierung des Schauspiels, Leipzig, 2015

Rüdiger Bernek: Dramaturgie und Ideologie. Der politische Mythos in den Hikesiedramen des Aischylos, Sophokles und Euripides, München/Leipzig (K.G. Saur), 2004

Martin Hose: Euripides. Der Dichter der Leidenschaften, München (Beck), 2008

Elfriede Jelinek: Die Schutzbefohlenen, Hörspiel, BR/ORF, 2014; intermedium records

Walther Kraus: Der gefesselte Prometheus. Die Schutzflehenden. Übersetzung, Anmerkungen und Nachwort, Stuttgart (Reclam), 2006

Manfred Joachim Lossau: Aischylos, Darmstadt (WBG), 1998

Christian Meier: Die politische Kunst der griechischen Tragödie, München (Beck), 1988

Franz Stoessl: Die Hiketiden des Aischylos als geistesgeschichtliches und theatergeschichtliches Phänomen, Wien (Österreichische Akademie der Wissenschaften), 1979

Günther Zuntz: Über Euripides' Hiketiden, in: Ernst-Richard Schwinge: Euripides, Darmstadt (WBG), 1968, S. 305–325

Das göttliche Wirken in der Geschichte
Die Begründung der Geschichtsschreibung: Herodot und Thukydides

Gliederung

1	Einleitung	66
1.1	Was wäre, wenn …	66
1.2	Geschichtsschreibung und Geschichtsphilosophie	66
2	Herodots Vorbilder: Homers Epik, Solons Lyrik, die Tragödie	67
3	Herodot	68
3.1	Leben und Werk	68
3.2	Polykrates: Die missachtete Warnung	71
3.3	Xerxes: Die unersättliche Machtgier	74
	1. Artabanos: Die erste Warnung	74
	2. Demaratos: Die zweite Warnung	77
3.4	Kandaules: Der ungezügelte Eros	78
3.5	Kroisos: Gefährliche Selbstsicherheit	80
4	Thukydides	82
4.1	Leben und Werk	82
4.2	Wohlstand und Ehre für das Individuum	85

4.3	Ehre und Nutzen für das Kollektiv	86
	1. Die Rede des Perikles	86
	2. Der Melierdialog	88
4.4	Ein Besitz für immer	90
Literatur		91

Herodot (geb. ca. 485 v.Chr.)

Thukydides (ca. 455 – ca. 396 v.Chr.)

1 Einleitung

1.1 Was wäre, wenn ...

Historiker stellen manches Mal die Frage, was wäre gewesen oder was wäre, wenn ...

Das ist eine spannende Frage, denn sie fordert dazu heraus, den tatsächlichen Ablauf der Ereignisse unter dem Aspekt möglicher anderer Szenarien zu untersuchen.

Herodot, mit dem die Geschichtsschreibung in Griechenland im 5. Jahrhundert v.Chr. beginnt, berichtet, dass sich die Athener und ihre Bundesgenossen 480 bei Salamis mit der Flotte und 479 bei Plataiai mit dem Heer der gewaltigen Übermacht der in Griechenland eingefallenen Perser mutig entgegengestellt und gesiegt haben. Was wäre geschehen, wären sie besiegt worden? Die Perser hätten Griechenland wohl als eine Satrapie ihrem Reich angegliedert und es hätte kein Perikleisches Zeitalter mit seiner kulturellen Blüte, keine Demokratie in Athen gegeben. (vgl. Herodot, 5,78). Über die weltpolitischen Folgen kann man nur spekulieren.

Thukydides, der zweite bedeutende griechische Historiker des 5. Jahrhunderts, berichtet, dass Perikles, der die Geschicke Athens ein halbes Jahrhundert geleitet und die Stadt 431 in den Krieg gegen Sparta geführt hat, kurz nach Ausbruch des Konfliktes an einer Seuche gestorben ist. Athen verliert den Krieg. Wie wäre er verlaufen, wenn Perikles ihn als Stratege bis zu seinem Ende hätte führen können und Athen ihn siegreich beendet hätte? Thukydides bescheinigt ihm eine weitsichtige strategische Klugheit. Hätte Athen seine Macht weiter ausgebaut, ein Reich gegründet, weitere große Bauten errichtet, die wir heute bewundern könnten, hätte es eine zweite Blüte erlebt?

Wir fragen, welche Kräfte nach der Ansicht der beiden Historiker, die am Anfang der europäischen Geschichtsschreibung stehen, in der Geschichte wirksam waren. Wir fragen, warum die Geschichte ihrer Meinung nach so abgelaufen ist, wie sie abgelaufen ist. Beide Historiker beschreiben die Ursachen und den Verlauf eines Krieges, der eine, Herodot, des Perserkrieges, der andere, Thukydides, des Peloponnesischen Krieges. Welche Rolle spielten die Götter, welche die Menschen?

1.2 Geschichtsschreibung und Geschichtsphilosophie

Die Historiographie ist seit Hegels und Marxens großen Entwürfen einer in der Geschichte ablesbaren Gesetzmäßigkeit skeptisch gegenüber geschichtsphilosophischen Theorien. Die Geschichte selbst kennt weder Ordnung noch Sinn. Die Historiker ordnen die Ereignisse einander zu und verknüpfen sie miteinander. Der Historiker unserer Zeit begnügt sich damit. Der antike Historiograph sieht seine Aufgabe auch darin, die Ereignisse so darzustellen, dass sich aus ihnen eine Gesetzmäßigkeit ablesen und ein Sinn ableiten lässt. Er ist zugleich ein Geschichtsphilosoph. Hegel und Marx stehen in seiner Nachfolge.

2 Herodots Vorbilder: Homers Epen, Solons Lyrik, die Tragödie

Herodot und Thukydides stehen in der Nachfolge Homers. Mit ihm beginnt um 700 v.Chr. die griechische Literatur. Das Thema der beiden Historiker ist der Krieg wie in der *Ilias* Homers, und beide bewegt das Problem, das Zeus in einer Götterversammlung in der *Odyssee* zur Sprache bringt:

> *Welche Klagen erheben die Menschen gegen die Götter.*
> *Alles Übel, sagen sie, komme von uns, doch sie selber*
> *schaffen sich Leiden über das Schicksal hinaus durch ihre*
> *Missetaten.* (1, VV. 32–34).

Es ist die Frage der göttlichen Verantwortung für *alles Übel*, die Frage nach dem Verhältnis von göttlicher Macht und menschlicher Freiheit, die Frage nach der Natur des Menschen und den Gefahren, die von seinem Wesen ausgehen.

Diese Fragen beschäftigen und beunruhigen die Dichter und Schriftsteller.

Solon, der Staatsmann, der 594 die Verfassung Athens reformierte und sich um einen Ausgleich von Reich und Arm bemühte, sieht einen Antagonismus zwischen der Gottheit und den Menschen:

> *Unsere Stadt wird niemals zugrunde gehen, so hat*
> *Zeus es bestimmt, so auch der Götter Sinn.*
> *So hält die Tochter des starken Vaters, die edel gesinnte*
> *Pallas Athene die Hand schützend über die Stadt.*
> *Aber die Bürger wollen die große Stadt vernichten,*
> *ohne Verstand sind sie gierig auf Reichtum aus.*

Sie kümmern sich nicht, so fährt der Dichter fort, um die Gebote der *Dike*, des Rechts. Dike schweigt zwar lange, aber sie registriert, was geschehen ist und was geschieht. Eines Tages wird sie kommen und Bezahlung einfordern. (fr. 3 Diehl, VV. 1–16). Sie wirkt wie ein der Geschichte eingeschriebenes Gesetz Sie wird verhindern, dass die Rechtsordnung durch Unverstand, Macht und Geldgier zerstört wird.

Das Verhältnis von Gottheit und Mensch, menschlichem Frevel und göttlicher Strafe, ist dann das Thema, das in der Tragödie im 5. Jahrhundert in immer wieder neuen Variationen abgehandelt wird.

Es sind Könige wie Polykrates, Xerxes, Kandaules und Kroisos, aus deren ungezügelten Trieben, Bestrebungen und Handlungen sich bei Herodot das historische Geschehen entwickelt. Sie sind nicht anders als in der Tragödie Figuren, an deren Schicksal der Leser fürchtend und leidend teilnimmt.

Durch die Frage nach dem Verhältnis von Gott und Mensch ist Herodot mit Homer, mit Solon und mit der Tragödie verbunden. Mit Homer verbindet ihn darüber hinaus die Kunst des Darstellens und Erzählens, und mit den jonischen Naturphilosophen, die den Kosmos nach dem Prinzip von Ursache und Wirkung zu erklären unternommen hatten, verbindet ihn der Rationalismus.

3 Herodot

3.1 Leben und Werk

Herodot ist vermutlich etwa im Jahr 445 v.Chr. im Alter von ca. 40 Jahren nach Athen gekommen. Dort wirkten bedeutenden Persönlichkeiten, Dichter wie Sophokles und Euripides, der Sophist Protagoras und der Philosoph Sokrates, Perikles leitete die Geschicke der Stadt. Er erlebte eine demokratisch verfasste Stadt, die noch Jahrzehnte nach ihren Siegen über die Perser stolz darauf war, die Freiheit gegen die Barbaren verteidigt zu haben. Nicht zuletzt aus dieser Erinnerung an diesen Erfolg bezogen die Athener das Bewusstsein ihrer Identität. Herodot wurde der Zeitzeuge einer Entwicklung, in der sich ein Konflikt zwischen den beiden Mächten Athen und Sparta erst anbahnte, dann ausbrach.

Seine Geburtsstadt ist Halikarnassos, im Südwesten der kleinasiatischen Küste gelegen, sie heißt heute Bodrum. Sein Vater war wohl ein Karer, stammte also aus der in dieser Gegend seit langer Zeit ansässigen Bevölkerung, seine Mutter war eine Griechin. Eine Zeitlang lebte er in der Verbannung auf der Insel Samos, weil seine Familie sich an einem Aufstand gegen den perserfreundlichen Tyrannen Lygdamis beteiligt hatte. Nach dessen Sturz hatte er in seine Heimat zurückkehren können. Sie gehörte damals zum Attisch-Delischen Seebund, der von Athen dominiert wurde. Ausgedehnte Reisen führten ihn in die Welt, bevor er Athen zu seinem Aufenthaltsort wählte. Einen großen Teil seines Werkes hat er dort geschrieben. Durch Lesungen hat er es bekannt gemacht, bevor es wohl in dem Zeitraum zwischen 420 und 410 v.Chr. veröffentlicht worden ist. Immer wieder ist er zu Reisen aufgebrochen. Wo und wann er gestorben ist, wissen wir nicht.

Es ist kein Zufall, dass der erste bedeutende Historiker aus Kleinasien stammte, jenem Gebiet, in dem Homer, in dem die ersten Philosophen gewirkt haben, in dem er mit Hekataios einen historiographischen Vorgänger hatte und in dem Griechen und Nichtgriechen in lebhaftem Austausch standen, und dass er sein Werk in Athen schrieb, der Stadt, deren Bürger durch ein großes historisches Ereignis geprägt waren, in der die Demokratie die Politik zu einer Sache der Bürger gemacht hatte und in der alljährlich Tragödien in den Zuschauern Furcht und Mitleid erregten, einer Stadt aber auch, die von einem neuen Krieg bedroht war.

Das Thema seines Buches sind die Perserkriege, die Jahre 500–479. Es beginnt jedoch schon sehr viel früher, mit der Herrschaft des Lyderkönigs Kroisos (ca. 560–546), des ersten Barbaren,

> von dem wir wissen, dass er die Hellenen unterworfen und zur Tributzahlung verpflichtet hat. (1,6).

Herodot beginnt aus drei Gründen mit Kroisos:

1. Über ihn lässt sich verlässlich und nachprüfbar berichten: *Wir wissen*.
2. Bis auf ihn reicht die Vorgeschichte der Perserkriege zurück.
3. Er repräsentiert exemplarisch den Prozess vom Aufstieg und Niedergang eines Reiches.

Der Historiker berichtet, wie Kroisos sein Reich an den Perserkönig Kyros verlor und wie sich das Perserreich in der Zeit von Kyros bis zu Dareios ausdehnte, dem Großkönig, unter dessen Regierungszeit im Jahr 500 der Ionische Aufstand ausbrach. Es ist nicht die geringste Leistung Herodots, mit der Folge der Großkönige ein chronologisches Gerüst geschaffen zu haben.

Der Erwähnung des Kroisos fügt Herodot eine Bemerkung hinzu:

> Wenn ich von ihm gesprochen habe, will ich in meinem Bericht fortfahren. Dabei will ich unterschiedslos die großen und die kleinen Städte berücksichtigen. Denn die meisten von denen, die einst groß waren, sind klein geworden, und was zu meiner Zeit groß ist, war früher klein. Da ich weiß, dass menschliches Glück niemals unverändert gleich bleibt, werde ich beider unterschiedslos gedenken. (1,5).

Geschichte ist Wandel, ist Veränderung. Herodot wird es darum gehen, die Ursache des Wandels aufzuspüren. Er berichtet von dem, was er in Quellen gelesen, auf seinen Reisen gesehen und gehört hat. Manches erfindet er auch: Dialoge, Reden, und er gestaltet und verdichtet Ereignisse zu Szenen. Er ist ein großer Erzähler. Gewiss: Seine Darstellung ist nicht frei von Irrtümern. Den Anforderungen moderner kritischer Forschung genügt er nicht, wenn es ihm auch durchaus nicht an methodischem Bewusstsein gefehlt hat:

> *Ich bin verpflichtet, zu berichten, was berichtet wird. Ich bin aber nicht verpflichtet, allem Glauben zu schenken, und dieser Grundsatz soll für mein ganzes Werk gelten.* (7,152,3, vgl. auch: 4,155,1/2).

Lange hat man Herodot als Historiker gerade deshalb nicht ernst genommen, weil er ein literarisches Kunstwerk geschaffen hat. Inzwischen hat man gelernt, gerade das an ihm zu schätzen. (Vgl. Aristoteles, Poetik, 1451b ff.).

Dem Werk ist ein Proömium vorangestellt, in dem es heißt:

> *Dies ist die Darlegung der Erkundung (historíe) des Herodot aus Halikarnassos,*
> *damit weder das, was Menschen geleistet haben, mit der Zeit vergessen wird,*
> *noch große und bewundernswerte Ruhmestaten,*
> *sei es, dass sie von Griechen,*
> *sei es, dass sie von Barbaren vollbracht wurden,*
> *ihren Ruhm verlieren.*
> *Insbesondere ist es die Darlegung der Ursache/Schuld (aitía),*
> *die sie zum Krieg gegeneinander veranlasste.*

Der Autor stellt sich vor. Er wird die Ergebnisse seiner eigenen Forschung darlegen, nicht wiedergeben, was Musen gesungen haben. Er schreibt kein Epos in Hexametern, er erzählt keine Mythen, er schreibt Geschichte in Prosa. Erst spricht er von den Menschen, dann von den Griechen und Barbaren. Er verachtet Fremde nicht, Parteilichkeit liegt ihm fern. Sein Blick richtet sich auf alle Bereiche menschlichen Wirkens, auf die Geschichte, die Sitten, die Kultur, die Religion. Er will Denkwürdiges bewahren und der Nachwelt überliefern. Wenn es am Schluss um den Konflikt zwischen den Griechen und den Barbaren geht, so will er den Grund benennen, der zu ihm geführt hat, zugleich aber auch einen Schuldzusammenhang aufdecken. Die Frage nach Schuld und Ursache fügt die disparaten Ergebnisse seiner Forschung zu einem Ganzen zusammen. Durch sie wird aus den Geschichten Geschichte. Den Antagonismus Asiens und Europas, des Ostens und des Westens, des Orients und des Okzidents, des Despotismus und der Freiheit hat Herodot als erster erkannt und benannt. Der Satz des Proömiums umreißt zugleich die Struktur des Werks. Nach vielfältigen Berichten über Länder und Ereignisse thematisiert es vom 5. Buch an den Perserkrieg.

Geschichtsschreibung im Sinn der Aufzeichnung von Ereignissen hat es schon lange vor Herodot gegeben: im Orient, in Mesopotamien, in Israel. Im griechischen Kulturkreis hatte Herodot in Hekataios, der in der Mitte des 6. Jahrhunderts v.Chr. in Milet geboren wurde, einen Vorgänger. Hekataios hat die rationalistische Methode der vorsokratischen Naturphilosophen auf die Geschichtsschreibung übertragen und in seinem Werk *Genealogiai* die Stammbäume mythischer Heroen systematisiert. Er schreibt in Prosa, er verwendet den ionischen Dialekt. Menschen, die wie die ionischen Naturphilosophen, Hekataios und Herodot, die Ergebnisse ihrer eigenen Forschung vortragen, die in keines Staates, keines Menschen Dienst stehen, hat erst Griechenland hervorgebracht.

Herodot fängt die Fülle dessen ein, was die Welt zu seiner Zeit zu bieten hatte, was das Leben interessant machte.

Um mich gegen Provinzialität der Zeit zu wappnen, tauche ich ein in die Welt Herodots, sagt Ryszard Kapuscinski in seinem 2005 in Frankfurt erschienenen Buch *Meine Reisen mit Herodot* (S. 351). Wir wollen ihm folgen.

3.2 Polykrates: die missachtete Warnung (3,39–43; 120–125)

Polykrates war ein mächtiger Tyrann, der von ca. 538–522 v.Chr. über die Insel Samos herrschte. Herodot kommt auf ihn im Zusammenhang mit der Intention Spartas zu sprechen, gegen die Insel zu Felde zu ziehen, und berichtet:

Er schloss Freundschaft mit Amasis, dem König von Ägypten, beide tauschten Geschenke aus. Innerhalb von kurzer Zeit wuchs die Macht des Polykrates, und nicht nur in den griechischen Städten Kleinasiens, sondern auch im übrigen Griechenland sprach man von ihr. Seine Unternehmungen verliefen erfolgreich, wo auch immer sein Heer auftauchte. Alle, die er unterwarf, plünderte er aus, ohne sich an dem Beutegut bereichern zu wollen. Er pflegte zu sagen, dass man dem Freund einen größeren Gefallen tue, wenn man ihm zurückgebe, was man ihm genommen hat, als wenn man es ihm gar nicht wegnehme. Viele Inseln und Städte des kleinasiatischen Festlands hatte er bereits erobert.

Natürlich blieb auch Amasis nicht verborgen, dass Polykrates sehr erfolgreich war, und es beunruhigte ihn. Als die Reihe der Erfolge immer länger wurde, schrieb er einen Brief folgenden Inhalts und schickte ihn nach Samos:

> *Amasis sendet dem Polykrates folgende Botschaft: Es ist zwar erfreulich zu erfahren, dass es einem Freund und Gastfreund gut geht, aber deine großen Erfolge gefallen mir nicht; denn ich weiß, dass die Gottheit neidisch ist. Ich spreche von mir und denen, die mir am Herzen liegen, wenn ich sage: Ich sehe es lieber, dass ein Teil unserer Unternehmungen erfolgreich ist, ein Teil scheitert, und dass wir besser so mit einem Wechsel von Glück und Unglück das Leben verbringen, als dass wir in allem erfolgreich sind. Denn bisher habe ich von niemandem gehört, den nicht am Ende ein furchtbares Schicksal traf, wenn er in allem erfolgreich war.*

> *Folge also nun meinem Rat und tue in Anbetracht deiner Erfolge folgendes: Überlege, welcher Gegenstand für dich am wertvollsten ist, dessen Verlust dich am meisten schmerzen wird, und wirf ihn so weit fort, dass kein Mensch ihn finden wird. Und wenn dich auch dann Erfolg und Leid nicht im Wechsel treffen, so suche dein Heil darin, meinem Rat immer wieder zu folgen.*

Wir kennen die Geschichte aus Friedrich Schillers Ballade *Der Ring des Polykrates* (1798). Schiller inszeniert eine Begegnung der beiden Könige. Polykrates steht mit Amasis *auf seines Daches Zinnen* und nimmt eine Siegesbotschaft nach der anderen entgegen. Es sind Angreifer, deren er sich erwehrt und die er besiegt. Die triumphalen Erfolge entsetzen den Gast aus Ägypten.

> *Fürwahr, ich muss dich glücklich schätzen,*
> *doch, spricht er, zittr' ich für dein Heil.*
> *Mir grauet vor der Götter Neide.*
> *Des Lebens ungemischte Freude*
> *ward keinem Irdischen zuteil.*
>
> *Auch mir ist alles wohl geraten.*
> *Bei allen meinen Herrschertaten*
> *begleitet' mich des Himmels Huld.*
> *Doch hatt' ich einen teuren Erben,*
> *den nahm mir Gott,*
> *ich sah ihn sterben.*
> *Dem Glück bezahlt' ich meine Schuld.*
>
> *Drum, willst du dich vor Leid bewahren,*
> *so flehe zu den Unsichtbaren,*
> *dass sie zum Glück den Schmerz verleihn.*
> *Noch keinen sah ich fröhlich enden,*
> *auf den mit immer vollen Händen*
> *die Götter ihre Gaben streun.*
>
> *Und wenn's die Götter nicht gewähren,*
> *so acht auf eines Freundes Lehren*
> *und rufe selbst das Unglück her,*
> *und was von allen deinen Schätzen*
> *dein Herz am höchsten mag ergötzen,*
> *das nimm und wirf's in dieses Meer.*

Schillers Polykrates ist ein anderer als der Polykrates des Herodot. Er verteidigt seinen Besitz, er hat keine expansive und aggressive Politik betrieben, hat nicht denen, die er unterwarf, das Land erst weggenommen und dann wieder zurückgegeben, um sie als dankbare Untertanen von sich abhängig zu machen.

Beide, Herodot und Schiller, sprechen vom Neid der Götter. Bei Schiller meint Amasis, das Leben der Menschen könne im Gegensatz zu dem der Götter nicht dauerhaft glücklich sein. Die Erfahrung lehre, dass kein Mensch je gelebt habe, dem nur Glück beschieden gewesen sei.

Um seine Glaubwürdigkeit zu erhöhen, erfindet Schiller die Geschichte vom Tod seines Sohnes. Der König nimmt ihn hin als Ausgleich für das Glück, das ihm in seinem Leben beschieden worden ist. Einen tieferen Sinn vermag er ihm nicht abzugewinnen.

Wenn Herodot vom *Neid der Götter* spricht, so meint er damit, wie wir später noch sehen werden, dass die Gottheit dem Menschen Grenzen setzt. Sie lässt nicht zu, dass er in seinem Denken und Handeln keine Beschränkungen kennt. Hybris haben die Griechen die Einstellung dessen genannt, der glaubt, zu allem befähigt und berechtigt zu sein.

Das Motiv ist alt. Schon Hesiod schreibt im 7. Jahrhundert:

> *Leicht schenkt Zeus zwar Macht, doch leicht wird der Mächtige wieder*
> *schwach, wer hochmütig ist, den erniedrigt Zeus, er erhöht die*
> *Unscheinbaren, die Gebeugten richtet er auf, und*
> *er vernichtet die Starken, der hochdonnernde Zeus, der*
> *über allem wohnt, hoch oben in den Wolken.*
> (Werke und Tage, VV. 5–8).

Einen deutlich moralischeren Maßstab legt Aischylos an. In der 472 aufgeführten Tragödie *Die Perser* erscheint der tote König Dareios und deutet die Niederlagen, die sein Sohn Xerxes bei Salamis und Plataiai erlitten hat:

> *Der Berg der Toten wird den Herrschern noch bis in*
> *das dritte Glied vor Augen stehen und sie stumm*
> *ermahnen: Stets sehr achtsam auf das Maß zu sein,*
> *das ziemt sich für die Menschen, da sie sterblich sind.*
> *Denn Hochmut, wenn er aufblüht, trägt gewiss als Frucht*
> *Verblendung, die der Sommer erntet, tränenreich.* (VV. 818–822).

Christen ist das nicht fremd. Ist es doch die Hybris, der Wunsch, sein zu wollen wie Gott, der Adam und Eva dazu treibt, Gottes Gebot zu missachten. Und der Allmächtige straft sie und vertreibt sie aus dem Paradies. (Genesis, Kap. 3).

Erfolglos versucht Polykrates, die Götter durch das Opfer eines wertvollen Rings gnädig zu stimmen. Der Koch findet das Kleinod im Bauch eines Fisches, den Fischer gefangen und dem König zum Geschenk gemacht hatten. Die Schlussstrophe der Schillerschen Ballade kennt jeder:

> *Da wendet sich der Gast mit Grausen.*
> *„So kann ich hier nicht länger hausen,*
> *mein Freund kannst du nicht länger sein.*

> *Die Götter wollen dein Verderben –,*
> *fort eil' ich, nicht mit dir zu sterben."*
> *Und sprach's und schiffte schnell sich ein.*

Bei Herodot berichtet Polykrates dem Amasis in einem Brief, was sich zugetragen hat. Der ägyptische König kündigt ihm daraufhin die Freundschaft auf, damit er nicht, wenn Polykrates ein großes und furchtbares Unglück treffe, um ihn wie um einen Freund trauern müsse. Er fürchtet nicht, das Schicksal des Samiers teilen zu müssen. Er möchte nur Distanz gewinnen.

Der Schillersche Amasis sieht in Polykrates einen von den Göttern verworfenen Menschen. Ihm graut vor ihm, und ihm graut wohl mehr noch vor den Göttern, die einen Menschen grundlos zu vernichten drohen. Schiller belässt es bei der Vorausdeutung, Herodot erzählt das grausame Ende des Tyrannen: Der persische Statthalter von Sardes lockte ihn mit dem Versprechen, ihm alle Mittel an die Hand zu geben, die er brauche, sich die griechischen Städte an der Küste und alle Inseln der Ägäis zu unterwerfen, nach Kleinasien. Polykrates schlug alle Warnungen der Seher und Freunde in den Wind und schiffte sich ein.

Es ist der Mensch, der in seiner Maßlosigkeit schuldig wird, es sind die Götter, die eingreifen und dem Maß zu einem Recht verhelfen.

3.3 Xerxes: Die unersättliche Machtgier (7, 4–18)

1. Artabanos: Die erste Warnung

Die nächste Geschichte führt uns in das Jahr 481, in dem in Xerxes, der 486 den persischen Thron bestiegen hatte, der Entschluss reifte, einen Feldzug gegen Griechenland zu unternehmen. Die Szenen, in denen Herodot beschreibt, wie es wider alle Vernunft zu der den Heereszug auslösenden Entscheidung kam, ist ein Herzstück seines Werks. Sie stellen eine Art zweites Proömium dar.

Zunächst war Xerxes abgeneigt, er hatte andere Pläne. Ein Vetter, Mardonios, lenkte seine Aufmerksamkeit auf Griechenland. Er verstand es, den König für seinen Plan einzunehmen. Xerxes berief den Kronrat ein und hielt eine Grundsatzrede, in der er folgendes ausführte:

> *Ich bin nicht der Erste, der diesen Brauch bei Euch einführt, ich habe ihn vielmehr übernommen und werde jetzt mein Handeln an ihm ausrichten. Wie ich nämlich von den Vorfahren erfahre, haben wir uns niemals friedlich verhalten, seit wir diese Herrschaft von den Medern übernommen haben, seit Kyros den Astyages gestürzt hat.*
>
> *Ein Gott ist am Werk. Vieles von dem, was wir betreiben, gerät uns gut. Welche Völker Kyros, Kambyses und mein Vater Dareios be-*

> zwungen und dazuerworben haben, braucht nicht ausgeführt zu werden, ihr wisst es. Seit ich nun diesen Thron bestieg, sann ich darüber nach, wie ich in dieser Stellung nicht hinter den Vorfahren zurückstehe und den Persern nicht geringere Macht hinzugewinne. Indem ich darüber nachsinne, finde ich heraus, wie wir Ruhm erlangen und ein Land, das nicht kleiner und schlechter ist als das, welches wir besitzen, vielmehr sogar ertragreicher, und wie wir zugleich strafen und Rache nehmen. ...
> Wenn wir die Athener und ihre Nachbarn, die das Land des Phrygers Pelops bewohnen, unterworfen haben, dann werden wir Persien zu einem Land machen, das bis an den Äther des Zeus heranreicht. Denn dann wird die Sonne auf kein Land mehr herabblicken, das dem unseren benachbart wäre, sondern alle Länder werde ich mit euch gemeinsam zu einem einzigen zusammenfügen, nachdem ich durch ganz Europa hindurchgezogen bin. Ich habe nämlich erfahren, dass es sich folgendermaßen verhält: Es wird keine von Männern bewohnte Stadt und kein Menschenvolk übrig bleiben, das in der Lage sein wird, uns anzugreifen, wenn wir die, die ich genannt habe, aus dem Weg geräumt haben. So werden die, die an uns schuldig geworden sind, das Joch der Sklaverei tragen, und ebenso die, die uns nicht angegriffen haben.

Xerxes schließt mit Anweisungen und der Aufforderung zur Stellungnahme.

Die Rede enthüllt, wie sehr er unter der Last seiner Vorfahren leidet. Das Bedürfnis, vor ihnen nicht zu versagen, ja, sie zu übertreffen, treibt ihn in das Abenteuer des Krieges, treibt ihn in die Hybris, die den Keim seines Untergangs in sich birgt.

Mardonios redet ihm nach dem Munde. Darauf wagt zunächst keiner, zu widersprechen, bis Artabanos, sein Onkel, der Bruder des Dareios, das Wort ergreift. Er bezieht sich zunächst auf Ereignisse der Vergangenheit, die zur Vorsicht mahnen, und rät zu reiflicher Überlegung:

> Du siehst, wie der Gott die hervorragenden Geschöpfe mit seinem Blitz trifft und nicht zulässt, dass sie sich prunkend zur Schau stellen. Die Kleinen reizen ihn nicht. Du siehst, wie er immer auf die höchsten Gebäude und Bäume seine Blitze schleudert. Er pflegt alles, was hervorragt, zu stutzen. So kann auch ein großes Heer von einem kleinen vernichtet werden, wenn es den Neid des Gottes erweckt, so dass er Schrecken erregt und Bestürzung, durch die es unverdient zugrunde geht. Der Gott lässt nicht zu, dass jemand stolz ist außer ihm. ...

Jetzt ist es an Xerxes, zu entscheiden. Er weiß es, er ist aufgebracht, tadelt Artabanos. Er spitzt die Situation zu: Herrschen die Perser nicht, herrschen die Griechen. *Keiner kann zurückweichen.* Es gilt, zu handeln oder zu leiden. Hatte Amasis zu einem Opfer geraten, so rät Artabanos zur Mäßigung, rät, sich mit dem zu begnügen, was die Perser besitzen.

Den Warner kennt auch die Tragödie: In der 442 aufgeführten *Antigone* des Sophokles wird der König Kreon erst von seinem Sohn Haimon, dann von dem Seher Teiresias davor gewarnt, den toten Polyneikes unbestattet zu lassen und Antigone zu töten: vergeblich. Ebenso vergeblich warnt auch Artabanos. Hier wie dort gibt es nur einen Aufschub.

Xerxes ist verunsichert, er will seinen Plan aufgeben. Da erscheint ihm in der Nacht im Traum ein Mann, der ihn tadelt und mahnt, den Weg zu gehen, den er hatte beschreiten wollen.

Ungeachtet des Traums gibt der König am Morgen dem Kronrat den Verzicht auf den Heereszug bekannt. Es scheint einen Ausweg aus dem Dilemma zu geben.

Aber in der Nacht sieht er ein zweites Mal dieselbe Erscheinung. Diesmal mahnt sie nicht, sondern droht, er werde seine Macht ebenso schnell verlieren, wie er sie gewonnen habe. Das ist die Situation, in der er sich selbst gesehen hatte. Er springt entsetzt auf und ruft Artabanos zu sich. Er erklärt ihm, was geschehen ist, und bittet ihn um einen Rollentausch. Artabanos solle sich in Xerxes' Bett schlafen legen. Würde das Traumgesicht auch ihm erscheinen? Es erscheint, es droht ihm und mehr noch, es brennt ihm mit glühenden Eisen die Augen aus. Nun ist auch er davon überzeugt, dass die Götter die Perser in den Krieg treiben. Er weiß zwar, wie verderblich ungezügelter Willen zur Macht ist, aber er erkennt nicht, dass der Feldzug nur deshalb nicht abgewendet werden kann, weil Xerxes ihn will, um, wie er meint, vor der Geschichte und seinen Vorfahren bestehen zu können. Er erkennt nicht, dass der Dämon des Traums der Schicksalsdämon des Königs, dass er Xerxes selbst ist. Er durchschaut den Trug nicht. Er reagiert verblendet, lässt sich infizieren. In der *Ilias* ist es Agamemnon, der zu seinem Unglück von einem Traum zu einem Angriff auf Troja verleitet wird, Homer nennt ihn *töricht*. (2; VV. 18–38). Herodot hat die Traumszenen nach dem Vorbild Homers gestaltet.

In den *Persern* des Aischylos deutet der den Lebenden erscheinende Geist des toten Dareios den Entschluss des Xerxes als ein Zusammenwirken von Mensch und Gott:

> *Wenn ein Mensch selbst etwas eifrig betreibt, dann schließt sich der Gott ihm an.* (V. 712).

Da nun die Stimme des Artabanos, die Stimme der Vernunft, zur Stimme der Unvernunft geworden ist, sind die Würfel gefallen: Das Geschehen ist unumkehrbar. Xerxes enthüllt die treibende Kraft, sein wahres Ich, als er, nachdem er mit dem Heer den Hellespont überschritten hatte, in einem Gespräch auf die Vorgeschichte zurückkommt und zu Artabanos sagt:

> *Du siehst, zu welcher Machtstellung das Perserreich aufgestiegen ist. Hätten jene, die vor mir Könige waren, die gleichen Ansichten gehabt wie du oder hätten sie – wenn sie nicht die gleichen Ansichten hatten –*

solche Ratgeber wie dich gehabt, dann hättest du niemals sehen können, dass das Reich so mächtig geworden ist. Sie haben etwas gewagt, und sie haben gewonnen. Großes kann man nur gewinnen, wenn man große Risiken auf sich nimmt. Ihrem Beispiel folgen wir. (7, 50, 3,4).

Man kann aber auch viel verlieren, wenn man große Risiken auf sich nimmt. Verblendet nimmt Xerxes den erwarteten Erfolg vorweg.

In dem Geschehen vollzieht sich das der Weltgeschichte immanente Gesetz des unaufhaltsamen Aufstiegs der Macht und ihres schicksalhaften Zusammenbruchs. Der Prozess läuft automatisch ab, in ewigem Wandel, nicht anders, als in der Natur Wachstum und Vergehen einander abwechseln.

Aber der Mensch ist kein willenloses Objekt einer schicksalhaften Ausgleichsautomatik wie bei Schiller, sondern er ist ein von Machtgier getriebenes, sich handelnd in Schuld verstrickendes Subjekt. In der ihm angeborenen Machtgier – *Pleonexia* nannten das die Sophisten – liegt seine Tragik. Die griechischen Philosophen haben immer wieder dazu ermahnt, Maß zu halten: *Maß ist das Beste (métron áriston). Nichts im Übermaß (medén ágan, ne quid nimis).* Sophrosyne heißt die Tugend der Mäßigung.

So hatten die Vorsokratiker (6./5. Jahrhundert v.Chr.), jeder auf seine Art, das kosmische Geschehen auf ein in ihm wirkendes Gesetz zurückgeführt, und so hatte Solon die *Díke* als das die Geschichte bestimmende Prinzip interpretiert. Wie Herodot sieht auch Solon einen unausweichlichen Zusammenhang zwischen der unersättlichen Gier der Menschen nach Macht und Besitz und der alles sehenden und im Gedächtnis bewahrenden strafenden Gerechtigkeit.

Er spricht von *dem ungerechten Sinn der Führer des Volkes*, die, stehlend und raubend, weder den Besitz der Menschen noch den der Götter schonen.

Sie beachten nicht Dikes hehres Gesetz.
Dike erkennt, wenn auch schweigend, was ist und was einmal war,
und
zu gegebener Zeit kommt sie gewiss und straft.
Unentrinnbar trifft die ganze Stadt diese Wunde.
(Diehl, fr. 3, VV. 14–17).

2. Demaratos: Die zweite Warnung (7, 101–105)

Xerxes hat seine Streitmacht gemustert. Nun lässt er Demaratos zu sich kommen, einen in seiner Heimat abgesetzten spartanischen König, der zu seinem Gefolge gehört. Er möchte wissen, ob die Griechen es denn tatsächlich wagen würden, sich ihm entgegenzustellen. Er sucht jemanden, der ihn in seiner Siegeszuversicht bestärkt, und er findet – nun zum zweiten Mal – einen Warner:

> *König, ... die Armut gehört von jeher zu den Bewohnern von Hellas, hinzugekommen ist die Tüchtigkeit (areté). Sie ist aus Klugheit hervorgegangen und aus der Bindung an ein starkes Gesetz. Mit ihr erwehrt sich Hellas der Armut und der Sklaverei. ...*
> *Ich will nicht für alle Griechen sprechen, sondern nur für die Lakedaimonier. Sie werden niemals auf dein Angebot eingehen, sich kampflos zu ergeben. Würde es doch ganz Griechenland in die Sklaverei führen. Sie werden sich dir entgegenstellen, auch dann, wenn alle anderen Griechen sich dir unterwerfen.*

Als Xerxes das Zahlenverhältnis ins Spiel bringt, antwortet der Grieche:

> *Die Spartaner stehen, wenn jeder für sich kämpft, niemandem nach; wenn sie aber zusammenstehen, übertreffen sie alle an Tapferkeit. Sie sind zwar frei, aber sie sind nicht absolut frei. Das Gesetz ist ihr Herr. Ihm gehorchen sie weit mehr, als die Perser dir gehorchen. Sie tun, was es gebietet, und es gebietet immer dasselbe: vor keiner Heeresmacht aus der Schlacht zu fliehen, sondern fest in der Formation zu verharren und zu siegen oder zu sterben.*

Xerxes wurde wie Polykrates ein Opfer seiner Hybris. Vernichtend geschlagen, musste er sich aus Griechenland zurückziehen.

Als Herodot das schrieb, war Athen, eine große Seemacht, schon lange in einen Krieg mit seinem nicht weniger starken Rivalen Sparta verwickelt. Wollte der Historiker die Stadt davor warnen, sich immer stärker als Tyrann über die im Attisch-Delischen Seebund zusammengeschlossenen Küstenstädte und Inseln zu gebärden? Wollte er sie mahnen, sich mit dem zu begnügen, was sie besaßen? Wollte er ihnen die Kampfkraft der Spartaner vor Augen führen? Wollte er, dass die Athener sich auf die allen Griechen gemeinsamen Werte besinnen, die Freiheit, die *Areté*, die Achtung vor dem Gesetz? Glaubte er wie Artabanos, wie Demaratos, mit seiner Mahnung das historische Weltgesetz außer Kraft setzen zu können? Er sollte sich täuschen. Auch die Athener bestätigten seine Gültigkeit.

3.4 Kandaules: Der ungezügelte Eros (1, 7–12)

Solon hatte gesagt, dass die *Díke* lange schweige, aber registriere, was geschieht, und eines Tages die Bezahlung für Vergehen fordere. Wer einen langen Zeitraum überblickt, vermag diese Zuversicht zu bestätigen. Er gewinnt die Einsicht, dass die Welt ein Kosmos, eine Ordnung ist, in der, wer sich verfehlt, nicht straflos bleibt. Es ist die Aufgabe des Historikers, lange Zeiträume zu überblicken, Herodot stellt sich ihr.

Er beginnt sein Geschichtswerk mit dem Lyderkönig Kroisos, weil er weiß, dass er der erste war, der die Griechen unterworfen und tributpflichtig gemacht hat. Kroisos war der 5. König der lydischen Dynastie der Mermnaden. Davor hatte ein anderes Geschlecht geherrscht, dessen letzter Spross der König Kandaules war. Von ihm erzählt Herodot folgende Geschichte, ursprünglich sicher eine lydische Novelle, die er in sein Werk eingearbeitet hat:

> *Kandaules liebte seine Frau, und da er sie liebte, glaubte er, sie sei die schönste aller Frauen. Gyges, der Sohn des Daskylos, war der Leibwächter, der ihm bei weitem am vertrautesten war. Da Kandaules von der Schönheit seiner Frau überzeugt war und da er Gyges alle wichtigen Angelegenheiten anzuvertrauen pflegte, lobte er ihm gegenüber überschwänglich die Schönheit seiner Frau.*
>
> *Es dauerte nicht lange – Kandaules musste (chrén) nämlich Schlimmes erleiden –, da sagte er zu Gyges: „Ich habe den Eindruck, du glaubst mir nicht, wenn ich von der Schönheit meiner Frau spreche. Denn die Ohren sind für die Menschen weniger zuverlässig als die Augen. Richte es so ein, dass du sie nackt siehst." Gyges schrie auf und antwortete: „Wie unvernünftig ist das, was du sagst. Du forderst mich auf, meine Herrin nackt zu sehen? Wenn eine Frau sich entkleidet, begibt sie sich zugleich der sie ehrenden Scheu, die ihr gebührt (aidós). Schon lange haben die Menschen herausgefunden, was richtig und gut ist. Das gilt es zu lernen. Eine dieser Verhaltensregeln gebietet, dass jeder nur auf das schaut, was ihm gehört. Ich glaube, dass deine Frau die schönste aller Frauen ist, und ich bitte dich, von mir nichts Unrechtes zu fordern." Mit solchen Worten versuchte er, das Ansinnen abzuwehren.*

Aidós, Scham ist etwas, das die Ehre und Würde der Frau schützt, etwas, von dem es in Hugo von Hofmannsthals Drama *Elektra* (1904) einmal heißt, dass sie um jedes Weib herum sei und das Grässliche von ihr und ihrer Seele weghalte.

Kandaules musste Schlimmes erleiden, heißt es in dem Text. Er war so wenig zu retten wie Polykrates, wie Xerxes. *Musste* verweist auf das in seinem törichten, ungerechten und maßlosen Verhalten angelegte Verderben. Ließ er sich doch nicht davon abbringen, die Königin einem Vasallen nackt zur Schau zu stellen. (zum verhängten *musste* vgl. 2, 133, 3; 9, 109, 2).

Gyges fürchtete, dass ihm aus der Forderung seines Herrn ein Unglück erwachse. *Denn bei den Lydern ist es sogar für einen Mann eine Schande, nackend gesehen zu werden.*

Trotzdem tat er, was Kandaules befahl. Im Schlafgemach versteckt, sah er zu, wie die Frau sich entkleidete. Sie aber bemerkte es und sann auf Rache. Sie stellte Gyges vor die Wahl:

Einer muss sterben: entweder der, der diesen Plan ausgeheckt hat, oder du, der du mich nackt gesehen und damit etwas Ungehöriges getan hast.
Er wählte zu leben.

Und wie er sich im Schlafgemach versteckt hatte, um die Frau des Kandaules nackt zu sehen, so versteckte er sich jetzt in demselben Schlafgemach, um Kandaules zu töten. Er bricht zuerst die Treue zu seiner Herrin, dann bricht er die Treue zu seinem Herrn. Er wurde zwar König, aber da er Unrecht getan hatte, begrenzte die Pythia in Delphi die Herrschaft seines Geschlechts auf nur fünf Generationen. Der fünfte Spross war Kroisos. Er sollte für den Frevel seines Vorfahren büßen.

Diese Geschichte hat immer wieder zur Auseinandersetzung angeregt. Platon hat Gyges in seinem Werk über den Staat zu einem Prototypen des skrupellosen Verbrechers gemacht. (359b–360b). Indem er ihm einen Ring an die Hand gab, der ihn unsichtbar machte, hat er eine ältere Fassung der Novelle bewahrt. In Friedrich Hebbels Drama *Gyges und sein Ring* (1850) ist Gyges ein tragischer Held. 1936 hat der österreichische Komponist Alexander Zemlinsky eine – unvollendet gebliebene – Oper mit dem Titel *König Kandaules* komponiert. Sie beruht auf einem Text von André Gide aus dem Jahr 1901: *Le roi Candaule*. Die Oper ist 2002 bei den Salzburger Festspielen aufgeführt worden.

3.5 Kroisos: Gefährliche Selbstsicherheit (1, 29–33; 50–54)

Kroisos machte sich daran, die Welt zu erobern. Dabei verstand er es, jeweils denen die Schuld zuzuschieben, die er angriff.(1, 26, 3). Er hielt sich für den glücklichsten Menschen auf Erden. Als Solon, der weise Politiker aus Athen, ihn warnte, entließ er ihn wortlos. Herodot inszeniert – historisch unwahrscheinlich – eine Begegnung der beiden, des mächtigen Königs und des klugen Philosophen. Wie Kandaules möchte sich auch Kroisos sein Glück bestätigen lassen. Es sind immer wieder die gleichen Konstellationen: Polykrates und Amasis, Xerxes und Artabanos, Kandaules und Gyges.

Die Warner sind die Stimmen der Vernunft und des Maßes. Sie weisen mahnend auf den Neid der Götter hin. Kroisos führt den Gast durch seine Schatzkammern, Solon zeigt sich unbeeindruckt, mehr noch, er sieht in dem Stolz des Königs, der sich auf nichts als auf den Reichtum richtet, den Keim des Unglücks. Auf die Frage, wen er für den glücklichsten Menschen halte, erwähnt er den König nicht:

Kroisos, du fragst mich, der ich weiß, dass das Göttliche in seiner Gesamtheit neidisch ist und Unruhe stiftet. Viele hat nämlich der Gott schon mit der Vorstellung des Glücks verlockt, um sie dann von Grund auf zu vernichten.

Solon vermittelt dem König Erfahrungen, die ihn das Leben gelehrt haben. Er zeigt nicht nur auf, worin das Glück nicht besteht, sondern er weiß auch zu sagen, was es für ihn bedeutet, ein sinnerfülltes Leben zu führen. Er nennt Beispiele, Vorbilder, zuerst den Athener Tellos, der sich in seiner Familie geborgen wusste, sein bescheidenes Auskommen hatte und in einem Einsatz für den Staat sein Leben beendet hat, und dann die Argiver Kleobis und Biton, zwei junge Männer, Brüder, die den Tod fanden, nachdem sie sich in frommer Hingabe in den Dienst ihrer Mutter, einer Priesterin, gestellt hatten. Dass jeder nur auf das schaut, was ihm gehört, hatte Gyges dem Kandaules geraten; dass jeder zufrieden ist mit dem, was er hat, mahnt Solon, und dass er sein Leben in Beziehung zu anderen Menschen und zu einem Wert setzt, die Gemeinschaft der Bürger oder die Gottheit.

Hielten sich Könige und Staatsmänner an diese Maximen, verliefe die Weltgeschichte vielleicht in ruhigeren Bahnen.

Solon wird entlassen, ohne dass ihn Kroisos noch eines Wortes für wert erachtet.

Der Lyderkönig verlässt den Weg nicht, den er beschritten hat. Die Eroberung des Perserreichs ist sein nächstes Ziel. Das delphische Orakel prophezeit ihm, dass er ein großes Reich zerstören werde, wenn er den Grenzfluss Halys überschreite. Kroisos muss es missverstehen. (1, 53 und 54). Es kann ihm nicht in den Sinn kommen, dass sein eigenes Reich gemeint sein könnte. Die falsche Deutung folgt notwendig aus seiner Selbstsicherheit und seiner auf Macht zentrierten Einstellung.

Er verliert sein Reich, und er hätte fast auch noch sein Leben verloren, wenn ihn der Perserkönig Kyros nicht begnadigt hätte. Fortan wirkt er als dessen Berater. Er hat aus Solons Worten und seinem Schicksal die richtige Erkenntnis gewonnen, und er versäumt es nicht, sie dem Perserkönig weiterzuvermitteln:

> *König, schon früher habe ich dir einmal gesagt, dass ich, da Zeus mich dir an die Seite gestellt hat, nach Kräften ein Unheil, das ich auf dein Haus zukommen sehe, abwehren werde. Meine leidvollen Erfahrungen haben mich belehrt. Wenn du selbst unsterblich zu sein und über ein unsterbliches Volk zu gebieten glaubst, dann wäre es unnütz, dass ich dir meine Meinung sage. Wenn du aber erkannt hast, dass du ein Mensch bist und über Menschen herrschst, so lerne vor allem dies: Das Schicksal der Menschen bewegt sich in einem Kreis (kýklos). Indem er sich dreht, gewährt er nicht denselben ein beständiges Glück. (1, 207).*

Kroisos trifft zwar eine Strafe für das Unrecht, das Gyges begangen hat, aber es trifft ihn nicht schuldlos. Seine Geld- und Machtgier ist ihm zum Verhängnis geworden. Er lernt, aber zu spät. Er lernt durch Leid. Zeus habe die Menschen gelehrt, durch Leid zu lernen (*páthei máthos*), singt der Chor in Aischylos' Tragödie *Agamemnon*. (VV. 176–178). So wird sich Herodot, indem er vom Aufstieg und Scheitern mächtiger Männer und Staaten berichtet, eine heilsame Wirkung auf seine Leser versprochen haben, besonders auf die Athener, aber nicht nur auf sie. 2006 ist in Wiesbaden eine Barockoper mit dem Titel *Der hochmütige, gestürzte und wieder erhobene Croesus* aufgeführt worden. Reinhard Keiser hat sie komponiert.

Und Kyros? Mit ihm beginnt die Geschichte vom Aufstieg des Perserreichs, in der vierten Generation endet sie, mit dem Schicksal des Xerxes. Der Traum von einem bis an den Äther des Zeus reichenden Land ist ausgeträumt.

Demaratos hatte von der Armut der Griechen gesprochen, Solon davon, dass die Genügsamen weniger gefährdet sind, von dem Strudel des Verhängnisses fortgerissen zu werden. Sie wollten nicht dazu raten, jedem Fortschritt abzuschwören, vor dem Zuviel wollten sie warnen, zu Maß wollten sie raten. *Maßhalten ist das Beste – métron áriston* sagt ein griechisches Sprichwort.

Dass die Geschichte in einer Kreisbewegung immer wieder zum Anfang zurückkehrt, ist eine in der Antike fest verwurzelte Vorstellung. Das Christentum hat sie abgelöst mit der Erwartung eines Weltendes, der Wiederkunft Christi. Jetzt hat die Geschichte ein Ziel, mag es auch in ferner Zukunft liegen. Und wer weiß, ob wir uns nicht, wenn wir auf die Kämpfe der Staaten um Macht und Einfluss schauen, bis dahin doch noch weiter im Kreise drehen.

4 Thukydides

4.1 Leben und Werk

Wählte sich Herodot den Perserkrieg als Thema, so machte sich der um eine Generation jüngere Thukydides daran, den Peloponnesischen Krieg zu beschreiben, den die beiden damaligen griechischen Großmächte, Athen und Sparta, gegeneinander führten. Er begann 431 und endete 404 mit der Niederlage Athens. Thukydides brachte für sein Werk gute Voraussetzungen mit. Er wurde ca. 455 v.Chr. in Athen geboren und hat nicht nur an dem Krieg teilgenommen, sondern er hat sogar das Amt eines Strategen bekleidet. Als die Athener ihm die Schuld an dem Misserfolg einer Operation in Thrakien im Jahr 424 zuwiesen und ihn für 20 Jahre verbannten (5, 26, 5), hat er, wie er selbst sagt, die Zeit genutzt, zu reisen und zu beobachten, bei den Feinden nicht weniger als bei den Freunden. Er hat notiert, was er gesehen, gehört und erforscht hat. Aus dem Material hat er sein Geschichtswerk gestaltet. Hatte Herodot das

Weltganze in Zeit und Raum im Blick, so konzentrierte er sich auf einen zeitlich und räumlich begrenzten Ausschnitt.

Er schreibt Zeitgeschichte, der Raum wird durch die Kriegsereignisse vorgegeben und zugleich begrenzt. Exkurse erlaubt er sich nur, wenn sie mit seinem Gegenstand in enger Beziehung stehen. Herodot hatte mit der ionischen Sprache den Anschluss an das homerische Epos angestrebt, Thukydides benutzt in bewusster Abkehr von seinem Vorgänger das Attische, das in Athen gesprochen wurde. Er begründete die attische Literatursprache.

Er war ein gelehriger Schüler der Sophisten, der Aufklärer, die die Kunst der Rede als ein Mittel lehrten, sich Einfluss in der Politik zu verschaffen. Einfluss und Macht galten ihnen als die erstrebenswertesten Ziele. Die von Hippokrates von Kos (ca. 460 – ca. 380 v.Chr.) begründete Wissenschaft der Medizin hat ihn beeinflusst, war sie doch wie auch die von ihm praktizierte Form der Geschichtsschreibung auf die Empirie gegründet.

Nach dem Ende des Krieges war er nach Athen zurückgekehrt. Wie lange er danach noch gelebt hat, wissen wir nicht, vielleicht bis 396. Sein Werk endet mit den Jahren 411/10, es sollte wahrscheinlich zehn Bücher umfassen, acht sind überliefert. Es ist nach Jahren gegliedert und unvollendet geblieben.

Blickte Herodot auf karische und griechische Vorfahren zurück, so Thukydides auf thrakische und griechische. Seine Familie gehörte dem Adel an, sie war reich, sie besaß Gold- und Silberbergwerke in Thrakien.

Zu Herodot hat Thukydides ein ambivalentes Verhältnis. Auf der einen Seite setzt er dort ein, wo jener aufgehört hat, im Jahre 478, er versteht sich also als sein Nachfolger, andererseits setzt er sich von ihm ab. Er nennt ihn zwar in seinem Methodenkapitel nicht namentlich, spielt aber doch wohl auf ihn an, wenn er von den Geschichtsschreibern sagt, dass ihre Darstellungen eher angenehm anzuhören als wahr seien, *meist unbewiesen und ins Mythenhafte abgeglitten*, so dass man ihnen keinen Glauben schenken sollte. (1, 21, 1).

Und in der Tat: Thukydides verfügte über ein ausgeprägtes Methodenbewusstsein. Deshalb sieht man eher in ihm als in Herodot den Wegbereiter der modernen Geschichtswissenschaft, nicht ganz zu Recht, denn im Gegensatz zu Herodot unterlässt er es, verschiedene Varianten eines Tatbestandes zu erwähnen. Er beschränkt sich auf eine Version. Der Leser muss sie ihm glauben.

In der Darlegung seiner methodischen Grundsätze weist er darauf hin, dass sich sein Bericht im Hinblick auf die Fakten auf einleuchtende Beweise stütze, soweit es jedenfalls in Anbetracht der vergangenen Zeit überhaupt möglich sei.

Fakten bedürfen der Einordnung in den Zusammenhang. Thukydides kommentiert nicht in eigenem Namen, sondern legt den Akteuren Reden in den Mund, in denen sie die Lage beurteilen und ihre Handlungsmotive darlegen. So ist schon Herodot verfahren. Aber anders als sein Vorgänger legt Thukydiedes die Problematik des Verfahrens dar:

> *Sich an den genauen Wortlaut dessen zuverlässig zu erinnern,*
> *was Politiker in ihren Reden ausgeführt haben,*
> *als sie sich für den Krieg rüsteten*
> *oder auch, während sie ihn schon führten,*
> *war für mich schwer im Hinblick auf das, was ich selbst gehört habe, und ebenso schwer war es für die, die mir von Reden berichtet haben, die an anderen Orten gehalten worden sind. Wie jeder meines Erachtens angesichts der je vorliegenden Situation das gesagt hat, was am ehesten erforderlich war, so steht es in meinem Werk. Dabei habe ich mich so eng wie möglich an den Gesamtsinn dessen gehalten, was tatsächlich gesagt worden ist.* (1, 21, 1; 22, 1).

Es gibt wenige Sätze in der antiken Literatur, die so oft übersetzt und interpretiert worden sind wie dieser. Die hier vorgelegte Übersetzung und Deutung stützen sich zwar auf Forschungsliteratur, erheben aber nicht den Anspruch, die einzig möglichen und gültigen zu sein. Folgt man ihnen, so muss der Historiker im Hinblick auf die Reden – und es handelt sich ausschließlich um politische Reden –

1. die politischen Grundsätze des jeweiligen Redners kennen,
2. die Entscheidungssituation analysieren, die der Redner vorfindet,
3. nachvollziehen, wie der Redner gemäß seiner Einstellung die Lage und die sich aus ihr ergebenden Konsequenzen beurteilen muss.

Der Historiker verfasst die Reden in seinem Stil.

Er schließt die Bemerkungen über sein Werk mit folgenden Worten ab:

> *Zum Zuhören wird es sich vielleicht, weil es auf Mythen verzichtet, als weniger angenehm erweisen. Wenn aber alle, die den eindeutigen Sinn dessen, was geschehen ist, und damit zugleich dessen, was sich gemäß der menschlichen Natur so oder ähnlich wieder ereignen wird, zusammenschauend erfassen wollen, das Buch für nützlich erachten, will ich zufrieden sein. Als ein Besitz für immer (ktéma eis aei) ist es geschrieben worden, nicht als ein Prunkstück für den Augenblick.*
> (1, 22, 4).

Auch für Thukydides ist die Geschichte ein Prozess sich wiederholender Ereignisse.

Ist für Herodot *die neidische Gottheit* die auf Ausgleich und Balance bedachte kritische Instanz, so liegt für Thukydides die Ursache der Wiederholbarkeit in der zu allen Zeiten unveränderlichen Natur des Menschen, und es sind nicht die Götter, die in das Geschehen eingreifen, es ist der Mensch, der die Geschichte macht.

Thukydides vollzieht den Schritt von der Transzendenz zur Immanenz.

Die Geschichte ist ein Prozess sich wiederholender Ereignisse.

Wir fragen nach dem Wesen dieser menschlichen Natur als dem Grund für die Wiederkehr des ewig Gleichen.

4.2 Wohlstand und Ehre für das Individuum (3, 82)

Im 5. Kriegsjahr tobte auf der Insel Kerkyra (Korfu) ein furchtbarer Bürgerkrieg. Er war der erste dieser Art, aber bei weitem nicht der letzte.

> *Durch den Aufruhr brach viel Schlimmes auf die Insel herein, wie es geschieht und immer geschehen wird, solange sich die menschliche Natur gleich bleibt, aber bald stärker, bald weniger stark und in unterschiedlichen Formen, wie die Wechselfälle der Umstände jeweils eintreten.* (3, 82, 2).

Alle Dämme der sittlichen Normen und Gesetze brachen, alle Bande der Verwandtschaft und Freundschaft wurden zerrissen, Grenzen göttlichen Rechts wurden bedenkenlos übertreten.

> *Ursache alles dessen war die Herrschsucht, mit ihr die Hab- und Ehrsucht, und aus ihnen entwickelte sich die ungestüme Leidenschaft derer, die miteinander in Streit gerieten. Denn die führenden Politiker in den Städten machten mit schön klingenden Parolen, ob sie nun der Rechtsgleichheit der Menge oder einer gemäßigten Aristokratie den Vorzug gaben, die Gemeinschaft, der sie angeblich dienten, zu ihrer Beute. Indem sie auf alle erdenkliche Art darum kämpften, einander zu besiegen, ließen sie sich zu den schlimmsten Taten hinreißen und zu noch furchtbareren Vergeltungsmaßnahmen. Dabei setzten sie sich über das Wohl und das staatliche Recht hinweg. Maßstab für beide war das Vergnügen, das sich ihnen bot.* (3, 82, 8).

Es gehört zum Wesen des Menschen, nach Ehre, Besitz und Macht zu streben. Dieses Begehren wird, wie Thukydides sagt, *im Frieden und in ruhigen Zeiten gezügelt*. Herrschen Krieg und Unruhen, bricht das Verlangen sich Bahn. Die Protagonisten sind immer wie schon bei Solon diejenigen, die die führenden Positionen innehaben, die über ein Gefolge verfügen und über die Möglichkeiten, ihrem Willen in Wort und Tat Ausdruck zu verleihen. Wer nicht zu ihnen oder ihren Anhängern gehört, droht zwischen die Parteien zu geraten und zermalmt zu werden.

Der Staat, ein Verband vieler Individuen, vervielfacht, wenn sich die richtigen skrupellosen Anführer finden, die Machtgelüste aller Einzelnen, bündelt sie, wendet sie nach außen und beschreitet den Weg zu einer rücksichtslosen Expansionspolitik.

Das Bild, das Thukydides von dem Machttrieb und dem Wunsch, immer mehr haben zu wollen *(arché* und *pleonexía)*, zeichnet, hätte so auch Herodot zeichnen können.

Thomas Hobbes (1588–1679), der 1629 den Thukydides ins Englische übersetzt hatte, diente die Schilderung des Bürgerkriegs auf Kerkyra in seinem 1651 erschienenen Werk *Leviathan* als Vorlage für die Beschreibung des Naturzustands.

4.3 Ehre und Nutzen für das Kollektiv

1. Die Rede des Perikles (2, 63)

Gleich im 2. Kriegsjahr gerieten die Athener in große Bedrängnis. Die Spartaner fielen in ihr Land ein und verwüsteten es. Die Bauern verließen mit ihren Familien ihre Höfe und suchten in der Stadt Schutz. Unter den Menschen, die auf engem Raum zusammengedrängt waren, brach eine Seuche aus. Viele erkrankten und wurden dahingerafft. Man verfluchte den Krieg.

Da ergriff Perikles, der seit vielen Jahrzehnten das Amt eines Strategen bekleidete und die Geschicke der Stadt leitete, das Wort und sagte unter anderem:

> *Es ist nur recht und billig, dass ihr die Stadt jetzt nicht im Stich lasst, die auf Grund der Herrschaft, auf die gerade ihr stolz seid, überall geehrt wird, und dass ihr jetzt nicht vor den Mühen flieht, es sei denn, die Ehre hat für euch keinen Wert. Glaubt nur ja nicht, dass es in diesem Krieg einzig um die Alternative zwischen Freiheit oder Knechtschaft geht. Es geht vielmehr darüber hinaus auch um die mit einem Verlust der Herrschaft verbundene Gefahr, die von allen droht, bei denen ihr euch durch eure Herrschaft verhasst gemacht habt. Aus dieser gefahrvollen Situation könnt ihr euch nicht so einfach herauslösen, falls einer sich jetzt friedliebend und friedfertig geben möchte. Denn die Herrschaft, die ihr ausübt, ist wie eine Tyrannis. Sie zu erstreben, mag ungerecht scheinen, sie aufzugeben, ist gefährlich. Die Unterworfenen würden sehr schnell gemeinsam mit anderen, die sie überreden, unsere Stadt vernichten, aber sie würden es auch allein tun, wenn sie allein und auf sich gestellt wären. Denn Friedfertigkeit wird nur gerettet, wenn sie sich mit Tatendrang wappnet, und ein sicheres Sklavendasein taugt nicht für eine Stadt, die herrscht, sondern nur für eine, die einer anderen untertan ist.* (2, 63).

Es gibt keine Wahl, es gibt kein Zurück. Es geht wie in der Rede des Xerxes bei Herodot um Herrschaft oder Sklaverei, mehr noch, um Sein oder

Nichtsein. Athen hat sich nicht anders in eine Zwangssituation hineinmanövriert, als es nach Herodots Bericht das Perserreich in seiner Geschichte von Kyros bis zu Dareios getan hat.

Die Sache selbst, lässt Thukydides Gesandte aus Athen in einer Versammlung in Sparta sagen, *hat uns gezwungen, gleich am Anfang* (d.h. gleich nach dem Ende des Perserkriegs) *unsere Herrschaft bis zu dem Stand auszubauen, den sie jetzt erreicht hat, und zwar hauptsächlich aus Furcht (déos), dann der Ehre (timé) und des Nutzens(ophelía) wegen.* (1, 75, 3).

Furcht, meinen die Gesandten, vor den wieder erstarkenden Persern, Ehre für die im Krieg erbrachte Leistung und Nutzen, weil eine mächtige Stadt auch reich wird. Der Wunsch nach Sicherheit, das Streben nach einer dominanten Stellung in der Welt der miteinander konkurrierenden Staaten und das Verlangen nach materiellem Wohlstand – das sind die drei Motive, die zu immer größerer Machtentfaltung treiben, und es sind dieselben Motive, die auch die Individuen antreiben: Macht, Ehre, Wohlstand.

Der Untergang droht Athen, weil Herrschaft zwangsläufig Hass erzeugt. Die, die unterworfen sind, und die, die die Unterwerfung fürchten, werden alles daran setzen, die sie unterdrückende oder bedrohende Macht zu zerstören, sobald sich eine Möglichkeit bietet. Denn sie sind ja nicht zum Gehorsam geboren, sondern auch in ihnen ist der Wille zur Überlegenheit, mindestens jedoch der Wille zur Freiheit und Autonomie, der ein abgeschwächter Wille zur Macht ist, lebendig und wirksam.

Einen Frieden, in dem sich Staaten unter gleichen Bedingungen gegenseitig Stellung und Besitz garantieren, kann und wird es nur geben, *wenn die Macht gleich verteilt ist. Andernfalls setzen die Überlegenen alles durch, wozu sie in der Lage sind, und die Schwachen müssen in allem nachgeben*. So steht es in dem Melierdialog. (5, 89).

Es ist die Weisheit einer alten Fabel, die Hesiod schon im 7. Jahrhundert v.Chr. in sein Werk einfügt:

Ein Habicht trug eine Nachtigall in seinen Krallen. Als sie klagte, fuhr er sie herrisch an:

> *Törin, sag', warum schreist du? Einer, der viel stärker ist als du, hält dich gefangen.*
> *Du folgst, wohin ich dich trage, magst du auch noch so schön singen können.*
> *Ich werde dich verspeisen oder freilassen, wie es mich gerade gelüstet.*
> (Werke und Tage, VV. 207–09).

Und es ist eine Weisheit, die bis in unsere Tage Gültigkeit beansprucht. *Die Theorie des strukturellen Realismus* des amerikanischen Politikwissenschaftlers Kenneth Waltz (1924–2013) lehrt, dass Staaten *wegen der strukturell begründeten Ungewissheit über das Verhalten der anderen Staaten ... beständig Macht akkumulieren, um ihre eigene Sicherheit und damit auch die eigene Handlungsfähigkeit zu garantieren*. Und Machtkonzentration auf der einen Seite, so führt Waltz weiter aus, wird zwangsläufig auf der anderen Seite als Bedrohung wahrgenommen. *Der Wettbewerb um Sicherheit (führt) dann häufig zu Konflikten, die auch in Krieg münden können*. (Carlo Masala, FAZ v. 10.7.2013).

So erweist sich Waltz als Nachfolger des Thukydides, Thukydides als Vorläufer *der Theorie des strukturellen Realismus* im Sinn von Waltz. Man muss sich nur auf der Welt umsehen, um von der Gültigkeit der Thesen überzeugt zu sein.

2. Der Melierdialog (5, 84–116)

Götter spielen bei Thukydides im Allgemeinen in diesem politischen Spiel der Kämpfe um die Macht keine Rolle. Aber einmal, als sich im 10. Kriegsjahr die kleine, relativ unbedeutende Kykladeninsel Melos in der Ägäis dem Herrschaftsanspruch Athens nicht fügen wollte erhoben die Athener den Anspruch, dass sie sich in ihrem Verhalten im Einklang mit den Göttern befänden. Thukydides gestaltet einen Dialog zwischen Vertretern aus Athen und Melos. Der Dialog – der einzige in dem Geschichtswerk – findet auf der Insel statt. Es spricht vieles dafür, dass er die Mitte des Buches bilden sollte.

Die Melier verleihen ihrer Überzeugung Ausdruck, *auf Grund göttlichen Ratschlusses* vom Glück nicht benachteiligt zu werden, da sie fromm seien und sich gegen Ungerechte zur Wehr setzten. Die Athener antworteten:

> *Was das gute Verhalten ... zu den Göttern angeht, glauben auch wir nicht, es an etwas fehlen zu lassen. Denn wir fordern und tun nichts, was dem üblichen menschlichen Verhalten gegenüber den Göttern und der Gesinnung der Menschen im Umgang miteinander widerspricht. Wir halten es nämlich im Hinblick auf die Götter für wahrscheinlich, im Hinblick auf die Menschen für sicher, dass beide in jedem Fall dort, wo sie Macht haben, infolge einer Naturnotwendigkeit herrschen. Wir haben dieses Gesetz weder erlassen noch, nachdem es erlassen worden ist, als erste befolgt. Wir haben es vielmehr als ein geltendes Gesetz übernommen und werden es als ein ewig gültiges hinterlassen. Wir befolgen es, weil wir wissen, dass ihr wie alle anderen, wenn ihr ebenso mächtig würdet wie wir, genauso handeln würdet. Und so ist es nicht wahrscheinlich, dass wir uns davor fürchten müssen, von den Göttern benachteiligt zu werden.* (5, 104/105).

Das also ist das Gesetz im Verhältnis der Staaten zueinander: Der Starke hat immer Recht und Glück und die Gottheit auf seiner Seite.

In Platons Dialog *Gorgias* formuliert es ein gewisser Kallikles, ein radikaler Sophist, der vielleicht eine fiktive Figur ist, folgendermaßen:

> *Die Natur selbst beweist, dass es recht ist, dass der Gute mehr hat als der Schlechte, der Mächtige mehr als der Machtlose. Sie zeigt vielfach, dass es sich so verhält, bei den anderen Lebewesen und bei den Menschen in allen Städten und Geschlechtern. Es gilt als gerecht, dass der Starke über den Schwachen herrscht und mehr hat als er.* (483 C/D).

Es nützt den Meliern nichts, dass sie die Athener warnen, sie könnten, wenn sie einmal scheitern, der Rache der Sieger anheim fallen. (Kap. 90). Sie vertrauen auf die Verwandtschaft mit den Spartanern und auf die Götter und ergeben sich nicht.

> *Die Athener töteten alle erwachsenen Männer, deren sie habhaft werden konnten, verkauften die Frauen und Kinder in die Sklaverei und besiedelten später selbst die Insel, indem sie 500 Siedler auf sie entsandten.* (Kap. 116).

Thukydides kommentiert das grausame Geschehen nicht. Wenn der amerikanische Literaturpreisträger 2016, Bob Dylan, von dem Geschichtswerk sagt, es sei *a narrative, which gives you chills – ein Werk, das unter die Haut geht*, so hat er gewiss nicht nur, gewiss aber auch das Schicksal der Melier im Sinn. (Zitiert bei W. Will, 2015, S. 249).

So weit kann also Machtpolitik führen.

415, im Jahr der Ereignisse auf Melos, ist in Athen die euripideische Tragödie *Die Troerinnen* aufgeführt worden. Darin heißt es geradezu prophetisch:

> *Wer Städte, Gräber, Heiligtümer der Verstorbenen,*
> *und Tempel auslöscht und wer alles dies*
> *veröden lässt und selbst dann umkommt, ist ein Tor.* (VV. 95–97).

Thukydides wusste, als er diese Kapitel schrieb, dass sich die Athener einige Jahre später in derselben Situation befinden würden wie die Melier, dass sie kapitulieren und die Bedingungen der siegreichen Spartaner bedingungslos akzeptieren mussten. Sie scheiterten nicht zuletzt daran, dass sie *in übergroßer Begierde auf mehr* das Wagnis eingegangen waren, Sizilien erobern zu wollen. (6, 24, 4). Perikles hatte davor gewarnt, im Krieg das Herrschaftsgebiet erweitern zu wollen und ein Risiko für die Stadt einzugehen. (2, 65, 7). Er warnte so vergeblich wie alle Warner, die uns in der Tragödie begegnen und die uns bei Herodot begegnet sind.

Die Schilderung der Ausfahrt nach Sizilien setzt unmittelbar nach dem Bericht über das Schicksal der Melier ein. Thukydides kommentiert nicht mit Worten, er kommentiert durch die Komposition. Tod und Versklavung sind den Athenern aber erspart geblieben.

4.4 Ein Besitz für immer

Nach dem ersten Kriegsjahr hielt Perikles auf dem Staatsfriedhof in Athen eine Rede auf die gefallenen Athener. Der größte Teil ist dem Preis der Demokratie gewidmet. (2, 34–42).

Gleich zu Beginn des darauf folgenden Jahres brach in Athen eine Seuche aus. Im Werk des Thukydides steht der Bericht über diese Krankheit unmittelbar nach dem hohen Lob der Demokratie. Der Historiker kommentiert durch die Komposition.

Der großen Idee folgte die raue Wirklichkeit, in der die Menschen, von Leid überwältigt, allen Werten gegenüber gleichgültig wurden, in der niemand mehr die Götter fürchtete, Gesetze und Sitten ihre Gültigkeit einbüßten, jeder nur noch seinen Gelüsten und Begierden folgte.

(2, 52, 4 und 53). Kein Mensch konnte helfen, selbst die ärztliche Kunst versagte.

Der Bericht erinnert an das Verhalten der Menschen während des Bürgerkriegs in Kerkyra.

In dem Proömium zu dem Bericht über die Seuche schreibt Thukydides:

> *Ich werde schildern, wie die Seuche verlief. Ich werde über die Symptome berichten. Wenn man sie beachtet, dann dürfte man am ehesten in der Lage sein, wenn die Seuche einmal wieder auftreten sollte, den Verlauf der Krankheit vorherzusehen und nicht unwissend zu sein. Ich war selbst krank und habe andere leiden sehen.* (2, 48, 3).

Nützt es etwas, den Verlauf der Krankheit voraussehen zu können, wenn sie wieder einmal auftritt? Ja, wenn auch in engen Grenzen: Man weiß, dass es sich empfiehlt, die Kranken zu isolieren, dass man gegen Plünderungen Vorsorge treffen und ordnungsgemäße Bestattungen organisieren sollte. Obwohl man sich dessen bewusst ist, dass es keine Heilung gibt, ist man nicht zur Tatenlosigkeit verdammt.

Die Pestschilderung zeigt beispielhaft, wie Gegenwart und Zukunft aufeinander bezogen sind. Was heißt das für das Werk insgesamt, in dessen Proömium Thukydides es *einen Besitz für immer* nennt? (1, 22, 4).

Was bedeutet das für den Staatsmann? Er wird mit Situationen konfrontiert, in denen er sich richtig oder falsch entscheiden kann. Er wird versuchen, die ihrer Natur gemäß nach Macht, Ehre und Wohlstand strebenden, zu irrationalem Agieren neigenden Menschen so gut es geht zu bändigen. Perikles hat gewusst, dass sich die Natur des Menschen gleich bleibt. Er hat nicht versucht, die Athener zu ändern. Er hat ihnen nicht grundsätzlich von einer Erweiterung ihrer Macht abgeraten, er hat sie lediglich ermahnt, ihren Expansionsdrang während des Krieges zu bändigen.

Vielleicht hat Thukydides geglaubt, dass die Demokratie, in der jedermann unabhängig von seiner sozialen Stellung und seinen wirtschaftlichen Verhältnissen die Chance hat, sich durch seine Leistung emporzuarbeiten (2, 37), am besten geeignet ist, die menschliche Natur einzuhegen, und dem Gang der Ereignisse *im Frieden und guten Zeiten* (3, 82, 2) wenn nicht für immer, so doch für eine Zeit lang, Stabilität zu verleihen.

Freilich, ohne eine herausragende Persönlichkeit, die es versteht, Gegebenheiten und Entwicklungen richtig einzuschätzen, und die über die Autorität verfügt, zu überzeugen und klug zu leiten, wird es nicht gehen. Perikles war eine solche Führungskraft. Thukydides formuliert überspitzt: *Der Staat war dem Namen nach eine Demokratie, tatsächlich aber die Herrschaft des ersten Mannes.* (2, 65, 9). Seine Rede auf die gefallenen Athener zeigt, wie sich Machtpolitik und Ethik vereinigen ließen.

Ob die Väter unseres Grundgesetzes Thukydides gelesen haben, weiß ich nicht. Sie haben jedenfalls weise gehandelt, als sie den Artikel 63 formulierten:

> *Der Bundeskanzler bestimmt die Richtlinien der Politik und trägt dafür Verantwortung.*

Wir sprechen von einer *Kanzlerdemokratie*.

Literatur

Franz Bömer: Herodotea, in: Gymnasium 1960, S. 202

Jacques Brunschwig/Geoffrey Lloyd (Hrsg.): Das Wissen der Griechen, München (Wilhelm Fink), 2000, S. 592–597

Herwig Görgemanns: Macht und Moral, Thukydides und die Psychologie der Macht, in: Humanistische Bildung, Heft 1/1997, S. 64–98

Richard Harder: Herodot 1, 83, in: Walter Marg (Hrsg.): Kleine Schriften, München (Beck), 1965, S. 208–211

François Hartog: Herodot, in: J. Brunschwig/G. Lloyd (Hrsg.): Das Wissen der Griechen, München (Wilhelm Fink), 2000, S. 592–597

Hans Herter: Freiheit und Gebundenheit des Staatsmanns bei Thukydides, in: Hans Herter (Hrsg.): Thukydides, Darmstadt (WBG), 1968, S. 260–281

Martin Hose: Herodot. Der Vater der Geschichtsschreibung im Horizont der Globalisierung, in: Gymnasium 2014, S. 109–130

Werner Jaeger: Solons Eunomie, in: Werner Eisenhut (Hrsg.): Antike Lyrik, Darmstadt (WBG), ²1995, S. 9–31

Ryszard Kapuscinski: Meine Reisen mit Herodot, Frankfurt/Main (Eichborn), 2015

Joachim Latacz: Herodot, in: Bernhard Kytzler (Hrsg.): Klassische Autoren der Antike, Frankfurt/Main (Insel), 1992, S. 88–95
Walter Marg: Selbstsicherheit bei Herodot, in W. Marg (Hrsg.): Herodot, Darmstadt (WBG), 1965, S. 290–301
Walter Nicolai: Versuch über Herodots Geschichtsphilosophie, Heidelberg (Winter), 1986
ders.: Zuviel des Guten ist ungesund. Zur Dialektik von forcierter Leistungssteigerung und Selbstgefährdung, in: Gymnasium 1994, S. 312–332
Christian Pietsch: Ein Spielwerk in den Händen der Götter? Zur geschichtlichen Kausalität des Menschen bei Herodot am Beispiel der Kriegsentscheidung des Xerxes (Hist. VII, 5–19), in: Gymnasium 2001, S. 205–221
Karl Reinhardt: Herodots Persergeschichten: Östliches und Westliches im Übergang von Sage zu Geschichte. Thukydides und Machiavelli, in: Von Werken und Formen, Godesberg (Helmut Küpper), 1948, S. 163–284
Wolfgang Schadewaldt: Die Anfänge der Geschichtsschreibung bei den Griechen, in: José Miguel Alonso-Núñez (Hrsg.): Geschichtsbild und Geschichtsdenken im Altertum, Darmstadt (WBG), 1991, S. 69–89
Wolfgang Schuller: Die griechische Geschichtsschreibung in klassischer Zeit, in: J.M. Alonso-Núñez (Hrsg.): Geschichtsbild und Geschichtsdenken im Altertum, Darmstadt (WBG), 1991, S. 90–112
ders.: Das Religiös-Humane als Grundlage der griechischen Objektivität bei Herodot, a.a.O., S. 185–201
Jörg Schulte-Altedorneburg: Geschichtliches Handeln und tragisches Scheitern. Herodots Konzept historiographischer Mimesis, Frankfurt /Main (Peter Lang), 2001
Holger Sonnabend: Thukydides, Hildesheim (Olms), ²2011
Franz Stoessl: Herodots Humanität, in: Gymnasium 1959, S. 477–490
Hermann Strasburger: Homer und die Geschichtsschreibung, Heidelberg (Carl Winter), 1972
ders.: Die Entdeckung der politischen Geschichte durch Thukydides, in: H. Herter (Hrsg.): Thukydides, Darmstadt (WBG), 1968, S. 412–476
Joseph Vogt: Dämonie der Macht und Weisheit der Antike, in: H. Herter (Hrsg.). Thukydides, Darmstadt (WBG), 1968, S. 282–308
Uwe Walter: Herodot und Thukydides – Die Entstehung der Geschichtsschreibung, in: Elke Stein-Hölkeskamp/Karl-Joachim Hölkeskamp (Hrsg.): Die griechische Welt. Erinnerungsorte der Antike, München (Beck), 2010, S. 400–417
Wolfgang Will: Der Untergang von Melos. Machtpolitik im Urteil des Thukydides und einiger Zeitgenossen, Bonn (Dr. Bruno Habelt), 2006

Der Gott des Sokrates

Gliederung

1	Einleitung	96
1.1	Blasphemie und Asebie	96
1.2	Das Perikleische Zeitalter	97
1.3	Daten zum Leben des Sokrates	99
1.4	Platons Apologie	99
2	Sokrates und das delphische Orakel	100
2.1	Der Gott lügt nicht	100
2.2	Wider den Enthusiasmus	103
2.3	Der göttliche Missionar	104
	Die Deutung des Orakels	104
	Philosophie als infiniter Prozess	105
	Philosophie und Moral	106
3	Das Daimonion	107
4	Autonomie	109
	Moralische Integrität	109
	Bewährung	111
5	Todesmythen	112
	Philosophisches Nichtwissen	112

    Der Tod bei Homer 113

    Ewiger Schlaf oder Ortswechsel 114

    Begräbnis und Freitod 116

6   Schluss: Sokrates und der Apostel Paulus 117

Literatur 118

Sokrates (469–399 v.Chr.)

1 Einleitung

1.1 Blasphemie und Asebie

399 v.Chr. wird Sokrates in Athen wegen Asebie, mangelnder Ehrfurcht vor den Göttern, zum Tode verurteilt. Ist uns das nicht erschreckend nah? Am 7. Januar 2015 sterben zehn Menschen bei einem Anschlag auf das Büro der französischen Satirezeitschrift *Charlie Hebdo*. Al-Quaida übernimmt die Verantwortung und nennt als Grund *Rache für die Missachtung der Ehre des Propheten Mohammed*: Asebie. Karikaturen hatten die Reaktion hervorgerufen.

Der aus Indien stammende Schriftsteller Salman Rushdie wird wegen der Darstellung Mohammeds in seinem Buch *Die satanischen Verse* von dem iranischen Staatspräsidenten Chomeini in Abwesenheit zum Tode verurteilt. Als Begründung wird angegeben, das Buch richte sich *gegen den Islam, den Propheten, den Koran*: Asebie. Das Urteil ist nach wie vor in Kraft.

Wir kennen die Prozesse gegen Ketzer aus der Geschichte des Christentums. Einer der vielen, die wegen Ketzerei und Magie angeklagt wurden, war der Dominikanermönch Giordano Bruno (geb. 1548). Er wurde im Jahre 1600 hingerichtet.

Wir fragen: Sind diese Ereignisse mit dem Prozess des Sokrates vergleichbar?

Das erscheint wenig wahrscheinlich, wenn man bedenkt, dass die antike polytheistische Religion äußerst tolerant war. Sie kannte keine bekennenden Mitglieder, keinen Propheten, der verbindliche Wahrheiten verkündet hat, kein heiliges Buch, keinen Koran als das Wort Gottes und keine Bibel als eine von Menschen verfasste, aber als verbindliche Norm anerkannte Schrift über das Wirken Gottes.

Und trotzdem ist Sokrates von einem ordentlichen Gericht verurteilt worden? Im Jahr 433/32 v.Chr. hat ein gewisser Diopeithes in der Volksversammlung in Athen einen Gesetzesantrag eingebracht, demzufolge diejenigen vor Gericht gestellt werden sollten, die nicht an *die göttlichen Dinge glaubten (toùs tà theía mè nomízontas) oder in der Lehre theoretische Ansichten über die Himmelserscheinungen verbreiten.* (Plutarch, Perikles, 32). Der Antrag wurde angenommen.

Das Gesetz ist jedoch vor dem Prozess des Sokrates – wenn überhaupt – nur in drei Fällen angewandt worden: gegen den Naturphilosophen Anaxagoras, den Sophisten Protagoras, den Dichter und Mathematiker Diagoras von Melos. Keiner von ihnen war Athener, keiner der Fälle ist sicher belegt und bewiesen. Zwei Prozesse waren, wenn es sie denn gab, politisch motiviert und gegen den damals führenden Politiker Perikles gerichtet, und keiner der Angeklagten ist getötet worden. Sie konnten unbehelligt Athen verlassen und sind eines natürlichen Todes gestorben. Möglicherweise ist das Gesetz seit 403 schon gar nicht mehr in Kraft gewesen.

Es spricht also vieles dafür, dass es in dem Prozess gegen Sokrates darum ging, einen Bürger, der Politiker und Politik mit lästigen Fragen öffentlich permanent in Frage stellte und der der demokratischen Staatsform kritisch gegenüberstand, mundtot zu machen – nicht zu töten. Man hätte es sicher gern gesehen hätte, wenn der Philosoph ins Exil gegangen wäre und die Athener von der unangenehmen Pflicht befreit hätte, das Todesurteil zu vollstrecken. Asebie war dabei wohl der einzige justiziable Tatbestand. Und es wird sich zeigen, dass die Ankläger so unrecht nicht hatten, wenn sie sich durch Sokrates in ihrem Glauben an die Götter der Polis irritiert und herausgefordert fühlten.

Wir werfen einen Blick auf die Geschichte Athens im 5. Jahrhundert v.Chr.

1.2 Das Perikleische Zeitalter

Als Sokrates 469 v.Chr. geboren wurde, war seine Geburtsstadt Athen außenpolitisch auf dem Weg zu einer die griechische Welt der Stadtstaaten beherrschenden Macht. Die Invasion der Perser war abgewehrt, der 479/78 von Athen gegründete und dominierende Attisch-Delische Seebund sicherte der Polis den Einfluss auf die kleinasiatischen Küstenstädte und die Inseln des ägäischen Meeres.

462/61 wurde die Entwicklung zu einer absoluten Demokratie (*ákratos demokratía*) mit der Entmachtung des Adelsgremiums, des Areopags, durch Ephialtes abgeschlossen. Kurz darauf wurde Ephialtes ermordet. Sein Nachfolger war Perikles, der von da mehr als 30 Jahre bis zu seinem Tod 429 als immer wieder gewählter Stratege die Geschicke Athens bestimmen sollte.

Diese Epoche war eine Blütezeit der Kultur.

Im Dionysostheater wurden die Tragödien des Aischylos, Sophokles und Euripides aufgeführt. Die Tragödien, Kultspiele im Rahmen des Festes zu Ehren des Gottes Dionysos, variierten in immer neuen Interpretationen alter Mythen die Mahnung des delphischen Apollon an den Menschen, sich seiner Verletzlichkeit, Fehlbarkeit, Hinfälligkeit und Sterblichkeit bewusst zu sein und sich vor Hochmut (*hýbris*), vor Anmaßung gegenüber den unsterblichen Göttern, zu hüten. Die Tragödien waren die Stimme der Religion.

Herodot aus der kleinasiatischen Stadt Halikarnassos (heute Bodrum) begründete mit seinem Werk über die Perserkriege die Geschichtsschreibung. Die historischen Fakten fügen sich zu einem sinnvollen Geschehen, wenn man sie als Folge von Verfehlungen, von ungezügeltem Streben nach Macht und Reichtum, und göttlicher Strafe betrachtet.

Männer wie der schon erwähnte Protagoras aus Abdera in Thrakien (480–415) waren Aufklärer, die die Welt der Götter und Werte kritisch in Frage stellten. Protagoras zweifelte an der Zuverlässigkeit und Verbindlichkeit menschlicher Erkenntnis.

> *Von den Göttern kann ich weder wissen, dass sie sind, noch, dass sie nicht sind, noch, wie sie von Gestalt sind. Denn es gibt vieles, was das Wissen hindert: Die Nichtwahrnehmbarkeit und dass das Leben der Menschen kurz ist.* (Diels-Kranz, 80 B 4).

Sophisten nannte man die Männer, die wie er eine bestimmte Art von Weisheit (*sophía*) lehrten. Sie verstanden darunter die Kunst, möglichst erfolgreich das Leben zu meistern. Rhetorik gehörte zu ihrem Programm.

Der ebenfalls schon erwähnte Anaxagoras aus Klazomenai am Hellespont (ca. 499–428) war einer der Naturphilosophen, die den Anspruch erhoben, die Welt aus sich heraus ohne Rückgriff auf Götter und Mythen erklären zu können.

So standen die Zweifler, Kritiker und Neuerer, die Naturphilosophen und Sophisten, den Bewahrern und Traditionalisten, Herodot und den Tragödiendichtern, gegenüber.

In der Bildenden Kunst wurde der Kontrapost eingeführt. An die Stelle des die Archaische Kunst charakterisierenden Lächelns der Kouroi und Korai trat nachdenklicher Ernst.

Die Akropolis wurde neu gestaltet. Die bedeutenden Bauten, die Propyläen, der Niketempel, das Erechtheion und der Parthenon, sind in der zweiten Hälfte des 5. Jahrhunderts errichtet worden.

Man feierte und baute, als schon längst 431 der Peloponnesische Krieg ausgebrochen war, in dem sich die beiden damals mächtigsten Stadtstaaten, Athen und Sparta, gegenüberstanden. Athens Glanz und Macht endeten, als es sich 404 geschlagen geben musste. Mit Unterstützung der Spartaner bemächtigten sich 30 Tyrannen der Herrschaft. Acht Monate übten sie eine Schreckensherrschaft aus, bis sie 403 besiegt wurden. Die Demokratie wurde wiederhergestellt.

Diese Ereignisse lagen erst vier Jahre zurück, als Sokrates angeklagt wurde. Wie gefestigt war die Staatsform, die 411 schon einmal von Oligarchen außer Kraft gesetzt worden war?

Wir halten fest: Das 5. Jahrhundert war eine Zeit großer politischer Umwälzungen und heftiger geistiger Auseinandersetzungen. Der Glaube an die Götter wurde auf eine harte Probe gestellt.

1.3 Daten zum Leben des Sokrates

Sokrates wurde 469 geboren, sein Vater war Steinmetz, seine Mutter Hebamme. Er war verheiratet mit der viel jüngeren und sicher zu Unrecht so berüchtigten Xanthippe. Er hatte drei Kinder mit ihr. Er war Steinmetz wie sein Vater. Wie sehr er jemals den Beruf ausgeübt hat, weiß man nicht. Die Familie war sicher nicht arm, sie gehörte dem Mittelstand an. Er nahm als Hoplit, als schwerbewaffneter Infantrist, am Peloponnesischen Krieg teil. 406 war er Prytane, einer von 50 Ratsherren, die für ein Zehntel des Jahres die Exekutive bildeten. Es war kein besonderes Privileg, ein solches Amt zu bekleiden. Es konnte jedem Bürger zufallen. Die Ratsherren wurden durch ein Losverfahren ausgewählt. Als die 30 Tyrannen Sokrates zu kompromittieren versuchten und ihm befahlen, einen auf die Insel Aigina geflohenen Demokraten zur Hinrichtung nach Athen zu holen, weigerte er sich.

Abgesehen von den Feldzügen hat er Athen nie verlassen.

399 wurde er angeklagt. Er war 70 Jahre alt. Hätten nur 31 der 501 Richter nicht für *schuldig* gestimmt, wäre Sokrates freigesprochen worden.

1.4 Platons Apologie

Die 501 Richter waren Bürger, die das 31. Lebensjahr überschritten hatten. Es waren Laien, eine juristische Ausbildung gab es nicht. Sie waren am Morgen des Prozesstages für diese Aufgabe ausgelost worden. Ankläger waren drei Männer, Anytos, Meletos, Lykon. Einer von ihnen trug zu Beginn der Verhandlung die Anklage vor und begründete sie. Anschließend sprach Sokrates. Den Wortlaut seiner Verteidigungsrede kennen wir nicht. Überliefert ist eine Apologie des Xenophon (ca. 430 – ca. 355), des Autors der Anabasis, die vielleicht mancher von Ihnen in der Schule gelesen hat. Er gehörte zum engeren Kreis des Sokrates. Und es gibt die Apologie Platons (427–347), des Philosophen, der zahlreiche Dialoge verfasst hat, in denen er Sokrates zum Hauptakteur gemacht hat. Da Sokrates selbst nichts geschrieben hat, ist es nicht leicht, Sokratisches von Platonischem zu unterscheiden. Deshalb wissen wir nicht, ob Sokrates wirklich so gesprochen hat, wie Platon es aufgeschrieben hat. Ebenso wenig kennen wir das Jahr, in dem die Schrift verfasst worden ist: noch unter dem unmittelbaren Eindruck der Ereignisse oder erst viel später nach der Gründung der Akademie im Jahr 386? Einigkeit besteht unter den Wissenschaftlern darüber, dass der kongeniale Platon dem Sokrates sicher eher gerecht geworden ist als Xenophon. Wir legen unserer Erörterung das Werk Platons zugrunde.

2 Sokrates und das delphische Orakel

2.1 Der Gott lügt nicht.

Die offizielle Anklage gegen Sokrates lautete folgendermaßen:

> *Sokrates tut Unrecht, weil er die Götter, die der Staat anerkennt, nicht anerkennt, stattdessen andere dämonische Wesen einführt. Außerdem tut er Unrecht, weil er die Jugend verdirbt. Strafe: der Tod.*
> (Diog. Laertios – 3. Jh. n.Chr. – 2,40).

Sokrates weist in seiner Verteidigungsrede zunächst die in der Menge kolportierte und von ihr geglaubte Anschuldigung zurück, dass er als Naturphilosoph die Erscheinungen im Himmel erforsche und das Unterirdische untersuche und deshalb nicht an die Götter glaube (18 B/C), und danach die Anklage, dass er wie die Sophisten die Menschen unterrichte (18 D).

Auf *die dämonischen Wesen* komme ich später zu sprechen.

Nun könnten, meint er, die Richter ihn natürlich fragen:

> *Sokrates, welcher Beschäftigung gehst du denn nun nach? Wie sind denn diese Verleumdungen entstanden?*

Als Antwort erzählt er eine Geschichte, und er betont, dass sie sich wirklich so zugetragen hat.

> *Ich habe, ihr Männer von Athen, durch nichts anderes diesen Ruf erlangt als durch eine Art Weisheit. Was ist das für eine Weisheit? Es ist vielleicht eine menschliche Weisheit (anthropíne sophía). Denn in dieser scheine ich in der Tat weise zu sein. ...*
>
> *Für meine Weisheit, wenn sie denn eine ist und von welcher Art, benenne ich euch als Zeugen den Gott in Delphi.*
>
> *Ihr kennt ja den Chairephon. Er war ein Jugendfreund von mir, und er war auch euer Freund, ein Freund des Volkes. Er hat mit euch (als die Tyrannen die Herrschaft übernahmen) die Stadt verlassen und ist mit euch zurückgekehrt. Und ihr wisst, wie Chairephon war, wie eifrig in allem, was er anpackte. So hat er es auch gewagt, nach Delphi zu gehen und in dieser Sache das Orakel zu befragen. Wie ich schon sagte, lärmt nicht. Er stellte die Frage, ob einer weiser sei als ich, und die Pythia antwortete, niemand sei weiser. Das wird euch Chairephons hier anwesender Bruder bezeugen, denn er selbst ist schon tot.* (20D–21A).

Sokrates schockiert und provoziert. Er, der angeklagt ist, er glaube nicht an die Götter, an die die Stadt glaubt, beruft sich auf einen Gott, der in ganz Griechenland große Verehrung genoss. Dass er als Zeugen einen Demokraten anführt und ihn auch ausdrücklich als solchen vorstellt, macht die politische Dimension des Prozesses deutlich. Es war nützlich, auf Kontakte mit Demokraten verweisen zu können. Andere, die zum

Kreis des Sokrates zählten, Alkibiades, Platon, Xenophon, standen nicht gerade in dem Ruf, Freunde des Volkes zu sein.

So ungewöhnlich, wie es uns scheinen mag, war die Aktion des Chairephon nicht. Fragen von der Art, wer der Frömmste, wer der Glücklichste sei, waren durchaus üblich.

Die Geschichte ist zweifellos wahr. Platon hätte sich um seine Glaubwürdigkeit gebracht, hätte er sie erfunden. In welchem Sinn sie wahr ist, das bedarf allerdings der Erörterung.

Orakel waren nicht immer ohne weiteres verständlich, sie erforderten eine Interpretation. In jeder Stadt gab es dafür Fachleute. Als das Heer und die Flotte des persischen Großkönigs Xerxes 480 Athen bedrohten, hatte die Pythia, als sie von den Athenern um Rat gefragt wurde, von einer hölzernen Mauer gesprochen,

> *die als einzige nicht zerstört werde und sich für die Bewohner als nützlich erweisen werde.*

Über die Frage, was mit *der hölzernen Mauer* gemeint sei, entstand ein Streit, dem Themistokles schließlich mit der Deutung ein Ende bereitete, die Priesterin spreche nicht, wie man allgemein annahm, davon, sich auf der Akropolis zu verbarrikadieren, sondern von der Flotte. (Herodot, 7, 140–143). Der Sieg in der Seeschlacht von Salamis gab ihm Recht.

Nun schien allerdings der Spruch über die Weisheit des Sokrates ganz und gar nicht zu der Kategorie interpretationsbedürftiger Orakel zu zählen. Aber Sokrates wäre nicht Sokrates, wenn er sich mit der Feststellung, er sei der Weiseste, einfach zufrieden gegeben hätte:

> *Als ich das gehört hatte, machte ich mir folgende Gedanken: Was meint der Gott, und was für ein Rätsel gibt er auf? Denn ich weiß doch genau, dass ich nicht weise bin. Was meint er, wenn er sagt, ich sei der Weiseste? Er wird doch wohl nicht lügen. Denn das ist ihm nicht erlaubt. Lange Zeit war ich ratlos und fand keine Antwort auf die Frage, was der Gott meint. Endlich überwand ich mich und entschloss mich, zu erforschen, was er meint, und zwar auf folgende Weise: Ich ging zu einem von den Männern, die in dem Ruf standen, weise zu sein, um, wenn überhaupt irgendwo, dann dort das Orakel einer unrichtigen Aussage zu überführen und, was den Spruch betrifft, zu beweisen: Der ist weiser als ich, du aber hast mich genannt. ... Es war einer von den Politikern. ...* (21 b ff.).

Er macht die Erfahrung, dass dieser Mann zwar als weise galt und auch selbst meinte, es zu sein, es aber in Wirklichkeit nicht war. Der Versuch, ihm die Illusion zu nehmen, schlug fehl. Sokrates kam zu der Erkenntnis:

> *Offenbar bin ich um diese Kleinigkeit weiser, dass ich auch nicht zu wissen glaube, was ich nicht weiß.*
> *Von dort ging ich zu einem anderen aus dem Kreis derer, die in dem Ruf stehen, noch weiser zu sein als er. Aber auch bei ihm gewann*

> *ich denselben Eindruck. Da zog ich mir den Hass auch von ihm und dazu noch von vielen anderen zu.* (21D–E).

Was geschieht? Natürlich dachte Sokrates nicht im Ernst daran, das Orakel zu widerlegen. Er äußert sich hier wie sooft ironisch. Er möchte das Orakel verstehen. Er wandelt den Aussagesatz des Orakels in eine Frage um. Sie betrifft ihn: Wer bin ich?, und sie betrifft die Sache: Was ist Weisheit? Da er keine Antwort weiß, gerät er in eine Aporie. Der Vorgang zeichnet das sokratische Verfahren nach: Eine Feststellung wird zu einer Frage umgewandelt. Die Suche nach der Antwort scheitert, führt zur Ratlosigkeit (aporía) und setzt eine erneute Prüfung in Gang.

In dem vorliegenden Fall geht die Prüfung von einer Prämisse aus: Die Möglichkeit, dass der Gott lügt, wird ausgeschlossen. *Es ist ihm nicht erlaubt*, sagt Sokrates. *Das ist nicht seine Art*, übersetzt Manfred Fuhrmann. (21 B).

Diese Aussage ist nicht so selbstverständlich, wie sie klingt.

Gab es in der Welt Homers nicht immer wieder täuschende Götter? Da fühlt sich Hektor in der Ilias zu Recht getäuscht und ruft empört aus: *Athene hat mich betrogen*. (Ilias, 22, V. 299).

Und das Orakel war keineswegs gegen Kritik gefeit. In der in den 30er Jahren aufgeführten sophokleischen Tragödie *Oidipus Tyrannos* versteigt sich Ödipus, als sich Apollons Spruch nicht erfüllt zu haben scheint, zu der rhetorischen Frage, wer denn künftig wohl noch auf Pythos Seherheiligtum schauen werde. (VV. 964/65).

Von dieser Vorstellung betrügender und lügender Götter setzt sich Sokrates ab. Das war nichts Besonderes. Er war nicht der erste, der das tat.

Schon der vorsokratische Naturphilosoph Xenophanes aus Kolophon in Kleinasien (ca. 570 – nach 478) hatte ca. 200 Jahre zuvor Homer vorgeworfen, dass die Gottheiten unmoralisch handelten, dass sie Betrüger, Diebe und Ehebrecher seien (DK 21 B 11), und in Abwehr solcher Auffassungen hatte der aus Theben stammende lyrische Dichter Pindar 476 in einem Preislied verkündet, dass es sich für einen Mann gehöre, nur Gutes über die Götter zu sagen, und in einer 412 aufgeführten Tragödie des Euripides hieß es: *Davon bin ich überzeugt. Kein Gott ist schlecht.* (Iphigenie bei den Taurern, V. 391).

In diese Tradition fügt sich Sokrates ein. Aber er spricht nicht allgemein von Göttern oder Gottheiten, sondern von einem bestimmten Gott: von Apollon. Und er bringt nicht seine subjektive Überzeugung zum Ausdruck, dass der Gott in seinem Fall die Wahrheit sage, und er stellt nicht einfach fest, dass der Gott nicht lügt, sondern er fügt eine grundsätzliche, die Gottesvorstellung allgemein betreffende theologische Aussage erklärend hinzu: Lüge ist mit dem Begriff *Gott* unvereinbar.

Kein Zweifel: Dieser moralisch integre Gott hatte, wenn er auch den Namen des homerischen und in Delphi weissagenden Gottes trug, mit den Göttern, an die die Stadt glaubte, nichts mehr zu tun.

Fast wörtlich wird später der manchmal fälschlich dem Apostel Paulus zugeschriebene Brief an die Hebräer die Worte des Sokrates aufnehmen: *Es ist unmöglich, dass Gott lügt.* (6, 18). Und im September 2015 wird Papst Benedikt XVI. in seiner Regensburger Vorlesung feststellen, dass der biblische Gott an die Wahrheit und an das Gute gebunden sei und dass die Begegnung zwischen dem Hellenentum und dem Christentum gemeinsam mit dem Erbe Roms Europa geschaffen habe und die Grundlage dessen bilde, was man mit Recht Europa nennen könne. So wird der der Asebie angeklagte Sokrates zu einem Vordenker christlicher Theologie.

2.2 Wider den Enthusiasmus

Es waren die Dichter, die Sokrates nach den Politikern aufsuchte. Enttäuscht wandte er sich auch von ihnen ab.

> *Alle Anwesenden sprachen besser als sie über das, was sie gedichtet hatten. ... Nicht durch Weisheit dichten sie, was sie dichten, sondern durch eine Art natürlicher Veranlagung und weil sie gottbegeistert sind wie die Seher und Wahrsager. Denn auch die sagen viel Schönes, verstehen aber nichts von dem, was sie sagen.* (22 B/C).

Sokrates kritisiert nicht die Dichtungen, sondern die Dichter. Er erhebt den Vorwurf, sie könnten über ihr Tun keine Rechenschaft ablegen. Weisheit darf seiner Meinung nach nur beanspruchen, wer durch den Verstand, den Logos, Wissenswertes hervorbringt. Denn nur so gewinnt man Distanz zu überirdischen, inspirierenden Mächten und Freiheit.

Die Handwerker, an die sich Sokrates am Schluss wandte, die als Banausen gering geschätzt wurden, kamen zwar am besten weg, standen aber in dem eingebildeten Anspruch, weise zu sein, den anderen in nichts nach. (22 C/D).

Ob wohl Sokrates den Dichtern gerecht geworden ist? Von Hilde Domin (1909–2006) stammt der Satz: *Jedes Gedicht ist klüger als sein Autor.*

Später wird Platon die Dichter sogar aus seinem Staat verbannen.

2.3 Der göttliche Missionar

Die Deutung des Orakels

Sokrates fasst das Ergebnis seiner Begegnungen und Befragungen folgendermaßen zusammen:

> Es scheint, ihr Männer, in Wahrheit der Gott weise zu sein und in diesem Orakelspruch das sagen zu wollen, dass die menschliche Weisheit so gut wie nichts wert ist. Offenbar hat er gar nicht Sokrates gemeint, sondern sich nur meines Namens und meiner als eines Beispiels bedient, wie wenn er hat sagen wollen: Der ist der Weiseste von euch, Männer von Athen, der wie Sokrates erkannt hat, dass er im Hinblick auf die Weisheit in Wahrheit nichts wert ist. Und um diese Erkenntnis geht es mir. Ich gehe auch jetzt noch umher und suche und forsche im Auftrag des Gottes, wenn ich glaube, dass einer von den Bürgern und Fremden weise ist.
> Wenn er es mir nicht zu sein scheint, dann zeige ich ihm, dem Gott zu Hilfe kommend, dass er nicht weise ist. (23 A/B).

Sokrates enthüllt die existenzielle Bedeutung, die das Orakel für ihn hat. Der Gott hat ihn berufen. Es ist die Geschichte einer Erweckung, eine zutiefst religiöse Geschichte. Sie ist wahr, weil sie sich tatsächlich zugetragen hat, und sie ist nicht wahr, weil sie nicht den Beginn der sokratischen Tätigkeit markieren kann. Als Chairephon das Orakel befragte, muss Sokrates schon lange tätig gewesen sein, muss er schon ein bekannter Mann gewesen sein. Die Geschichte ist wahr als Bekenntnis zu einem von dem Gott geleiteten Leben, einem Leben als Gottesdienst, als frommes Tun. Gottesdienst ist für Sokrates nicht ein wechselseitiger Austausch von Wohltaten zwischen Gottheit und Mensch im herkömmlichen Sinn, ein *do ut des*, sondern ein Dienst am Menschen. Dabei verstand sich Sokrates nicht als ein willenloses Werkzeug Gottes. Der Gott hat ihm nur den Anstoß gegeben, zu sich selbst, zu seiner Lebensbestimmung als Philosoph zu finden.

Friedrich Nietzsche hat Sokrates, auf den er sonst nicht so gut zu sprechen war, in dieser Hinsicht ausdrücklich gelobt. Unter der Überschrift *Göttlicher Missionar* schreibt er:

> Sokrates fühlt sich als göttlicher Missionar, aber ich weiß nicht, was für ein Anflug von attischer Ironie und Lust am Spaßen selbst hierbei noch zu spüren ist, wodurch jener fatale und anmaßende Begriff gemildert wird. Er redet ohne Salbung davon. Die eigentliche religiöse Aufgabe, wie er sie sich gestellt fühlt, den Gott auf hunderterlei Weise auf die Probe zu stellen, ob er die Wahrheit geredet habe, lässt auf eine kühne und freimütige Gebärde schließen, mit der hier der Missionar seinem Gott an die Seite tritt. Jenes Auf-die-Probe-stellen ist einer der

feinsten Kompromisse zwischen Frömmigkeit und Freiheit des Geistes, welcher erdacht worden ist.
(Menschliches-Allzumenschliches, 2. Band, 2. Abt., Aphorismus 72).

Ähnlich wie Sokrates hat später der Kirchenvater Augustinus (353–430 n.Chr.) seine Bekehrung und Berufung auf eine Art Orakel zurückgeführt. Er hörte in seiner Nachbarschaft eine Stimme, *wie die eines Kindes*. Sie rief wiederholt: *tolle, lege*. Augustinus bezog den Ruf auf sich. Er bedurfte einer Deutung. Augustinus überlegte und kam zu der Erkenntnis, dass ihm von Gott befohlen werde, *zu nehmen und zu lesen*. Er schlug die Bibel auf und stieß auf die Stelle in dem Brief des Paulus an die Römer, die dazu aufforderte, den weltlichen Begierden zu entsagen und d*en Herrn Jesus Christus anzuziehen*. (13, VV. 13/14). Die Worte haben ihn zu Gott bekehrt. Fortan hat er sein Leben in den Dienst Gottes gestellt. (Conf. 8, 12, 29/30).

Philosophie als infiniter Prozess

Sokrates vermittelt den Menschen die Einsicht in die Differenz zwischen göttlichem Wissen und menschlichem Nichtwissen. Nicht, dass die Einen unsterblich sind und die Anderen sterblich, ist der wesentliche Unterschied zwischen Gottheit und Mensch, sondern dass die Einen Wissende sind, die Anderen Unwissende. Gleichwohl ist es dem Menschen aufgetragen, in unermüdlichem Streben die Kluft zu verringern, wohl wissend, dass er sie nie ganz schließen kann. Nikolaus von Kues hat das Dilemma in seinem 1440 verfassten Werk *Über das weise Nichtwissen* (*de docta ignorantia*) in einem Bild veranschaulicht:

> *Der menschliche Geist gleicht einem Vieleck, das in einen Kreis eingeschrieben ist. Je größer die Zahl der Ecken, umso mehr gleicht sich das Vieleck dem Kreis an. Aber selbst dann, wenn man mit der Vermehrung der Ecken unendlich fortfährt, wird aus dem Vieleck niemals ein Kreis werden.*

Immanuel Kant hat das Problem in der Vorrede der ersten Ausgabe der *Kritik der reinen Vernunft* (1781) so formuliert:

> *Die menschliche Vernunft hat das besondere Schicksal in einer Gattung ihrer Erkenntnisse: dass sie durch Fragen belästigt wird, die sie nicht abweisen kann, – denn sie sind ihr durch die Natur der Vernunft selbst aufgegeben. – die sie aber auch nicht beantworten kann, – denn sie übersteigen alles Vermögen der menschlichen Vernunft.*

Sokrates steht am Anfang der Erkenntnis, dass die Philosophie – und das gilt auch für die Wissenschaft – ein infiniter Prozess ist.

Er hat sich ebenso von denen distanziert, die sich im Besitz der Wahrheit wähnten, wie von denen, die wie Protagoras bestritten, dass man verbindliche Aussagen über die Gottheit machen könne. Der Mensch ist nicht ein Weiser (*sophós*), sondern ein Philósophos, einer, der nach der Weisheit strebt. (Pol. 475 B).

Es gehört zum Wesen der menschlichen Vernunft, wie Sokrates sie versteht, dass sie in ihrem aufrechten Streben nach der wahren Weisheit darauf vertrauen darf, nicht in die Irre geführt zu werden.

Der Kirchenvater Augustinus wird sehr viel später in christlichem Verständnis in dem biblischen Gott die Instanz sehen, die uns Menschen den rechten Weg weist. Die Wahrheitssuche vollzieht sich für ihn in der Lektüre und Auslegung der Bibel, Philosophie wird zur Hermeneutik. Aber auch diese Art der Wahrheitssuche bleibt ein infiniter Prozess, weil jede Interpretation an die Person und an die Zeit gebunden ist und weil der Mensch durch den Sündenfall für immer von der Erkenntnis der Wahrheit getrennt bleibt.

Im Foyer des Kanzleramtes in Berlin steht die Statue einer Philosophin, die der Bildhauer Markus Lüpertz (geb. 1941) geschaffen hat. Vielleicht erinnert sie im Sinn des Sokrates oder des Augustinus die Politiker daran, dass menschliches Wissen prinzipiell begrenzt ist.

Philosophie und Moral

Was Sokrates damit meint, wenn er den Menschen auf Gott ausrichtet, konkretisiert er so:

> *Ich werde nicht aufhören, nach Weisheit zu streben und jeden von euch, den ich treffe, zu ermahnen und zu belehren. Ich werde zu ihm sprechen, wie ich es gewohnt bin:*
>> *Bester Mann, der du aus Athen stammst, der größten und für Weisheit und Macht berühmtesten Stadt, schämst du dich nicht, dass du dich darum kümmerst, so viel Geld wie möglich zu haben, dass du dich um Ruhm und Ehre kümmerst, dich aber nicht um Einsicht und Wahrheit kümmerst und sorgst und darum, dass deine Seele so gut wie möglich wird? Und wenn einer von euch es abstreitet und behauptet, er kümmere sich darum, dann werde ich ihn nicht sogleich loslassen, sondern ich werde ihn fragen, prüfen und ausforschen.* (29 D/E).

Die Beziehung des Menschen zu einer Gottheit, wie Sokrates sie versteht, setzt das Streben frei, ihr, wie Platon sagt, nach Möglichkeit ähnlich zu werden. (Theaitet, 176 B). Aus richtigem Wissen erwächst richtiges Handeln.

Die sokratische menschliche Weisheit ist eine Art innerer Einstellung, die das Verhalten des Menschen zu den Gegenständen seines Forschens und Fragens ebenso bestimmt wie zu den anderen Menschen. Die Einstellung stellt sich nicht von allein ein, sie muss geweckt werden. Der Gott weckt sie bei Sokrates, Sokrates bei den Menschen.

Er nennt das, auf den Beruf seiner Mutter anspielend, eine Hebammenkunst (*maieutikè téchne*). (Theaitet 150 C/D).

Von der Seele als dem Wesenskern des Menschen, als seiner moralischen Instanz, wird auch das Christentum sprechen. Im 1. Brief des Petrus werden die Christen in der Diaspora ermahnt:

> *Ihr Lieben, ich ermahne euch als Fremdlinge und Pilger: Enthaltet euch der fleischlichen Begierden, die gegen die Seele streiten, und führt ein rechtschaffenes Leben unter den Völkern, damit die, die euch als Übeltäter verleumden, eure guten Werke sehen und Gott preisen am Tag der Heimsuchung.* (2, 12).

3 Das Daimonion

Wer vom Gott des Sokrates spricht, kommt nicht umhin, von dem zu sprechen, was der Philosoph sein Daimónion nennt. Die Anklage hatte ihm vorgeworfen, dass er *andere dämonische Wesen* (*daimónia*) einführe, d.h. andere göttliche Wesen als die, an die die Stadt glaubt. Er geht darauf ein, als er zu einem möglichen Einwand Stellung nimmt. Jemand, sagt er, könnte ihn fragen, warum er sich zwar um einzelne Bürger und Fremde kümmere, aber nie öffentlich in der Volksversammlung aufgetreten sei, um der Stadt zu raten.

> *Die Ursache davon ist – ihr habt mich bei vielen Gelegenheiten und an vielen Orten darüber reden hören – dass mir etwas Göttliches und Dämonisches widerfährt, was Meletos ja auch in seiner Anklage erwähnt, indem er sich darüber lustig macht. Das ist eine Stimme, die ich schon seit meiner Jugend höre. Immer, wenn ich sie höre, rät sie mir von dem ab, was ich gerade zu tun beabsichtige. Niemals rät sie mir zu. Sie ist es auch, die mich daran hindert, mich öffentlich politisch zu betätigen. Und sehr zu Recht scheint sie mich daran zu hindern.* (31 C/D).

Denn, so fährt Sokrates fort, hätte die Stimme ihn nicht gehindert, wäre er schon früher angeklagt worden. Ihr verdankt er es, dass er so lange zum Wohl der Menschen hat tätig sein dürfen. Das ist nicht gerade ein Kompliment für die Urteilsfähigkeit der Volksversammlung und ein Beweis für die kritische Einstellung, die Sokrates zur Demokratie hat.

Das Phänomen ist irrational, insofern es unbeeinflussbar ist und nur abrät, es ist rational, insofern sich nachträglich gute Gründe für seine Warnungen angeben lassen. Es ist für Sokrates kein Widerspruch, sich und anderen rationale Rechenschaft abzufordern und zugleich anzuerkennen, dass sich in ihm etwas vernehmbar macht, das er nicht steuern und beeinflussen, nur auf- und annehmen kann. Er vertraut der Stimme, sie vermittelt zwischen der Gottheit und ihm. Im Unterschied zu dem Orakel spricht sie nicht zu allen, sondern nur zu ihm persönlich. Und im Unterschied zu dem Orakel, das sein ganzes Leben in Beziehung zur Gottheit setzt, wird die Stimme je und je in bestimmten Situationen vernommen. Den Athenern, die ihren Homer kannten, dürfte das Phänomen nicht fremd gewesen sein. Am Anfang der Ilias erzählt Homer, wie Athene dem Achilleus erscheint. Sie ist nur ihm sichtbar und hörbar, und sie rät ihm davon ab, sein Schwert nicht gegen Agamemnon zu zücken. Achilleus folgt ihr.

Noch einmal, am Schluss, als das Todesurteil schon gefällt worden war, kommt Sokrates auf das Daimonion zu sprechen: Er bittet die Richter, die für ihn gestimmt haben, noch einen Augenblick zu bleiben und ihm zuzuhören, solange die Beamten beschäftigt sind. Er möchte ihnen erklären, was das bedeutet, was ihm gerade widerfahren ist.

> *Mir ist nämlich, ihr Richter – wenn ich euch Richter nenne, nenne ich euch doch wohl zu Recht so – etwas Wunderbares geschehen. Die prophetische Stimme des Daimonions habe ich zwar in meinem ganzen Leben sehr häufig gehört, und sie hat sich mir bei sehr unbedeutenden Anlässen widersetzt, wenn ich im Begriff war, etwas zu tun, was für mich nicht heilsam war. Jetzt aber ist mir das widerfahren, was ihr ja selbst miterlebt, was wohl so mancher für das größte Übel hält und was auch tatsächlich als solches gilt. Aber weder, als ich heute morgen das Haus verließ, noch als ich das Gericht betrat, noch an irgendeiner Stelle meiner Rede, wenn ich im Begriff war, etwas zu sagen, hat sich mir das Zeichen des Gottes widersetzt. Bei anderen Gelegenheiten hat es mir oft mitten in der Rede Einhalt geboten. Jetzt aber hat es sich mir in diesem ganzen Prozess an keiner Stelle widersetzt, weder wenn ich etwas tat, noch wenn ich etwas sprach. Ich frage mich, welchen Grund es dafür gibt. Ich will es euch sagen: Das, was mir widerfahren ist, scheint etwas Gutes zu sein, und wir, die wir annehmen, dass der Tod ein Übel sei, haben ganz und gar nicht Recht. Dafür ist mir ein deutlicher Beweis zuteil geworden. Denn gewiss hätte sich mir das vertraute Zeichen widersetzt, wenn ich nicht im Begriff wäre, etwas Gutes zu erfahren.* (40 A–C).

An dem Tag des Prozesses hat sich die innere Stimme nicht ein einziges Mal bemerkbar gemacht. Sokrates hätte am Morgen, bevor er zum Gericht aufbrach, noch fliehen und außer Landes gehen können, er hätte weniger arrogant und provozierend reden, stattdessen Mitleid erregen können. Kurz: Es hätte Möglichkeiten gegeben, den Prozess abzuwenden oder wenigstens ein mildes Urteil zu erzielen. Die Stimme hat geschwiegen, und Sokrates schließt daraus: Es ist gut so, wie es gekommen ist. Der Gott hat entschieden, was für ihn das Beste ist. Der Gott lügt nicht, und der Gott schadet nicht. Sokrates hat das Theodizeeproblem für sich gelöst. Was ein Übel zu sein scheint, ist in Wirklichkeit ein Gut. So wird auch die Stoa später argumentieren.

Hat es je in der Welt der homerischen Götter ein so enges Verhältnis zwischen Gott und Mensch gegeben? Begegnungen wohl wie zwischen Athene und Achilleus, zwischen Athene und Odysseus, aber doch keine das Leben während und bestimmende Beziehung.

Mit dem Gewissen eines Christen hat das Daimonion aber nichts zu tun. Es warnt nicht vor Frevel und weckt keine Reue. Es bewahrt vor Schaden.

4 Autonomie

Moralische Integrität

In einer Passage seiner Apologie weist Sokrates die Ankläger folgendermaßen in die Schranken:

> *Wisst nur, wenn ihr mich tötet, so werdet ihr mir nicht größeren Schaden zufügen als euch selbst. Denn weder Meletos noch Anytos können mir Schaden zufügen. Das wäre nämlich gar nicht möglich. Denn es ist, glaube ich, nicht in der Ordnung, dass dem besseren Mann von dem schlechteren Schaden zugefügt wird. Töten könnte mich einer vielleicht oder vertreiben oder des Bürgerrechts berauben. Aber das hält dieser vielleicht und manch anderer für große Übel, ich aber nicht, sondern ich halte es für ein weitaus größeres Übel, das zu tun, was dieser jetzt tut, indem er versucht, einen anderen widerrechtlich hinzurichten.* (30 C/D).

Dass Sokrates den Tod nicht für ein Übel hält, haben wir gehört. Wie muss man es aber verstehen, dass die Ankläger sich mit ihrer Anklage Schaden zufügen?

Als Sokrates nach der Verurteilung im Staatsgefängnis auf die Vollstreckung des Urteils wartet, besucht ihn sein Freund Kriton. Kriton hat sich vorgenommen, ihn davon zu überzeugen, dass es gute Gründe dafür gibt, sich zu retten und zu fliehen. Die Wächter waren bestochen, und die Athener hätten es gewiss nicht ungern gesehen, den unbequemen, über die Stadtgrenzen hinaus berühmten Philosophen auf elegante Weise loszuwerden. Kriton trägt seine Argumente vor. Sokrates hört ihm zu. Dann leitet er die sich anschließende Untersuchung mit folgender Überlegung ein:

> *Sagen wir, dass man in keinem Fall freiwillig Unrecht tun darf, oder dass man in dem einen Fall Unrecht tun darf, in dem anderen aber nicht? Oder ist das Unrechttun niemals gut und schön, wie es auch*

> *früher oft von uns festgestellt wurde? ... Also darf – da man ja niemals ein Unrecht tun darf – auch der, dem ein Unrecht geschieht, nicht Unrecht mit Unrecht vergelten, wie die Vielen glauben? ... Ich bin von jeher und auch heute noch davon überzeugt.* (Kriton, 49 A/B).

Sokrates begründet diese Forderung einer streng deontologischen Ethik folgendermaßen:

> *Können wir mit einem elenden und zugrunde gerichteten Leib noch leben?*
> *Sicher nicht.*
> *Können wir aber mit jenem Anderen, dem das Ungerechte schadet, das Gerechte aber nützt, noch weiter leben, wenn es verdorben ist? Oder halten wir jenes, worauf sich die Ungerechtigkeit und die Gerechtigkeit beziehen – es mag im Ganzen dessen, was unser ist, sein, was es will – für wertloser als den Leib?*
> *Sicher nicht.*
> *Sondern für etwas Wertvolleres?*
> *Gewiss.* (Kriton 47 E–48 A).

Sokrates spricht von dem, was das Wesen des Menschen ausmacht, er spricht von der Seele, ohne den Begriff zu nennen. Jede unrechte Tat schädigt die Seele dessen, der sie ausführt. Die Stimme des Gottes hat Sokrates vor äußerem Schaden bewahrt, vor dem viel größeren Schaden, der aus moralischer Verfehlung entsteht, muss er sich, muss jeder sich selbst bewahren. Als Sinn und Ziel des menschlichen Lebens bestimmen die Griechen das Glück. Sie nennen es *Eudaimonía*. Aber nicht alle Griechen verstehen unter der *Eudaimonía* dasselbe. Viele streben nach Geld, Macht, Ehre. Sokrates bekämpft diese Einstellung, wir haben es gehört. Glück besteht für ihn in der Gesundheit der Seele. Die wahre Tugend, die *Areté*, nach der es zu streben gilt, ist die moralische Integrität.

Die Moralphilosophie fragt seit der Antike nach dem Motiv, das Menschen veranlasst, moralisch zu handeln, und zwar auch dann, wenn sie gefahrlos und zu ihrem Vorteil etwas Unerlaubtes tun könnten. Der Christ wird auf Gottes Gebote verweisen, aber der Ungläubige, der Materialist?

Sokrates gibt eine Antwort. Er verankert das Motiv im Egoismus, im Glücksstreben des Menschen.

In der Welt Homers erwächst der Streit zwischen Agamemnon und Achilleus zu Beginn der Ilias aus dem Anspruch auf Ehre *(timé)*, die in der erbeuteten Chryseis bei dem einen, der erbeuteten Briseis bei dem anderen, ihren sichtbaren Ausdruck findet. Der homerische Held erwartet Anerkennung von außen. Für Sokrates spielt die Außeninstanz keine Rolle. Er bezieht seinen Wert und seine Würde aus der Ausrichtung auf das Gute und aus der Freiheit, es tun zu können. Er konstituiert den

Menschen als ein von dem Urteil der Welt unabhängiges, freies und autonomes Wesen.

Bewährung

Ihre höchste Bewährung besteht die sittliche Vernunft, wo sie begründet *nein* zum Leben sagt und stattdessen den Tod wählt, dort, wo Kriton Sokrates im Gefängnis kurz vor der Vollstreckung der Todesstrafe zur vorbereiteten Flucht überreden will und scheitert. Hier erweist sich Sokrates durch die Tat als frei und selbstbestimmt. Er unterwirft sich der Entscheidung des Gerichts, weil er die Gesetze, auf Grund derer die Richter geurteilt haben, als verpflichtende Normen anerkennt.

Als sich Sokrates in der Apologie selbst den Einwand macht und fragt, ob er sich denn nicht schäme, einer Betätigung nachzugehen, die ihm den Tod einbringt, antwortet er:

> *Du sprichst nicht gut, Mensch, wenn du glaubst, ein Mann, der auch nur ein wenig taugt, müsse die Gefahr bedenken, ob er lebt oder stirbt, anstatt allein darauf zu sehen, ob er, wann immer er etwas tut, Gerechtes oder Ungerechtes tut, Taten eines guten oder schlechten Menschen vollbringt. ... Vielmehr verhält es sich in Wahrheit so, ihr Männer von Athen: Wohin sich einer selbst stellt in der Überzeugung, es sei so am besten, oder wohin er von einem Vorgesetzten gestellt wird, da muss er, wie mir scheint, bleiben und der Gefahr trotzen, ohne den Tod oder irgendetwas Anderes zu bedenken als die Schande.* (28 B/D).

Mit der Frage, ob er sich nicht schäme, beginnt der Abschnitt, mit dem Wort *Schande* endet er. Wie im Deutschen die Begriffe *Scham* und *Schande* zusammengehören, so auch im Griechischen *aischýnomai* und *aischýne*. Die Instanz, vor der Sokrates sich schämt und die über ihn urteilt und richtet, ist er selbst. Sokrates formuliert den Vorwurf, er habe es versäumt, die Folgen seines Verhaltens zu bedenken. Sokrates kannte die Folgen. Aber die Frage ist nicht, welche Folgen eine Handlung hat, sondern einzig und allein, ob sie recht ist oder nicht. *Das Leben ist der Güter höchstes nicht, der Übel größtes aber ist die Schuld*, heißt es gut sokratisch in Friedrich Schillers Drama *Die Braut von Messina* (1803, 4. Akt.). Sokrates weiß sich von dem Gott zu seiner Aufgabe berufen, und er folgt diesem Ruf. Die Bindung an den Gott hebt die Freiheit und die Autonomie nicht auf.

5 Todesmythen

Philosophisches Nichtwissen

Für Sokrates gibt es noch einen zweiten Grund dafür, dass er bei seiner Entscheidung den Tod nicht in Rechnung gestellt hat.

> *Das wäre schlimm, und dann könnte mich einer zu Recht anklagen, dass ich nicht an die Existenz von Göttern glaube, wenn ich dem Orakel nicht gehorchte, den Tod fürchtete und meinte, weise zu sein, obwohl ich es nicht bin. Denn Furcht vor dem Tod, ihr Männer, bedeutet nichts anderes, als zu meinen, weise zu sein, obwohl man es nicht ist. Denn es bedeutet, dass man zu wissen glaubt, was man nicht weiß. Denn vom Tod weiß keiner, ob er für den Menschen nicht das größte Gut ist. Alle fürchten ihn aber, als wenn sie genau wüssten, dass er das größte Übel ist. ... Dass es aber schlecht und schimpflich ist, Unrecht zu tun und dem Besseren, sei es ein Gott oder ein Mensch, nicht zu gehorchen, das weiß ich. Das, von dem ich nicht weiß, ob es nicht vielleicht etwas Gutes ist, werde ich niemals fürchten und meiden gegenüber den Übeln, von denen ich weiß, dass sie Übel sind. (29 A/B).*

Später, wenn Sokrates nur noch mit den Richtern zusammen ist, die für ihn gestimmt haben, wird er seiner Überzeugung Ausdruck verleihen, dass der Tod etwas Gutes ist – wir haben das gehört. Spricht er da als Mensch, so hier als Philosoph. Niemand weiß, was den Menschen nach dem Tod erwartet, auch er nicht. Dieses Nichtwissen wird handlungsbestimmend. Er muss sich entscheiden zwischen dem, was er mit Sicherheit für ein Übel hält, dem Gott den Gehorsam aufzukündigen, und dem Tod, über den er keine Kenntnis hat. Nichtwissen ist keine Leerformel.

In der Apostelgeschichte berichtet Lukas davon, dass die Apostel von dem Hohen Rat der Juden angeklagt wurden, weil sie das Predigtverbot missachtet hatten.

> *Und der Hohe Priester fragte und sprach: Haben wir euch nicht streng geboten, in diesem Namen nicht zu antworten? Und seht, ihr habt Jerusalem erfüllt mit eurer Lehre und wollt das Blut dieses Menschen über uns bringen. Paulus aber und die Apostel antworteten und sprachen: Man muss Gott mehr gehorchen als den Menschen.*
> (5, VV. 27–29, Übers.: M. Luther).

Bevor wir zu dem Schluss der Apologie und zu dem Gespräch zurückkehren, das Sokrates mit den ihm wohlgesinnten Richtern führt, fragen wir, wie die Griechen über den Tod gedacht haben. Der Text, der das am eindrucksvollsten zum Ausdruck bringt, steht in Homers Odyssee.

Der Tod bei Homer

Odysseus ist auf dem Weg zurück in die Heimat. Immer wieder kommt er vom Weg ab. Die Zauberin Kirke rät ihm, den toten Seher Teiresias zu befragen. Odysseus macht sich auf zum Okeanos, zum Eingang in das Totenreich. Er bringt Opfer über einer Grube dar. Das Blut der geschlachteten Tiere lockt die Toten an und verleiht ihnen Bewusstsein und Stimme. Zuerst erscheint Teiresias, dann die Mutter. Odysseus will sie ergreifen, vergeblich. Sie belehrt ihn:

> *Fleisch und Gebeine der Toten sind nicht mehr durch Sehnen verbunden,*
> *sondern die brennende Kraft der Flamme hat das alles*
> *aufgezehrt, sobald das Leben die weißen Gebeine*
> *einmal verlassen hat. Die Seele des Menschen fliegt fort und*
> *flattert umher wie ein Traumbild.* (11, VV. 219–222).

Schließlich tritt auch die Seele des Achilleus hervor. Odysseus erzählt ihr von seinem Geschick:

> *Immer noch muss ich leiden. Es gleicht dir keiner, Achilleus,*
> *an Glückseligkeit, und keiner wird dir jemals*
> *gleichen. Vormals im Leben ehrten wir alle dich wie*
> *einen der Götter, wir Argeier, und nun bist du hier ein*
> *mächtiger Herrscher unter den Toten. Achilleus, lass dich*
> *doch das Todesgeschick nicht betrüben. So sprach ich. Jener*
> *gab mir Antwort und sagte zu mir die folgenden Worte:*
> *Preise mir jetzt nicht tröstend den Tod, berühmter Odysseus,*
> *lieber wollte ich Lohndienste leisten bei einem Mann, der*
> *kümmerlich lebt, und auf dem Acker ein einfacher Knecht sein,*
> *als über die dahingeschiedenen Toten zu herrschen.*
> (11, VV. 482–491).

Die Toten, die aus der Tiefe des Erebos aufsteigen, sind *Hauche*, sind der Atem, der den toten Körper verlassen hat. Sie fliegen und flattern umher. Sind die Seelen bei den Lebenden das Prinzip des Lebens, der Bewegung, so sind sie in der Unterwelt nichts als reine Bewegung, körperlos wie Schatten. Ihr Dasein gleicht dem von traumlos Schlafenden.

Der Mensch findet seine Erfüllung im Leben auf der Erde. Will er über den Tod hinaus etwas bewahren, so ist es der Ruhm seiner Taten, von denen der Sänger kündet, und das Fortleben des Geschlechts in den männlichen Nachfahren.

In einem Bereich des Hades frönen die Frevler ihr trübseliges Dasein, der Qualen leidende Tantalos und Sisyphos, der sich an einem Stein abarbeitet. (VV. 582–600).

Wie Homer spricht im Alten Testament Hiob zu Gott über die Unterwelt:

So höre auf und lass ab von uns, dass ich ein wenig erquickt werde, ehe ich denn hingehe – und komme nicht zurück – ins Land der Finsternis und des Dunkels, ins Land, wo es stockfinster ist und dunkel ohne alle Ordnung, und wenn's hell wird, so ist es immer noch Finsternis. (11, VV. 20–22; Übers. M. Luther).

Mag die Begründung auch unterschiedlich sein, in der Überzeugung, dass der Mensch sich im Leben bewähren muss, ohne einen Lohn im Jenseits zu erwarten, stimmt der Philosoph Sokrates mit den allgemeinen Glaubensüberzeugungen überein. Wie er als Mensch über den Tod denkt, offenbart er am Schluss seiner Rede den Richtern, die ihn nicht verurteilt haben.

Sie haben getan, was ihnen von Amts wegen aufgetragen war, nun spricht Sokrates zu ihnen nicht als Richter, sondern als Menschen.

Ewiger Schlaf oder Ortswechsel

Lasst uns auf folgende Weise bedenken, dass es gute Gründe dafür gibt, zu hoffen, dass das Todesurteil etwas Gutes ist.

Denn Totsein ist eines von beiden: Entweder ist der Tote so gut wie Nichts und hat keinerlei Empfindung von irgendetwas, oder der Tod ist, wie man sagt, ein Wechsel und ein Umzug der Seele von hier zu einem anderen Ort.

Und wenn er Empfindungslosigkeit ist wie ein Schlaf, wenn einer schläft und nicht einmal träumt, dann wäre er ein herrlicher Gewinn. Denn ich glaube, wenn jemand die Nacht benennen sollte, in der er so fest geschlafen hat, dass er nicht einmal träumte, und wenn er diese Nacht mit all den anderen Nächten und Tagen seines Lebens vergleichen und nach reiflicher Überlegung sagen sollte, an wie vielen Tagen und in wie vielen Nächten er in seinem Leben besser gelebt hat als in dieser Nacht, dann, glaube ich, dass nicht nur ein gewöhnlicher Mensch, sondern sogar der Großkönig finden würde, dass es nur wenige Tage (und Nächte) gibt, gegenüber den anderen Tagen und Nächten (in denen er traumlos geschlafen hat). Wenn also der Tod von der Art ist, nenne ich ihn einen Gewinn. Denn so dauert die ganze Zeit (des Todes) nicht länger als eine Nacht.

Wenn der Tod ein Umzug von hier an einen anderen Ort ist und wenn es wahr ist, was man sagt, dass dort alle Toten versammelt sind, was für ein größeres Gut könnte es wohl geben als das, ihr Richter? Wenn einer in den Hades kommt, befreit von diesen Männern, die behaupten, Richter zu sein, und die wahren Richter trifft, von denen es heißt, dass sie dort richten, Minos, Rhadamanthys, Aiakos, Triptolemos und all die anderen Halbgötter, die ein gerechtes Leben geführt haben, wäre das dann ein schlechter Umzug? Oder dem Orpheus zu begegnen, Musaios, Hesiod und Homer, wie viel würde wohl einer von euch dafür geben? Ich wenigstens will oft sterben, wenn das wahr ist. Denn gerade für mich wäre der Aufenthalt dort besonders schön, wenn ich dem Palamedes und dem Aias, dem Sohn des Telamon, begegnete und wenn sonst noch jemand von den Alten durch ein ungerechtes Urteil gestorben ist. Und das ist, wie ich glaube, ein besonders großes Vergnügen, wenn ich meine Erfahrungen mit denen vergleiche, die sie gemacht haben. Und nun nenne ich euch das Wichtigste: Es besteht darin, die Zeit damit verbringen zu dürfen, die, die dort sind, zu prüfen und auszuforschen, um festzustellen, wer von ihnen weise ist und wer glaubt, dass er es ist, ohne es zu sein. Wie viel würde wohl einer, ihr Herren Richter, dafür geben, den zu prüfen, der das große Heer nach Troja geführt hat oder Odysseus oder Sisyphos oder die unzählig vielen anderen Männer und Frauen, die man nennen könnte. Es wäre eine unvorstellbar große Glückseligkeit, sich mit denen dort zu unterhalten, mit ihnen zusammenzusein und sie zu prüfen. Denn die dort sind auch sonst glückseliger als die hier, und sie sind für den Rest der Zeit unsterblich, wenn das, was man sagt, wahr ist. (40 C–41 C).

Sokrates wechselt von der philosophischen Argumentation in die Form der mythischen Rede.

Mythen erzählen, was die Grenzen der Empirie überschreitet, sie regen die Phantasie an. Die Philosophie will überzeugen, Mythen wollen geglaubt werden. Mythen fordern nicht zu der Feststellung heraus: ja, so ist es, sondern zu der Überzeugung: ja, so oder ähnlich könnte es sich verhalten haben oder verhalten.

Homer hat Tod und traumlosen Schlaf verglichen (Od. 13, V. 80), und Hesiod weiß von glücklichen Heroen zu berichten, die *auf den Inseln der Seligen bei dem Strudel des Okeanos* leben und denen *die Nahrung spendende Erde dreimal im Jahr honigsüße üppige Frucht sprießen lässt*. (Werke und Tage, VV. 170–173).

Sokrates greift die Vorstellungen auf. Homers traumlosen Todesschlaf wendet er ins Positive, und Hesiods *Inseln der Seligen* erfüllt er mit Leben. Sein Hades ist der Ort aller Toten. Er ist eine Art Überwelt, in der es gerecht zugeht, in der der Mensch sein Wesen bewahrt und in der er Bewusstsein und Sprache behält.

Sokrates bleibt der Fragende und Prüfende, der er im Leben war. Denn auch dort gibt es wie hier die eingebildeten Weisen. Ob es ihm wohl dort gelingt, sie zur Einsicht zu bringen? Er brauchte jedenfalls keine Angst vor einer Anklage und einem Todesurteil zu haben; denn die Richter sind gerecht, und er wäre wie alle Toten unsterblich.

Man spürt die Ironie des Sokrates, die Freude, die es ihm bereitet, seiner Phantasie freien Lauf zu lassen. Hinter der Leichtigkeit der Erzählung verbirgt sich aber ein durchaus ernst gemeinter Gedanke: Seinem Lebenswerk, dessentwegen er sterben muss, wird überzeitliche Gültigkeit verliehen. So wenig wie Homer und Hesiod und ihre Werke und so wenig wie die mythischen Helden werden er und sein philosophisches Anliegen der Vergessenheit anheimfallen. Platon weist auf sich selbst voraus.

Begräbnis und Freitod

Im Dialog *Phaidon* entwickelt Platon die Idee von der *Unsterblichkeit der Seele*. Er legt sie *Sokrates in den Mund*. Aber schon der Sokrates der Apologie, nicht erst der Sokrates des Phaidon könnte auf die Frage des Kriton, wie er denn begraben werden wollte, so antworten:

> *Wie ihr wollt, ... wenn ihr mich denn wirklich haben werdet und ich euch nicht entwischt bin.*

Und, zu Kriton gewandt, fährt er fort:

> *Du musst mutig sein und sagen, dass du meinen Leib begräbst, und den begrabe nur, wie es dir recht ist und wie du glaubst, dass es am schicklichsten ist.* (115 C–116 A).

Man muss nur an die sophokleische Antigone denken, um zu ermessen, wie Sokrates Riten zwar geschehen lässt, sich aber innerlich längst von ihnen distanziert hatte.

Sokrates' positive Wertung des Todes hat nicht zu einer Abwertung des Lebens geführt. Wir zitieren noch einmal aus dem *Phaidon* in der Überzeugung, dass auch das Folgende der Sokrates in der Apologie schon gesagt haben könnte. Er antwortet auf die Frage, warum es nicht recht sei, sich selbst zu töten:

> *Was in den Geheimschriften (der Pythagoreer) darüber gesagt ist, dass wir Menschen auf einen Wachposten gestellt sind und dass wir uns von ihm nicht selbst lösen und davonlaufen dürfen, erscheint mir ein gewichtiges Wort und nicht leicht zu durchschauen.*
>
> *Jedoch auch das scheint mir gut gesagt zu werden, Kebes, dass die Götter sich um uns sorgen und wir eine Herde von den Herden der Götter sind. ... Wenn nun ein Tier aus deiner Herde sich selbst tötete, ohne dass du zu erkennen gegeben hättest, dass du seinen Tod willst, würdest du ihm dann zürnen und es, wenn du eine Strafe wüsstest, bestrafen?*
>
> *Gewiss, sagte er.*
>
> *So ist es vielleicht auch sehr gut begründet, dass wir uns nicht selbst töten dürfen, bevor nicht der Gott eine Notwendigkeit verhängt wie die, der wir jetzt unterliegen.* (62 B/C).

Die Götter wachen über uns, und sie kümmern sich um uns, streng, aber auch fürsorglich, wie sich Hirten um ihre Schafe kümmern. Sicher nicht zufällig spricht Sokrates am Schluss nicht von *den Göttern*, sondern von *dem Gott. Der Herr ist mein Hirte.* So beginnt der Psalm 23. *Ich bin der gute Hirte*, sagt Christus (Joh. 10, V. 11 und 14). Und Pastores, Hirten, nennen wir die christlichen Seelsorger.

6 Schluss: Sokrates und der Apostel Paulus

Gern vergleicht man Sokrates mit Paulus, und es gibt in der Tat nicht wenige Berührungspunkte.

Der Apostel war etwa 450 Jahre nach dem Tod des Sokrates in Athen, etwa im Jahr 50 n.Chr. Nicht anders, als Xenophon von Sokrates berichtet, *sprach er auf dem Markt mit denen, die zufällig zugegen waren*.

In einer Rede, die die Apostelgeschichte – historisch unwahrscheinlich – auf dem Areopaghügel ansiedelt, verkündete Paulus den Gott der Bibel und Christi Auferweckung von den Toten. Er hatte wenig Erfolg. Im Gegenteil: Er erntete Spott. Auch Sokrates hatte, als er vor Gericht Zeugnis von seinem Glauben ablegte, keine aufmerksamen Zuhörer.

Immer wieder musste er sich unterbrechen und bitten, nicht zu lärmen *(mè thorybeíte)*.

(z.B. 17 D, 21 A, 30 C).

Beide konnten sich nicht verständlich machen, Sokrates nicht mit dem Glauben an den Gott Apollon, der nicht lügt, Paulus nicht mit der Verkündigung des von den Toten auferstandenen Gottessohnes. (Apg. 17, VV. 16–34).

Wie Sokrates sich den Vorwurf gefallen lassen musste, er führe *neue Gottheiten* ein, so auch Paulus, er verkünde *neue Gottheiten*.

Beide wollten eingebildete Weisheit entlarven. Sokrates setzte seine *menschliche Weisheit* der vermeintlich *übermenschlichen Weisheit* seiner Mitbürger entgegen, Paulus sprach von der Vergangenheit als von Zeiten der Unwissenheit.

Beide waren davon überzeugt, dass ein Gott ihren Weg vorgezeichnet habe, Apollon den des einen, der auferstandene Christus den des anderen.

Beide wurden hingerichtet, der eine in Athen, der andere in Rom. Für Paulus hatte der Tod seinen Schrecken verloren, Sokrates beendet seine Verteidigungsrede mit den Worten:

> *Jetzt ist es Zeit, fortzugehen, für mich, um zu sterben, für euch, um zu leben. Wer von uns den besseren Weg geht, weiß nur der Gott. (42 A).*

Der Gott ist das letzte Wort der Apologie, – nicht *die Götter*.

Beide haben an der Entstehung dessen mitgewirkt, was wir die *Abendländische Kultur* nennen.

Literatur

Tilman Borsche: Was etwas ist. München (Wilhelm Fink), ²1992
Andreas Patzer: Der historische Sokrates, Darmstadt (WBG), 1987
ders.: Studia Socratica. Zwölf Abhandlungen über den historischen Sokrates (Classica Monacensia), Tübingen (Günter Narr), 2012
Angaben zu weiterführender Literatur in: Kurt Roeske: Nachgefragt bei Sokrates. Ein Diskurs über Glück und Moral. Text und Interpretation der Apologie Platons, Würzburg (Königshausen & Neumann), 2004
ders.: Die Würde des Menschen. Die Grundlegung einer Idee in der Philosophie des Sokrates und in der Religion des Christentums, in: Wege in die Welt der Antike. Über Dichtung und Religion, Philosophie und Politik, Würzburg (Königshausen & Neumann), 2014, S. 191–208

Die Vernunft als Wesensmerkmale des Menschen

Gedanken zur Entwicklung der Idee von Sokrates bis zur Neuzeit

> Der unausschöpflichen Fruchtbarkeit des menschlichen Geistes entspricht ein unbegrenztes Lernenkönnen aus der Erfahrung, aber sicheres Wissen ist unerreichbar und zur Sinnfrage des eigenen Lebens kann es nichts beitragen.
>
> Blaise Pascal (1623–1663)

Gliederung

Einleitung: Der Ursprung der Tugenden 121

1 Das Menschenbild des Sokrates 122

1.1 Die Autonomie des vernunftbegabten Individuums 122

1.2 Freiheit 122

1.3 Verantwortung 123

1.4 Gott und die Grenzen der Vernunft 124

1.5 Unverfügbarkeit 125

2 Die Vernunft in der Philosophie der Stoa 126

3 Die Vernunft im Horizont der Neuzeit 127

Schluss: Kritik 128

Literatur 129

Immanuel Kant (1724–1804)

Einleitung: Der Ursprung der Tugenden

Seit dem 4. Jahrhundert v.Chr. gibt es einen Katalog von Tugenden (*aretaí, virtutes*). Zu ihnen zählten

die Weisheit, *sophía, sapientia*,
die Tapferkeit, *andreía, fortitudo*,
die Besonnenheit, *sophrosýne, temperantia*,
die Gerechtigkeit, *dikaiosýne, iustitia*.

Das Christentum hat

Glaube, *pístis, fides*,
Liebe, *agápe, caritas*,
Hoffnung, *elpís, spes* (1. Kor. 13, 13) hinzugefügt.

Im Lauf der Zeit ist der Kanon ständig erweitert worden.

Tugenden setzen ein Welt- und Menschenbild voraus. Von ihm hängen Existenz, Wesen und Verbindlichkeit ab. Sie können abgeleitet werden aus sich je und je verändernden zwischenmenschlichen Vereinbarungen, aus der Religion, aus der Natur, aus apriorischen Begriffen, die wir in unserem Denken entwickeln (Vittorio Hösle).

In meinem Vortrag geht es um ein dem Idealismus verpflichtetes Welt- und Menschenbild und um die Vorstellung, die die Normen und Werte aus der Natur ableitet.

Die Wurzeln dieser Auffassung liegen in der Antike, und sie entwickelte sich, in der Vorsokratik beginnend, in drei Schritten von Sokrates und Platon über Aristoteles zur Philosophie der Stoa und beeinflusste in der Neuzeit den Idealismus.

1 Das Menschenbild des Sokrates

1.1 Die Autonomie des vernunftbegabten Individuums

Ich beginne mit einer Geschichte.

Im Jahre 399 v.Chr. wird Sokrates von einem ordentlichen Gericht in Athen zum Tode verurteilt. Er wird in das Staatsgefängnis eingeliefert. Er ist 70 Jahre alt. Kriton, ein gleichaltriger Freund, besucht ihn. Er will ihn zur Flucht überreden. Es ist alles vorbereitet, die Wächter sind informiert und bestochen. Die Athener mögen gehofft haben, den unbequemen Philosophen auf so elegante Weise loszuwerden.

Sokrates hört sich die Argumente Kritons an und tritt dann mit folgenden Worten in eine Erörterung ein:

> *Wir müssen prüfen, ob man das tun darf oder nicht. Denn mir geht es nicht erst jetzt, sondern immer schon so, dass ich keinem anderen meiner Gedanken (lógos) eher folge als dem, der sich mir, wenn* ich *denke (logizómenos), als der beste erweist.* (Kriton, 46 B).

Der platonische Sokrates denkt den Logos, die Vernunft, die die Römer ratio nennen, als eine Instanz, die aus und durch sich selbst zu unterscheiden vermag, was ethisch geboten ist und was nicht. Sie setzt den denkenden Menschen instand, Argumente abzuwägen und zu einer begründeten Entscheidung zu gelangen, die sein Handeln bestimmt. Der Dialog endet mit der schließlich auch Kriton einleuchtenden Überzeugung, dass die Flucht Unrecht sei.

Die Vernunft bezieht ihre Legitimation nicht aus göttlicher Eingebung und auch nicht aus irgendeiner anderen fremden Autorität. Platon hat das Denken als einen Vorgang definiert, in dem der Mensch sich an vorgeburtlich erworbenes Wissen erinnert (Anamnesislehre). Das heißt: Die Vernunft verfügt über eine Ausstattung, dank derer sie Wissen unabhängig von praktischer Erfahrung aus sich selbst hervorbringt. Diese Eigenschaft der Vernunft befähigt den Menschen, in ethischen Kategorien zu denken und sittlich zu handeln. Die ethischen Kategorien sind überindividuell.

1.2 Freiheit

Die höchste Bewährung besteht die sittliche Vernunft, wo sie begründet *nein* zum Leben sagt. Wenn Sokrates sich für den Tod statt für die Flucht entscheidet, so tut er das nicht gezwungen, sondern weil er die Gesetze als eine verpflichtende Norm anerkennt. Das übergeordnete Prinzip, das ihn leitet, ist der moralische Imperativ, lieber Unrecht zu leiden als Unrecht zu tun.

Nachdem Kriton sich mit der Prüfung seiner Argumente einverstanden erklärt hat, stellt Sokrates ihm eine Reihe von Fragen:

> *Sagen wir, dass man in keinem Fall freiwillig Unrecht tun darf, oder dass man in dem einen Fall Unrecht tun darf, in dem anderen aber nicht? Oder ist Unrecht tun in keinem Fall gut und sittlich gerechtfertigt? Haben wir nicht darin, dass es sich so verhält, früher immer wieder Übereinstimmung erzielt? ... Es darf also einer auch dann nicht, wenn ihm Unrecht zugefügt wird, Unrecht mit Unrecht vergelten, wie es die Menge für richtig hält, weil man ja in keinem Fall Unrecht tun darf?* (49 A/C).

Freiheit, sagt Kant, lasse sich nicht beweisen: *Wir kennen unsere eigene Freiheit nur durch den moralischen Imperativ*. Was gemeint ist, erläutert er an einem Beispiel: Jemand wird, um sein Leben zu retten, aufgefordert, gegen einen ehrlichen Mann ein falsches Zeugnis abzulegen. Er erweist sich als frei, wenn er es fertig bringt, die Neigung zum eigenen Leben zu überwinden, und das falsche Zeugnis verweigert. (Kritik der praktischen Vernunft, Kap. V).

Sokrates erweist sich als frei. Die Vernunft ist die Quelle unseres nach Gründen forschenden Denkens, unserer Freiheit und Sittlichkeit.

1.3 Verantwortung

Zu *Lógos* gehört *légein* – sprechen. Wenn der griechische Philosoph Aristoteles (384–322 v.Chr.) den Menschen als das Lebewesen definiert, das durch den Besitz des *Lógos* ausgezeichnet ist, so meint er die Fähigkeit zum Denken und zum Sprechen. Mit der Definition verknüpft er die Aussage, dass der Mensch ein nach staatlicher Gemeinschaft strebendes Wesen ist (*zóon politikón*). (Politik, 1253 a). Die Römer sprechen von einem Gemeinschaftswesen (*animal sociale*). Die Fähigkeit zur Kommunikation verweist den Menschen auf die Mitmenschen. Es gilt, das, was jeweils als das sittlich Gebotene erkannt wird, nach dem Maß der eigenen Möglichkeiten in den Status einer allgemeinen Handlungsmaxime zu erheben. Sokrates sagt in der Apologie:

> *Ich wollte einen jeden von euch davon überzeugen, sich nicht eher um irgendeine seiner Angelegenheiten zu kümmern, als bis er sich um sich selbst gekümmert hätte, nämlich darum, so gut und vernünftig wie möglich zu werden.* (36 C).

Dank der Vernunft gelangt der Mensch zu einem Wissen, das durch Gründe und Konsens gesichert werden kann.

In der Vernunft sind Autonomie, Sittlichkeit, Freiheit und Verantwortung für die Mitmenschen begründet.

1.4 Gott und die Grenzen der Vernunft

Wir spulen die Zeit ein wenig zurück. Sokrates ist angeklagt, er verteidigt sich. Nachdem er die Anklage Punkt für Punkt zurückgewiesen hat, stellt er die Frage, wie denn das, was er Verleumdungen nennt, entstanden sei. Er antwortet:

> *Ich habe, ihr Männer aus Athen, durch nichts anderes als durch eine Art Weisheit diesen Namen erlangt. Was ist das für eine Weisheit? Sie ist vielleicht eine menschliche Weisheit. In ihr nämlich scheine ich in der Tat weise zu sein. ... Für diese Weisheit, ob sie eine ist und wie beschaffen sie ist, will ich euch den Gott in Delphi als Zeugen benennen.*
> (20 D/E).

Der der Gottlosigkeit angeklagte Sokrates beruft sich auf einen Gott, auf Apollon! Er provoziert und schockiert. Das Orakel habe auf die Frage eines Jugendfreundes, ob wohl jemand weiser sei als Sokrates, geantwortet, dass niemand weiser sei. Wie verfährt Sokrates mit dem Spruch? Er erkennt in der Aussage eine Frage, die der Gott an ihn richtet:

> *Was meint der Gott mit seinen rätselhaften Worten? Denn er wird doch wohl nicht lügen, das ist ihm nämlich nicht erlaubt.* (21 B).

Sokrates kennt die Antwort nicht, er ist – wie so oft – ratlos (*áporos*). Aber er vertraut dem Gott. Er fühlt sich verpflichtet, das Rätsel zu lösen. So macht er sich also im – Dienst des Gottes, wie er meint – auf den Weg: zu den Staatsmännern, den Dichtern, den Handwerkern. Er hofft, in ihnen Männer zu finden, die weise sind und den Orakelspruch deuten können. Bei allen erfährt er – in Abstufungen –, dass sie sich zwar einbilden, weise zu seien, es aber nicht sind.

Kein Wunder, dass Menschen, die so bloßgestellt werden, zornig werden und sich nicht anders zu helfen wissen, als dass sie den Verursacher verleumden.

Sokrates zieht aus der Irrfahrt, wie er sie nennt, folgenden Schluss:

> *Es scheint aber, ihr Athener, nur der Gott in Wirklichkeit weise zu sein und mit diesem Orakelspruch dies zu sagen, dass die menschliche Weisheit so gut wie nichts wert ist. Und offensichtlich sagt er dies nicht in Bezug auf Sokrates; er bedient sich vielmehr nur meines Namens und nimmt mich als ein Beispiel, wie wenn er sagen wollte: Unter euch, ihr Menschen, ist der der Weiseste, der wie Sokrates erkannt hat, dass er im Hinblick auf die Weisheit wirklich nichts wert ist.*
> (23 A–B).

Das heißt: Es gibt eine göttliche und eine menschliche Weisheit. Das Wesen der menschlichen Weisheit besteht darin, sich der Tatsache bewusst zu sein, dass ihr Grenzen gesetzt sind. Philosophische Fragen über das Wesen der Tugenden, über Gottheit und Tod sind prinzipiell unabschließbar, wissenschaftliche Forschung ist prinzipiell ein Prozess, der niemals endet. Aufgabe der menschlichen Weisheit ist es, nach Antworten und Ergebnissen zu streben in dem Bewusstsein, nie alle Probleme lösen zu können, sich der göttlichen Weisheit zu nähern in dem Bewusstsein, sie nie erreichen zu können. Die Differenz zwischen der absoluten göttlichen und der begrenzten menschlichen Weisheit ist unaufhebbar.

Sokrates distanziert sich von den Fundamentalisten, die sich im Besitz der Wahrheit wähnen, und von den Agnostikern und Skeptikern, die es für unmöglich halten, zu gesicherten Erkenntnissen zu kommen. Er ist davon überzeugt, dass der Mensch in dem Streben nach der absoluten Wahrheit und Weisheit zu Ergebnissen kommen kann, die gut begründet und durch die Zustimmung derer, die sich am Denkprozess beteiligen, beglaubigt sind. Die menschliche Vernunft ist zielgerichtet, sie vermag sich strebend dem Ziel, der absoluten Weisheit der Gottheit, zu nähern, ohne es jedoch jemals erreichen zu können. Sie begibt sich auf den Weg in dem Vertrauen, letztlich nicht in die Irre geführt zu werden. Der Mensch ist nicht weise, er strebt nach Weisheit, er ist kein *sophós*, sondern ein *philósophos*.

1.5 Unverfügbarkeit

Das, was den Menschen in seinem Wesen ausmacht, ist der Verfügung anderer, auch dem Zugriff des Staates, entzogen. In dem folgenden Text geht Sokrates in seiner Verteidigungsrede von der Verteidigung zur Anklage über und spricht sein Urteil über die Ankläger Meletos und Anytos:

> *Wisst nur gut, wenn ihr mich ... tötet, dann werdet ihr mir einen geringeren Schaden zufügen als euch selbst. Denn weder Meletos noch Anytos würden mir in irgendeiner Weise schaden, denn sie könnten es gar nicht. Ich glaube nämlich nicht, dass einem guten Menschen von einem schlechten ein Schaden zugefügt werden darf. Der schlechte Mensch könnte mich vielleicht töten oder außer Landes treiben oder mir die Bürgerrechte aberkennen. Aber das mag er oder vielleicht noch mancher andere für große Übel halten, ich aber nicht; für ein viel größeres Übel halte ich es aber, zu tun, was die Ankläger sich jetzt zu tun anschicken, einen Menschen ungerecht zu töten.* (30 C–D).

Wer Unrecht tut, fügt sich selbst, Sokrates würde sagen: seiner Seele, Schaden zu. Die Seele ist unantastbar in dem Sinn, dass niemand sie verletzen kann, außer dem, dessen Teil sie ist.

Damit ist zugleich die folgende Frage beantwortet, mit der sich die Moralphilosophie bis heute beschäftigt: Was veranlasst den Menschen, auch dann sittlich zu handeln, wenn er sich damit selbst schadet? Die Antwort des Sokrates: Das Eigeninteresse.

2 Die Vernunft in der Philosophie der Stoa

Um 300 v.Chr. wird in Athen die Philosophenschule der Stoa gegründet. Sie entgrenzt den Begriff des Logos zu einem die Welt beherrschenden und sie durchdringenden Prinzip, und sie erhöht ihn in den Rang einer Gottheit.

> *Die Stoiker lehren, dass es von allem zwei Urprinzipien gibt, das wirkende und das leidende. Das leidende Prinzip ist die eigenschaftslose Wesenheit, die Materie, das wirkende ist der Logos in ihr, die Gottheit. Denn die Gottheit ist ewig, sie durchdringt die gesamte Materie und bringt alle Einzeldinge hervor.*
> (SVF, II, 300, Übers.: E. Hobert).

Die Welt verdankt ihre Ordnung dem göttlichen Logos. Er ist ihr immanent. Die Welt ist, da Vernunft in ihr wirkt, vernünftig. Moral und Recht sind in der göttlich durchwirkten Natur verankert. Die menschliche Vernunft entnimmt ihr die Maßstäbe für das,

> *was schön und hässlich, gerecht und ungerecht ist, was getan werden muss, was nicht getan werden darf.* (SVF III, 314).

Die Welt ist determiniert, es gibt keinen Zufall. Wo der Mensch Kontingenz zu entdecken meint, vermag er lediglich den sinnvoll geordneten Zusammenhang in der Begrenztheit seines Verstandes nicht zu erkennen.

Ein eindrucksvolles Zeugnis stoischer Philosophie ist ein Hymnus, den der Philosoph Kleanthes aus Assos, der nach 330 geboren wurde und bis 232/31 v.Chr. gelebt hat, auf Zeus gedichtet hat. Zeus ist für ihn die Metapher für das allgemeine und umfassende Weltgesetz, das vernünftige und zugleich aktive Urprinzip.

> *Zeus, erhabenster der unsterblichen Götter, der du*
> *ewig alles beherrschst, mit vielen Namen genannt wirst,*
> *der du alles steuerst mit dem Gesetz, die Natur in Bewegung*
> *hältst, sei gegrüßt. Denn allen Menschen ist es erlaubt, dich*
> *anzureden. Stammen sie doch alle von dir ab, sie*
> *sind als deine Ebenbilder geboren worden.*
> *Diese ganze Ordnung, die sich über die Erde*
> *ausstreckt, sie folgt dir, wohin du willst, und sie fügt sich*
> *deiner Macht. ...*
> *Ohne dich, du göttliches Wesen, geschieht auf der Erde*
> *nichts und im Meer nicht und nichts im göttlichen Himmel. ...*
> (SVF 1, 103ff.)

Der Hymnos ist eine Theodizee: Gott ist unschuldig, die Menschen werden schuldig, wenn es ihnen an der Erkenntnis der göttlichen Allmacht mangelt.

Wie aber, muss sich die Stoa fragen lassen, kann der Mensch frei sein in einer durchgängig determinierten Welt? Sie antwortet: Indem er den Willen des Schicksals zu seinem eigenen macht. Der römische Stoiker Seneca (1. Jahrhundert n.Chr.) hat das dialektische Verhältnis von Freiheit und Determination auf eine einprägsame Formel gebracht:

> *Das Schicksal führt den Menschen, der ihm willig folgt,*
> *doch wer das nicht will, wird von ihm gezerrt.*
> *Ducunt volentem fata, nolentem trahunt.* (ep. ad Lucilium, 107, 11).

Die stoische Lehre wird der Neuzeit vor allem durch Cicero (106–43 v.Chr.) vermittelt. In seiner Schrift *Über die Gesetze (de legibus)* leitet er das Wesen des für alle Individuen und Staaten verbindlichen Rechts aus der Natur ab.

> *Wir sind zur Gerechtigkeit geboren, und das Recht ist nicht in einer*
> *Einbildung, sondern in der Natur begründet.* (1, 28).

Die Stoa hat die Lehre von einem Naturgesetz (*lex naturalis*) nicht erfunden, sie hat sie aber folgerichtig aus ihrer Philosophie entwickelt.

3 Die Vernunft im Horizont der Neuzeit

Die Neuzeit erfährt ihre wesentliche Prägung im 18. Jahrhundert durch die Aufklärung. Den Leitgedanken der Aufklärung formuliert Immanuel Kant (1724–1804) in seiner Schrift *Was ist Aufklärung?* (1784) wie folgt:

> *Aufklärung ist der Ausgang des Menschen aus seiner selbstverschulde-*
> *ten Unmündigkeit. Unmündigkeit ist das Unvermögen, sich seines*
> *Verstandes ohne Leitung eines anderen zu bedienen. ... Sapere aude!*
> *Habe Mut, dich deines eigenen Verstandes zu bedienen! ist also der*
> *Wahlspruch der Aufklärung.*

Die Aufklärung kappt den Gott der Stoa und rückt den Menschen als das säkulare vernunftbegabte Wesen in das Zentrum der Welt.

Der Verstand ist die Quelle der Wahrheit gegenüber allen Wahrheitsansprüchen der Religion, des Staates und der Tradition. In der *Ratio* gründet die Würde des Menschen. Er bezieht sie nicht aus der Religion, nicht aus seiner Beziehung zu Gott oder Gottes zu ihm. In Lessings Drama *Nathan der Weise* (1779) sagt Nathan zu dem Tempelherrn:

> *Sind Christ und Jude eher Christ und Jude*
> *als Mensch? Ach, wenn ich einen mehr in euch*
> *gefunden hätte, dem es genügte, ein Mensch*
> *zu heißen.* (2, 5, VV. 1310–13).

Der Absolutheitsanspruch des Christentums wird relativiert. Der echte Ring ging vermutlich verloren. (3, 7, 509ff.). Religiöse Glaubensinhalte sind gleich gültig und letztlich gleichgültig.

Die Würde kommt dem Menschen zu, weil die Menschen sich gegenseitig als vernünftig denkende, freie und mit Gründen handelnde Wesen anerkennen. Der Mensch ist mit angeborenen Rechten ausgestattet, die unantastbar sind und jedem, auch dem Staat gegenüber, absolute Geltung beanspruchen.

Gegenüber der Antike änderte sich das Verhältnis des Individuums zum Staat.

War bei Aristoteles der Staat dem Individuum vor- und übergeordnet (Politik, 1253 a 18ff.), so gilt jetzt, dass der Staat um des Menschen willen da ist. Fand bei Aristoteles der Mensch erst in der Gemeinschaft zu sich selbst, so ist der Staat nun auf die Sicherung von Freiheit und Recht reduziert. In welcher Weise der Einzelne den ihm gewährten Raum der Freiheit ausgestaltet, ist ihm unter Beachtung der Grenzen des Rechts überlassen.

Schluss: Kritik

Eine Theorie, die ihr Menschenbild ausschließlich von der Vernunft ableitet, muss sich die Frage gefallen lassen, welchen Stellenwert sie der Verantwortung gegenüber den Mitmenschen einräumt. Dürfen auch die Menschen Anspruch auf Achtung geltend machen, die noch nicht oder nicht mehr zu einem vernunftgeleiteten, selbstbestimmten Leben fähig sind?

In einer von der Vernunft beherrschten Gesellschaft gibt es für *clementia*, Barmherzigkeit, und *caritas*, Nächstenliebe, keinen Platz.

Vielleicht haben die Väter des Grundgesetzes als Antwort auf diese Frage dem Text eine Präambel vorangestellt, die einen Gottesbezug enthält.

Dass die Vernunft nicht absolut gesetzt werden darf, hatte schon Sokrates erkannt. Ihrer prinzipiellen Defizienz hatte er die göttliche Vollkommenheit gegenübergestellt, der menschlichen Philosophia die göttliche Sophia.

Literatur

Ernst-Wolfgang Böckenförde: Verlust des Standhaften in jeder Hinsicht. Das Bild des Menschen im gegenwärtigen Recht, FAZ vom 27.7.2001, S. 7

Hans Maier: Wie universal sind die Menschenrechte? Freiburg i.Br. (Herder), 1997

Heinrich Schmidinger/Clemens Sedmak (Hrsg.): Der Mensch – ein Abbild Gottes? Geschöpf – Krone der Schöpfung – Mitschöpfer, Darmstadt (WBG), 2010

Arbogast Schmitt: Wie aufgeklärt ist die Vernunft der Aufklärung? Eine Kritik aus aristotelischer Sicht, Heidelberg (Winter), 2016

Rudolf Vierhaus: Zur historischen Deutung der Aufklärung: Probleme und Perspektiven, in: Paul Raabe u.a.: Aufklärung in Deutschland, Bonn (Hohwacht), 1979, S. 23–35

Die vier Kardinaltugenden
Die Begründung eines Systems in Platons Schrift über den Staat

Gliederung

1   Platon 133
2   Die Tugenden in Platons Staat 133
3   Die Tugenden im Individuum 138
4   Fazit 140

Platon (427–347 v.Chr.)

1 Platon

Platon hat die vier Tugenden, die wir Kardinaltugenden nennen, miteinander verknüpft und zueinander in Beziehung gesetzt. Das System lässt die elenktisch-aporetischen Auseinandersetzungen des Sokrates in Platons Frühdialogen hinter sich und sucht eine platonische Antwort auf eine sokratische Frage.

Er war Athener (427–347 v.Chr.). Nach der Niederlage Athens im Peloponnesischen Krieg (404) hat er die Herrschaft der 30 Tyrannen erlebt, anschließend die Wiederherstellung der Demokratie (403), deren Repräsentanten den Tod seines Lehrers Sokrates billigend in Kauf nahmen (399). Enttäuscht und resigniert zog er sich im Jahr 386 in die von ihm gegründete Akademie zurück, um sein Leben der Philosophie und der Lehre zu widmen. In seinen Schriften bewahrte er das Andenken an Sokrates. In fast allen Dialogen hat er ihn zum wichtigsten Gesprächspartner gemacht. Er knüpfte an ihn an und entwickelte seine Gedanken weiter.

In einem seiner Hauptwerke entwirft er das Modell eines idealen Staates. Es trägt den Titel *Politeia*, *Staat* und *Staatsverfassung*. Der platonische Staat sollte dauerhaft sein und nicht von Geld-, Machtgier, von Egoismus, Korruption und Nepotismus zugrunde gerichtet werden können. Er sollte von einer Regierung gelenkt werden, die sich am Gemeinwohl orientiert. Im Rahmen dieser Schrift entwickelt Platon die Theorie eines Systems der Tugenden, der Weisheit (*sophía*), der Tapferkeit (*andreía*), der Besonnenheit (*sophrosýne*) und der Gerechtigkeit (*dikaiosýne*).

Den Begriff der Kardinaltugenden hat Thomas von Aquin (ca. 1225–1274) eingeführt. Er nannte sie so, weil an ihnen die anderen Tugenden so befestigt seien wie die Tür in der Angel (*cardo*). (de virt. 1, 12–14). Er war es auch, der sie mit den drei christlichen Tugenden, dem Glauben, der Liebe und der Hoffnung, zusammengefügt hat. Die antiken Tugenden kann der Mensch allein aus eigener Kraft erwerben, die christlichen Tugenden sind ein Geschenk Gottes.

2 Die Tugenden in Platons Staat

Der Dialog beginnt mit der Frage nach der Gerechtigkeit. Glaukon und Adeimantos, zwei junge Athener, möchten wissen, was Gerechtigkeit und Ungerechtigkeit an sich sind, d.h. ohne die Folgen, die Vor- und Nachteile, die sie mit sich bringen.

Sokrates stellt eine methodische Überlegung an: Eine Schrift kann man besser entziffern, wenn man sie zuerst in großen Buchstaben auf einer Tafel und erst dann in kleinen Buchstaben liest. Er wendet das Bild auf die bevorstehende Untersuchung an.

> *Gerechtigkeit, sagen wir, findet sich in einem einzelnen Menschen, und sie findet sich im Staat.*
> *Ja.*
> *Der Staat ist größer als ein einzelner Mensch?*
> *Ja.*
> *Dann ist wohl auch die Gerechtigkeit in dem größeren Gebilde größer vorhanden, und sie wird dort leichter zu erkennen sein. Wenn ihr einverstanden seid, wollen wir zuerst in den Staaten suchen, welcher Art die Gerechtigkeit ist. Dann übertragen wir das Ergebnis auf jeden einzelnen, indem wir überlegen, wie weit das Größere der Gestalt des Kleineren gleicht.* (368 c–369 a).

Es bleibt nicht aus, dass uns die Frage nach dem Wesen der Kardinaltugenden zu einer Auseinandersetzung mit dem platonischen Staatsmodell führt.

Platon setzt eine Isomorphie zwischen Individuum und Staat voraus. Beide bedingen einander. Das gerechte Individuum ist die Voraussetzung für Gerechtigkeit im Staat, der gerechte Staat ist eine Bedingung für die Existenz des gerechten Individuums.

Platon entwickelt den Staat aus dem Erfordernis der Arbeitsteilung. Die Menschen schließen sich um eines Zweckes willen zusammen, nicht, weil sie von Natur Gemeinschaftswesen sind, wie es später Aristoteles formulieren wird. Der Staat ist ein Zweckverband, eine Kooperative. Er entsteht, weil der Mensch ein Mängelwesen ist. Staat und Normen werden von der Natur abgeleitet. Im modernen Verständnis verdankt der Staat seine Existenz einem Vertrag (Thomas Hobbes, Leviathan, 1651), sind Normen nicht von der Natur vorgegeben, sondern von den Menschen gesetzt (Immanuel Kant, 1724–1804).

Drei Stände konstituieren den Staat.

Zu seiner Lenkung bedarf er von Natur aus geeigneter, gut ausgebildeter und für diese Aufgabe freigestellter Männer. Platon nennt sie *Wächter*. Sie bilden den ersten Stand.

Wer ein tüchtiger Wächter des Staates sein soll, muss von Natur aus wissbegierig sein und ein Interesse an der Weisheit haben (philomathès kaì philósophon), er muss mutig, stark und schnell sein. (376 bff.). Er muss sorgfältig zur Wahrhaftigkeit und Selbstbeherrschung erzogen und in den musischen und sportlichen Disziplinen ausgebildet werden. Er muss den Nutzen der Gemeinschaft kennen und lernen, sich für das Ganze verantwortlich zu fühlen und einzusetzen. (412 b).

Der künftige Staatslenker muss also, bevor die Erziehung einsetzt, mit bestimmten Anlagen ausgestattet sein, die die Erziehung entwickelt. Platon fordert für die Staatslenker nichts Geringeres als ein staatlich kontrolliertes Bildungssystem. So etwas gab es in Sparta, nicht aber in Athen. Nicht auf vornehme Geburt kommt es an, sondern auf die Leistung.

Das Leben der Staatslenker wird bestimmten Regeln unterworfen,

> *damit sie nicht aufhören, möglichst gute Wächter zu sein, und nicht dazu verleitet werden, den anderen Bürgern Unrecht zuzufügen. ... Sieh also, ob sie nicht ungefähr folgendermaßen leben und wohnen müssen: Keiner darf Privateigentum sein eigen nennen, und niemand darf eine Wohnung und einen Vorratsraum besitzen, zu denen nicht jeder freien Zutritt hat.*

Für ihren Unterhalt sorgen die übrigen Bürger. (416 c/d).

> *Sie nehmen die Mahlzeiten gemeinsam ein und leben gemeinsam wie in einem Feldlager.*
> *Man erzählt ihnen, dass sie Gold und Silber als göttliche und gottgeschenkte Güter in ihren Seelen haben und dass sie keines menschlichen Wertgegenstandes bedürfen, dass es nicht gottgefällig ist, den Besitz jenes mit dem Besitz menschlichen Gutes zu vermischen und zu verderben. Denn viel Gottloses hat das gemünzte Gold schon angerichtet.*
> (416 e).

An dem gemeinsamen Leben nehmen auch Frauen teil. Platon vertritt die für seine Zeit revolutionäre Auffassung, dass Frauen prinzipiell dieselben Eigenschaften besitzen wie die Männer und folglich auch für dieselben Aufgaben befähigt sind, also auch für die Lenkung des Staates. Es gibt eine kleine Einschränkung: Sie sind in allem etwas schwächer. (455 d/e). Die in dieser Gemeinschaft gezeugten und geborenen Kinder gehören allen gemeinsam. Sie sind prinzipiell die potentiellen Nachfolger ihrer Eltern, allerdings nur dann, wenn sie sich in dem Auswahlprozess als geeignet erweisen.

Auf die Frage, ob diese Menschen glücklich seien, antwortet Sokrates ausweichend, er schließe das nicht aus. Aber er gründe den Staat nicht, damit ein Stand glücklich sei, sondern damit es der ganze Staat so sehr wie möglich sei. Aber er schränkt die Aussage ein:

> *Wächst der Staat so und wird er in dieser Weise gut verwaltet, kann man es der Natur überlassen, wie sie jedem Stand seinen Anteil am Glück zuteilt.* (421 c).

Später wird er ausführlich darlegen, inwiefern allen Menschen in seinem Staat auch persönliches Glück zuteil wird. Der platonische Staat ist nicht auf die Aufgabe beschränkt, die Rahmenbedingungen zu schaffen, unter denen sich die Menschen das Glück selbst schmieden können, sondern er hat den Auftrag, für ihre Tugend Sorge zu tragen. Tugend ist die Voraussetzung für das Glück.

> *Durch den kleinsten Stand und Teil des Staates, nämlich den, der leitet und herrscht, und durch das ihn auszeichnende Wissen wird dann*

> *wohl der ganze gemäß der Natur gegründete Staat weise. ... So haben wir – ich weiß nicht, wie – damit eine der vier Tugenden gefunden, sie selbst und wo ihr Platz im Staat ist.* (428 E/ 429 A).

Platon entwirft ein aristokratisches Staatsmodell, wobei die Ämter nicht aufgrund der Herkunft, sondern aufgrund der Leistung zuerkannt werden.

Später wird Platon gefragt werden, ob er seinen Staat für realisierbar halte. (471 C). Er wird darauf verweisen, dass Modelle sich prinzipiell an Idealen orientierten und nicht eins zu eins umgesetzt werden könnten. Ideale liefern Maßstäbe zur Beurteilung der Realität. Wenn man aber versuchen wolle, einen der Schilderung recht nahekommenden Staat zu verwirklichen, so müsse man zuerst die jeweils gerade Regierenden zu gewinnen versuchen. Damit wäre immerhin der Beweis erbracht, dass die Verwirklichung möglich sei.

> *Wenn nicht entweder die Philosophen in den Staaten Könige werden oder diejenigen, die jetzt Könige und Herrscher genannt werden, beginnen, aufrichtig und mit aller Kraft zu philosophieren, und wenn nicht beides zusammenfällt, politische Macht und Philosophie, ... wird es kein Ende der Übel geben, mein lieber Freund, nicht für die Staaten, und, wie ich glaube, auch nicht für das ganze Menschengeschlecht, und auch dieser Staat wird nicht eher ermöglicht und das Licht des Tages erblicken.* (473 c–e).

Platon hatte erleben müssen, wie die Athener seinen Lehrer Sokrates töteten, weil sie in seiner philosophischen Tätigkeit eine Gefahr und Bedrohung des Staates zu erkennen glaubten, jetzt sieht er umgekehrt die einzige Rettung der Staaten darin, dass sie von Philosophen regiert werden.

Kant hat davor gewarnt. In seinem Werk *Zum ewigen Frieden* schreibt er:

> *Dass Könige Philosophen oder Philosophen Könige würden, ist nicht zu erwarten, aber auch nicht zu wünschen, weil der Besitz der Gewalt das freie Urteil der Vernunft unvermeidlich verdirbt.*

Karl Popper hat den platonischen Staat als den Typus einer *geschlossenen Gesellschaft* scharf kritisiert.

Platon hat zweimal versucht, aus dem Tyrannen von Syrakus, Dionysios II., einen Philosophenherrscher zu machen, zweimal ist er gescheitert. (366 und 361).

Platon war kein Revolutionär. Die Aufgabe, den Staat zu verbessern, hat er den Regierenden übertragen.

Sokrates wendet sich der zweiten Tugend zu, und das heißt: dem zweiten Stand.

> *Der Staat ist tapfer durch einen gewissen Teil seiner selbst, durch die in diesem wirksame Fähigkeit, unbeirrt an der richtigen Überzeugung*

> *und der richtigen Einstellung zu dem festzuhalten, was als gefährlich festgesetzt ist.* (429 B).

Sie haben durch *die richtige Überzeugung* Anteil an dem Wissen der Regierenden. Sie setzen deren Einsichten und Vorschriften loyal um. Ihre Aufgabe ist es, den Staat zu schützen und zu verteidigen. Sie erfahren bis zu einem gewissen Grad dieselbe Ausbildung wie die Staatslenker. Aus ihrem Kreis, Wächter im weiteren Sinn, werden die Staatslenker ausgewählt. Mit ihnen, dem zweiten Stand, ist die zweite Tugend, die Tapferkeit, im Staat verortet.

Sokrates resümiert:

> *Es sind noch zwei Tugenden übrig, die wir im Staat betrachten müssen, die Besonnenheit und dann die Gerechtigkeit, deretwegen wir die Untersuchung führen.* (430 C/D).

Sokrates widmet sich zuerst der Besonnenheit. Er definiert sie als *eine Übereinstimmung und Harmonie, eine Ordnung und Herrschaft über Lüste und Begierden. In einem besonnenen Menschen, sagt er, herrscht der höhere Seelenteil über den niederen.* Auf die Frage, welchen Bürgern man die Tugend der Besonnenheit zuordnen könne, den Regierenden oder den Regierten, lautet die Antwort: *Beiden.* (431 E).

Es widerspricht der methodischen Vorgabe, wenn Sokrates hier das Wesen der Besonnenheit an einem einzelnen Menschen charakterisiert. Es zeigt aber zugleich, wie beide, der Einzelne und der Staat, aufeinander bezogen sind. Sokrates fährt fort:

> *Die Harmonie erstreckt sich über den ganzen Staat und bewirkt, dass die Schwächsten ebenso wie die Stärksten und die, die zwischen beiden stehen, miteinander übereinstimmen.* (432 A).

Alle, die nicht zu den Staatslenkern und Wächtern gehören, ordnet Platon einem dritten Stand zu. Im Mittelalter hat man vom Lehrstand, Wehrstand und Nährstand gesprochen. Über Besonnenheit, sagt er, müssen alle drei Stände verfügen, insbesondere aber der dritte Stand. Von ihm wird die Einsicht erwartet, dass er sich der Weisheit der Staatslenker und der Tapferkeit der Wächter anvertraut. Seine Aufgabe und sein Glück bestehen darin, im Schutz der beiden ersten Stände für sich selbst und alle anderen die lebenswichtigen Voraussetzungen zu schaffen.

Nun gilt es noch, die Gerechtigkeit zu definieren und ihr ihren Platz im Staat zuzuweisen. Sokrates greift auf ein Ergebnis zurück, über das, wie er sagt, schon in früheren Gesprächen Einigkeit erzielt worden ist. Gerechtigkeit besteht darin, dass jeder das Seine tut, anstatt in vielen Tätigkeiten zu dilettieren. Im Staat ist sie die Tugend,

> *die jenen anderen Tugenden die Möglichkeit gibt, zu entstehen und die ihnen, wenn sie entstanden sind, Dauer verleiht, solange sie erhalten bleibt.* (433 a/b).
>
> *Wenn jeder Stand, ... seine Aufgabe im Staat erfüllt, ... dann herrscht die Gerechtigkeit und bewirkt, dass der Staat gerecht ist.* (434 c).

Wie die Besonnenheit muss auch die Tugend der Gerechtigkeit in allen drei Ständen ausgeprägt sein. Denn jeder Stand muss seine Aufgabe kompetent und autonom ausführen. Die Gerechtigkeit sichert die Stabilität des Systems.

Die geometrische oder proportionale Gerechtigkeit, die Platon vertritt, betrachtet im Gegensatz zur arithmetischen Gerechtigkeit nicht alle Menschen als gleich, sondern sie differenziert nach Begabung, Fähigkeit, Standeszugehörigkeit, d.h. nach dem Beitrag, der jeweils für den Staat geleistet wird. Sie fordert nicht für alle das Gleiche, sondern für jeden das Seine (*suum cuique*).

Der Mensch wird in dem platonischen Staat auf seine Funktion, auf den Beitrag, den er mit seiner Arbeit leistet, reduziert. Der Staat ist ein sich selbst steuerndes System, er bedarf keines Gesellschaftsvertrags, keiner metaphysischen Begründung. Er ist eine Einheit, ein Superindividuum. Die Bürger der drei Stände konstituieren ihn. Sie sind für ihn da, wie er für sie da ist, sie sind voneinander abhängig.

Staaten sind oder werden schlecht, wenn die Stände ihren Verpflichtungen nicht nachkommen. Streben die Lenker oder die Soldaten nach Macht oder Geld, herrscht eine Oligarchie. Glaubt sich der dritte Stand zur Mitbestimmung in Fragen der Lenkung und der militärischen Führung berufen, wird der Staat demokratisch, im schlimmsten Fall ochlokratisch regiert. In Platons politischer Philosophie wird die direkte Demokratie – nur sie kannte er – negativ bewertet. Da sich in ihr nach Platons Meinung keiner in seiner Freiheit einschränken lassen will, wird sie leicht das Opfer eines Tyrannen. Die Tyrannis ist die schlimmste aller Staatsformen.

Platons Überlegungen, denen wir bis hierher gefolgt sind, werden im weiteren Verlauf seiner Schrift erweitert und differenziert.

3 Die Tugenden im Individuum

Sokrates stellt sich nun der Aufgabe, das Ergebnis der Untersuchung auf den einzelnen Menschen zu übertragen. Er teilt die Seele, den drei Ständen entsprechend, in drei Teile, wobei er von *Teilen* im metaphorischen, nicht im wörtlichen Sinn spricht. Er unterscheidet

> *den vernünftigen, mit dem die Seele denkt (logistikón), den unvernünftigen und begehrenden Teil, mit dem sie liebt, hungert, dürstet*

und um die anderen Begierden herumflattert, den Freund aller Arten von Befriedigungen und Lüsten (alógiston kaì epithymetikón) und den mutigen, der mit der Vernunft verbündet ist und ihr gehorcht (thymoeidés). (439 C/D, 441 E).

Die Vernunft muss herrschen, das Begehren muss sich unterordnen, und die Tapferkeit setzt mit Beharrlichkeit durch, was die Vernunft vorgibt. (442 b). Weise ist der Mensch, wenn er sich von der Vernunft leiten lässt und nicht von den Begierden, tapfer ist er, wenn er sich auch angesichts von Widrigkeiten an die Maßstäbe der Vernunft hält, besonnen ist er, wenn er der Befriedigung der Bedürfnisse vernünftige Grenzen setzt.

Platon setzt voraus, dass der Mensch dank der Vernunft zur Einsicht in moralische Werte gelangt und frei ist, ihnen zu folgen. Indem er die Werte zu Maximen seines Handelns macht, erweist er sich im platonischen – und sicher auch im kantischen – Sinn als weise und tapfer.

Gerechtigkeit herrscht, wenn jeder Seelenteil das Seine tut. Alles, was diesen Zustand der Seele zerstört, also Unwissenheit, Feigheit und Zügellosigkeit, ist Ungerechtigkeit. Gerechtigkeit ist die Gesundheit der Seele. Sie ist eine Charaktereigenschaft. Handlungen gelten erst dann als gerecht, wenn die Motive des Handelnden uneigennützig sind.

Die Gerechtigkeit ist um ihrer selbst willen erstrebenswert.

Wenn schon das Leben offenbar nicht lebenswert ist, wenn der Körper zerstört wird, auch dann nicht, wenn alle Arten von Speisen und Getränken zur Verfügung stehen und wenn man sehr reich und sehr mächtig ist, dann wird es erst recht nicht lebenswert sein, wenn eben das, wodurch wir leben, zerrüttet und zerstört wird, wenn einer nur tut, was er will, und nicht das, wodurch er von Schlechtigkeit und Ungerechtigkeit befreit wird und womit er die Tugend erwirbt.
(445 a/b).

Mit diesem Ergebnis ist der am Anfang geäußerte Wunsch, von dem die Untersuchung ihren Ausgang nahm, erfüllt. Das Wesen der Gerechtigkeit ist definiert ohne Rücksicht darauf, welche Folgen sich aus gerechten Handlungen ergeben. Das ist das Prinzip einer deontologischen Ethik.

Platon hat später seine Vorstellung von der Seele in einem Bild veranschaulicht:

Jede Seele haben wir in drei Teile geteilt, zwei sind rossegestaltig, der dritte Teil wird durch den Wagenlenker repräsentiert. ... Von den Rossen, sagen wir, ist das eine gut, das andere nicht. ... Das Ross, das sich in einem guten Zustand befindet, ist seinem Aussehen nach aufrecht gebaut, gut gegliedert, es hat einen hohen Nacken und eine gebogene Nase, es ist weiß, die Augen sind schwarz. Es strebt mit Besonnenheit und Schamgefühl nach Ehre, ist ein Freund des wahren Urteils und wird ohne Schläge, nur durch den Befehl und das Wort gelenkt. Das andere Ross ist gebeugt, mächtig, irgendwie zusammengedrückt, es hat einen starken Nacken und einen kurzen Hals, es ist stumpfnasig, es hat ein schwarzes Fell und grau-blaue Augen, es ist heißblütig, ein Freund von Anmaßung und Eitelkeit, um die Ohren ist es zottig, es kann nicht hören. Nur mit Mühe fügt es sich den Hieben der mit Stacheln bewehrten Peitsche. (Phaidros, 253 C–E).

Dem Wagenlenker muss es gelingen, das widerspenstige Ross durch harte Behandlung so zu bändigen, dass es bezwungen wird und sich gemeinsam mit dem gutwilligen Ross der Leitung des Wagenlenkers fügt. Der sich in Harmonie mit seinen beiden Rossen fortbewegende Wagenlenker symbolisiert die gerechte Seele, den gerecht handelnden Menschen.

4 Fazit

Ich ziehe vier Schlüsse:

1. Die Tugenden sind interdependent. Man kann nicht weise sein, ohne zugleich tapfer, maßvoll und gerecht zu sein, nicht maßvoll, ohne die drei anderen Tugenden zu besitzen.
2. Die Tugenden sind bis zu einem gewissen Grad anlagebedingt, sie bedürfen aber der Ausbildung. Aus Anlage und Ausbildung formt sich der Charakter. Nur die rechte Gesinnung macht den Menschen gerecht, nicht eine gerechte Handlung.
3. Die Tugenden sind das Unterpfand des Glücks.
4. Die Tugenden haben eine gesellschaftspolitische Dimension. Der Mensch ist als Staatsbürger gerecht, wenn er wie ein Staatslenker in seinem Denken und Handeln immer auch die Interessen der Allgemeinheit bedenkt, wenn er sich wie ein Wächter mit seinen Mitteln und seiner Kraft für den Erhalt und Schutz – wir würden unplatonisch sagen – des demokratischen Rechtsstaates einsetzt, und er ist maßvoll, wenn er nicht durch das Streben nach materiellen Gütern den Frieden und das Gleichgewicht der Gemeinschaft stört.

Der platonische Mensch ist erst dann tugendhaft, wenn er es als Individuum und als Staatsbürger ist.

Der Staat ist nicht etwas Fremdes, dem gegenüber der Einzelne sich behaupten müsste. Der Bürger ist nicht der Träger unabdingbarer Rechte, die es durchzusetzen und zu verteidigen gilt. Das Glück des Bürgers und das Glück des Staates sind identisch.

Der Weg von der Antike zur Moderne ist dadurch gekennzeichnet, dass sich das Individuum aus der sozialen Welt löst. Kants Ethik ist auf den Einzelnen bezogen, sie enthält keinerlei Verpflichtung gegenüber der Gemeinschaft.

Nicolò Machiavelli fordert in seinem *Principe* (1513) von dem Staatsmann, dass er unter Umständen anders handeln muss, als es die Individualmoral vorschreibt. Ein derartiger Gedanke wäre einem antiken Philosophen nicht in den Sinn gekommen.

Literatur

Vittorio Hösle: Philosophiegeschichte und objektiver Idealismus, München (Beck), 1976

Die Demokratie im antiken Athen

Gliederung

Einleitung 146

1 Die Volksversammlung: Die Legislative 146

2 Gleichheit und Freiheit 151

3 Die Herrschaft der Mehrheit oder die Herrschaft aller 153

4 Demokratie und Elite 155

5 Einnahmen und Ausgaben 158

6 Das Scherbengericht 160

7 Diäten 161

8 Die Neugliederung Attikas 164

9 Der Rat der Fünfhundert 165

10 Die Prytanien 167

11 Die Archonten 168

12 Die Judikative 170

12.1 Der Areopag 170

12.2 Die Gerichte 173

13 Als Bürger in der Demokratie: Freiheit und Bindung 177

14 Die Demokratie Athens im Spiegel der römischen Verfassung ... 180

15	Antike und moderne Demokratie	182
15.1	Unterschiede	182
15.2	Gemeinsamkeiten	184
16	Momente der Gefährdung der modernen Demokratie	187
Literatur		188

Stele der Demokratie ca. 337 v.Chr. –
Die Demokratie krönt den Demos (das Volk) von Athen

> *Es ist unsere Pflicht, uns der großen vor uns liegenden Aufgabe zu widmen, ... dass die Herrschaft des Volkes durch das Volk und für das Volk nicht von der Erde verschwindet.*
> Abraham Lincoln in der Gettysburg Address (1863)

Einleitung

Die Demokratie in Athen ist nicht aus religiösen Vorstellungen abgeleitet worden und nicht aus einer Theorie entstanden, es hat vielmehr jeweils die Praxis den Anlass zu theoretischen Erwägungen gegeben. Die Demokratie hat sich entwickelt, und sie ist im Lauf der Zeit, den Gegebenheiten entsprechend, verändert worden. Die folgende Darstellung bezieht sich auf das 5. Jahrhundert v.Chr. und weist auf Reformen, die im 4. Jahrhundert eingeführt wurden, hin. Die wichtigste Quelle ist Aristoteles (384–322 v.Chr.). Wir verdanken dem griechischen Philosophen eine ausführliche, wenn auch nicht irrtumsfreie Darstellung der Geschichte und Einrichtungen der demokratischen Verfassung Athens. Sein Werk trägt den Titel *Der Staat der Athener (Athenaíon politeía)*. Die demokratische Verfassung blieb in Kraft, bis die Makedonen sie im Jahr 321/20 v.Chr. aufhoben und durch ein oligarchisches Regime ersetzten. Die griechischen Städte, die sie übernommen hatten, behielten sie für die Verwaltung ihrer inneren Angelegenheiten selbst dann noch bei, als sie schon längst von den Römern beherrscht wurden.

Zu Beginn lässt es sich nicht vermeiden, dass Einrichtungen erwähnt werden, die erst später detailliert behandelt werden. Ihre Bedeutung wird zunächst nur sehr allgemein skizziert.

1 Die Volksversammlung: Die Legislative

Athen war eine Polis, ein Stadtstaat. Darunter verstand man einen Personenverband (*die Athener*), der in einem überschaubaren Gebiet siedelte, nach wirtschaftlicher Unabhängigkeit (autarkeía) strebte und nach eigenen Gesetzen verwaltet wurde (autonomía). Staat und Gesellschaft – bezogen auf die freien Bürger – waren identisch. Von den mit allen persönlichen und politischen Rechten ausgestatteten Bürgern unterschied man die fremden zugezogenen Metöken, die frei waren, aber über keine Mitwirkungsrechte verfügten, und die rechtlosen Sklaven. Für Bürger, Metöken und Sklaven galten bei gleicher Straftat unterschiedliche Strafen. Nur die Bürger hatten das Recht auf Grundeigentum.

Nach den Siegen über die Perser bei Salamis (480) und Plataiai (479) und der Gründung des Attisch-Delischen Seebundes (478/77) entwickelte

Athen sich zu einer die Ägäis beherrschenden Seemacht. Erhalt und Ausbau der Flotte waren wichtig. Die Ärmeren, die als Ruderer ihren Lebensunterhalt verdienten, unterstützten den außenpolitischen Kurs und förderten innenpolitisch die Tendenz der Demokratisierung. *Es ist das einfache Volk*, schreibt der Pseudo-Xenophon genannte Autor in seiner Schrift über den *Staat der Athener* (ca. 430 v.Chr.), *das die Schiffe bewegt und der Polis die Macht verleiht.* (1,2).

Auf einem Hügel Athens westlich der Akropolis, der Pnyx, erstreckte sich ein freier Platz, der 6000–8000 Menschen fasste. Hier tagte die Volksversammlung (ekklesía). Vermutlich war es Kleisthenes, der 507/06 im Zusammenhang mit seiner Reform den Platz hatte herrichten lassen. Die Männer saßen zunächst auf Kissen, dann auf Holzbänken im Halbkreis wie in einem Theater, und blickten auf die Rednertribüne im Nordosten. Um 400 wurde der Platz umgestaltet, um 180° gedreht und hangaufwärts orientiert, so dass die Menschen vor den kalten Nordwinden besser geschützt waren. In der 2. Hälfte des 4. Jahrhunderts wurden weitere Baumaßnahmen ergriffen. Schließlich fasste der Platz ca. 20 000 Menschen.

Hier wurde über alle wichtigen die Stadt und den Staat betreffenden Fragen beraten und beschlossen. Es gab Tagungen, bei denen ein Quorum von 6000 Teilnehmern vorgeschrieben war, in der Regel dürften 2000–3000 Männer zusammengekommen sein. Gelegentlich trat die Versammlung auch im Dionysostheater zusammen, das über eine wichtige Voraussetzung verfügte: eine gute Akustik. Die Öffentlichkeit des Verfahrens der Willensbildung war ein wesentliches Merkmal der Demokratie.

Athen gehörte zu den Großstädten der damaligen Zeit. Mit 2500 qkm entsprach es in seiner Ausdehnung der Größe des Saarlands. Es bestand aus der Stadt, dem Umland und dem Küstengebiet mit dem Hafen Piräus. Stadt und Land waren keine Gegensätze, das Land war Teil der Stadt. Die gesamte Einwohnerschaft dieses Bereichs wird auf 200 000 bis 300 000 Menschen geschätzt, bei der Zahl der über 18jährigen volljährigen Bürger schwanken die Schätzungen zwischen 45 000, 60 000 und 100 000. Ca. 40 000 waren Metöken (in Athen wohnende Fremde), ca. 100 000 Sklaven – es waren hauptsächlich kriegsgefangene oder auf dem Sklavenmarkt erworbene Barbaren. So wenig wie die Metöken und die Sklaven verfügten die Frauen über politische Rechte. Es war also nur ein Bruchteil der Bevölkerung, der regierte und über die Geschicke Athens bestimmte, die freien Bürger. Gerade im Gegensatz zu den Sklaven empfanden sich die Bürger als frei.

Die Demokratie wäre ohne Sklaven nicht überlebensfähig gewesen. Der Anteil, den die Bürger an produktiver Arbeit leisteten, war begrenzt. Sie waren zum Kriegsdienst verpflichtet, nahmen an den zahlreichen Festen zu Ehren der Götter teil, besuchten die Volksversammlungen und verwalteten Ämter. Auch die Frauen leisteten ihren Teil zur Unterstützung der Männer, zumal in der Landwirtschaft.

Es gab keine Kleiderordnung, anhand derer man in der Öffentlichkeit Freie, Metöken und Sklaven hätte erkennen können. (Ps. – Xenophon, Staat der Athener 1, 10).

Die Volksversammlung beschloss die Gesetze, sie wählte die 10 Strategen – jede Phyle (Gebietseinheit) wählte 1 Strategen – und andere wichtige Amtsinhaber, diskutierte und entschied über Krieg und Frieden, über die Ausrüstung des Heeres und der Flotte, über Verträge mit anderen Mächten, über die Anerkennung fremder Kulte, über Finanzen und Baumaßnahmen, über die Versorgung der Stadt mit Getreide und über Ehrungen. Einmal hat sie auch einen Beschluss über die Aufführung einer Tragödie gefasst: Als der Dichter Phrynichos – vermutlich im Jahr 492 – mit seiner Tragödie *Die Einnahme von Milet* die Zuschauer zu Tränen rührte, verurteilte das Volk ihn zu einer Geldstrafe und ordnete an, dass das Drama nie mehr aufgeführt werden dürfe. Die Athener schämten sich wohl, weil sie Milet in dem Aufstand gegen die Perserherrschaft nur geringe Hilfe geleistet hatten. Zur Ehre der Athener sei aber gesagt, dass der Beschluss eine Ausnahme war und dass die Kunst in Athen nicht weniger frei war, als sie es bei uns ist. Die Volksversammlung überprüfte die Geschäftsführung der Beamten (Archonten), die sie bei Amtsmissbrauch ihres Amtes entheben konnte.

Bald nach dem Ende des Peloponnesischen Krieges (404) wurden sog. Thesmotheten, die zu den 10 gelosten Beamten gehörten, die Aufgabe übertragen, Gesetze und Beschlüsse zu überprüfen, ggfs. Änderungen vorzunehmen und die gültigen Gesetze zu kodifizieren.

Künftig mussten Beschlüsse der Volksversammlung mit den kodifizierten Gesetzen vereinbar sein. Sie stellten eine Art Grundgesetz dar. Um es zu ändern, bedurfte es einer langwierigen Prozedur. Nach der kurzen Episode einer Tyrannenherrschaft war die Demokratie wiederhergestellt worden. Nun wollte man sie schützen und bewahren und Rechtssicherheit gewährleisten, und man wollte verhindern, dass das Volk vorschnelle und unüberlegte Festlegungen trifft.

Jeder zur Teilnahme an der Volksversammlung befugte volljährige Bürger hatte das Recht, in der Versammlung Anträge zu stellen und zu sprechen. Die Gleichheit vor dem Gesetz, die *Isonomia*, das Rederecht, die *Isegoria*, und das Recht, alles sagen zu dürfen, die *Parrhesia*, galten als die wesentlichen Merkmale der Demokratie.

Wie es in einer Volksversammlung zuging, lehrt uns Platon:

> *Wenn wir in einer Volksversammlung zusammenkommen und für den Staat im Bereich des Bauwesens Handlungsbedarf besteht, dann sehe ich, dass diejenigen als Berater hinzugezogen werden, die etwas*

von Bauten verstehen. Entsprechendes gilt für den Schiffsbau und für alle Sachgebiete, die man für lern- und lehrbar hält.
Wenn aber einer, dem die Bürger den Sachverstand absprechen, versucht, ihnen Ratschläge zu erteilen, akzeptieren sie ihn nicht, mag er auch noch so wohlgestaltet, reich und edel sein, sondern sie lachen ihn aus und lärmen, bis der Mann, der vergeblich zu sprechen versucht, von selbst abtritt, weil er niedergeschrien wird, oder bis die Ordner ihn auf Befehl der Prytanen von der Bühne hinunterziehen oder sogar hinauswerfen. (Platon, Protagoras, 319 B/C).

Der Rat zählte 500 Mitglieder, je 50 aus jeder der 10 Phylen. Die Mitglieder einer Phyle führten als Prytanen jeweils für den 10. Teil eines Jahres die Regierungsgeschäfte.

Die Volksversammlung tagte im 4. Jahrhundert i.d.R. in jedem Monat viermal, im 5. Jahrhundert wohl weniger häufig. Die Tagesordnung wurde vom Rat festgesetzt, nachdem die einzelnen Punkte ausführlich diskutiert worden waren. Sie wurde 4 Tage vorher öffentlich bekannt gegeben, so dass jeder Zeit hatte, sich gründlich auf die Sitzung vorzubereiten. Jeder Bürger hatte das Recht, beim Rat einen Antrag zur Tagesordnung zu stellen. Die Ratsversammlung beauftragte die Prytanen, die Versammlung einzuberufen und zu leiten. Bald nach dem Ende des Peloponnesischen Krieges führte man die Regelung ein, dass der Leiter der Versammlung aus dem Kreis der Ratsherren gewählt wurde.

Jede Tagung begann mit einem Opfer und einem Gebet des Herolds: Jeder, der versuchen sollte, das Volk zu hintergehen, sollte verflucht sein. Redner, denen als Zeichen ihrer Würde ein Kranz aufgesetzt wurde, versuchten in argumentativer Rede und Gegenrede, das Volk für ihre Sache zu gewinnen. Die Bedeutung des gesprochenen Wortes in der Polis kann kaum überschätzt werden. Deshalb mussten möglichst viele Bürger Zugang zur Welt des Wortes erhalten. Anders als in den Parlamenten unserer Zeit kam es nicht darauf an, Entscheidungen, die das Kabinett oder die Fraktionen bereits gefällt und formuliert hatten, zu begründen und zu verteidigen, sondern darauf, Entscheidungen herbeizuführen.

Abgestimmt wurde durch Handzeichen über vorformulierte Anträge. Die Stimmen aller abstimmenden Bürger wurden gleich gewichtet. Es gab keine Stimmenthaltung, wer seine Hand nicht hob, lehnte ab. Die Mehrheit entschied. In der Demokratie zählt die Mehrheit, nicht die Wahrheit. In der Politik fehlt es an einem Maßstab für das, was alternativlos richtig ist. Der abstimmende Bürger blieb anonym, er konnte nicht zur Rechenschaft gezogen werden, ein Problem der Plebiszite auch heute. Wohl aber konnte der Antragsteller belangt werden, sollte sich ein Beschluss als schädlich erweisen. Die unterlegene Minderheit akzeptierte die Mehrheitsentscheidung. Wer anders dachte und stimmte, wurde nicht als Gegner diffamiert.

Die Versammlungen dauerten nicht länger als einen Tag.

Die Teilnehmer waren zu einem großen Teil die wehrfähigen Männer. In der Heeresorganisation waren noch die von Solon 594 v.Chr. eingeleiteten, auf dem Vermögen beruhenden Reformen wirksam: Die Ärmeren dienten als Leichtbewaffnete im Heer und Ruderer auf den Schiffen, die Reichen als Reiter, die Wohlhabenden, der Mittelstand, wurden als Schwerbewaffnete, Hopliten, rekrutiert. Ihr Platz war in der Phalanx, einer Schlachtordnung, in der alle Kämpfer einander gleich und gleichwertig waren und in der es nicht auf die Tapferkeit des Einzelnen, sondern auf die Leistung der Gemeinschaft ankam. Die Einrichtung förderte die für die Demokratie konstitutiven Grundsätze. Entscheidungen über Krieg und Frieden betrafen jeden unmittelbar selbst. Alkibiades nahm als Reiter, Sokrates als Hoplit am Peloponnesischen Krieg teil.

Beschlüsse konnten revidiert werden. Als die Insel Lesbos 428 von Athen abfiel, beschloss man zunächst, ein Exempel zu statuieren und die Lesbier zu töten. Einen Tag später bereute man die Entscheidung und kassierte sie, noch rechtzeitig, bevor der erste Beschluss ausgeführt wurde.

Die Möglichkeit, Beschlüsse zu ändern, ist eine Stärke und zugleich eine Schwäche der Demokratie, eine Schwäche, weil sie von der Wankelmütigkeit und Beeinflussbarkeit des Volkes Zeugnis ablegt, eine Stärke, weil sie ein Beweis für die Souveränität des Volkes ist. Jeder Beschluss steht unter dem Vorbehalt der Vorläufigkeit und gilt so lange, bis er aufgehoben wird. Das Bewusstsein der Fehlbarkeit, die Möglichkeit des Irrens, ist ein Kennzeichen der Demokratie. Beschlüsse wurden mit der zurückhaltenden, für Revision offenen Formulierung eingeleitet: *Es schien dem Volk gut (édoxe tó démo).* Es sind die Bürger, die die Maxime ihres Handelns je und je vereinbaren und festlegen. Eine geschriebene Verfassung und ein Verfassungsgericht, die der Entscheidungsfreiheit der Legislative hätten Grenzen setzen können, gab es nicht. Gesetzwidrige Beschlüsse konnten allerdings von einem Gericht aufgehoben werden.

Die Beschlüsse der Volksversammlung wurden archiviert. Wichtige Beschlüsse wurden seit 460 auf steinerne Pfeiler gemeißelt, die öffentlich aufgestellt wurden. Die Aufzeichnungen enthielten am Anfang die Namen der die Amtsgeschäfte führenden Prytane, ihres Sekretärs und Vorsitzenden sowie die Namen des Archon eponymos und des Antragstellers. Der Archon eponymos war der Beamte, mit dessen Namen das Jahr gekennzeichnet wurde. Es gab keine Jahreszahlen. Wie Ereignisse in Rom den beiden jeweils amtierenden Konsuln zugeordnet wurden, so in Athen dem Namen des jeweiligen Archon eponymos.

2 Gleichheit und Freiheit

Die Athener waren stolz auf ihre Souveränität und Freiheit, die sie gegen die Übermacht der von einem Großkönig und seinen selbstherrlichen Satrapen regierten Perser verteidigt hatten. Nur wenige Jahre nach den siegreichen Schlachten bei Salamis (480) und Plataiai (479) über die Flotte und das Heer des Königs Xerxes wurden in Athen 472 *Die Perser* aufgeführt, eine Tragödie des Aischylos (525/24–456/55). Sie spielt in der persischen Hauptstadt Susa. Der Chor, ältere, in der Heimat gebliebene Männer, und Atossa, die Mutter des Xerxes und Witwe seines Vaters und Vorgängers, des Königs Dareios, erwarten das Heer zurück. Noch wissen sie nichts von der Niederlage. Atossa erkundigt sich bei dem Chorführer, wo in aller Welt denn Athen, das Ziel des Heereszuges, liegt. Im Verlauf des Gesprächs wird sie schmerzlich an die Niederlage erinnert, die die Athener dem Dareios 490 bei Marathon zugefügt hatten.

> Chorführer: *Fern im Westen, wo am Abend stets die Sonne untergeht.*
> Atossa: *Diese Stadt sich zu erjagen, das war also meines Sohnes Wunsch.*
> Chorführer: *Ja, das ganze Hellas würde so des Königs Untertan. ...*
> Atossa: *Und wer führt ihr Heer an, wer gebietet als der Herr dem Volk?*
> Chorführer: *Keines Mannes Sklaven sind sie, keinem Menschen untertan.*
> Atossa: *Deshalb wurde des Dareios großes, schönes Heer besiegt.*
> Chorführer: *Schlimmes sagst du, jede Mutter denkt nun an ihr fernes Kind.*
> (VV. 232–34, 241–45).

Als die Athener fast 50 Jahre später, 424, *Die Schutzflehenden* des Euripides (ca. 480–406) im Dionysostheater sahen, stand Athen im Kampf gegen Sparta, eine oligarchisch regierte Stadt.

Die Söhne des Ödipus, Eteokles und Polyneikes, hatten um die Herrschaft in Theben gekämpft. Sie hatten sich im Bruderkampf gegenseitig getötet. Der neue König, Kreon, verweigerte den gefallenen Angreifern, Männern aus der Stadt Argos, Kampfgefährten des Polyneikes, die Bestattung. Nun wenden sich die Mütter der Toten um Hilfe an den König Athens, Theseus. Schauplatz ist das nahe Athen gelegene Heiligtum der Göttinnen Demeter und Persephone in Eleusis. Ein Abgesandter Kreons tritt auf.

> Herold: *Wer ist der Herrscher (týrannos), der dies Land regiert, dem ich die Worte Kreons melden muss? ...*
> Theseus: *Da hast du deine Rede falsch begonnen, Freund, wenn du hier einen Herrscher suchst. Der Staat (pólis), ist frei, wird nicht von einem Mann beherrscht.*

>   *Das Volk ist Herr, die Bürger haben alle Macht*
>   *durch Ämter, die sie jeweils für ein Jahr*
>   *bekleiden. Reich und Arm hat gleiches Recht.*
> Herold: *Du räumst uns damit wie im Brettspiel einen Vorteil ein.*
>   *Denn nicht vom Pöbel wird der Staat beherrscht, aus dem*
>   *ich komme, sondern einer ist sein Herr.*
>   *Da gibt es keinen, der den Staat bald hierhin lenkt,*
>   *bald dorthin, ihn mit Reden fesselt und betört*
>   *und nur an seinen Vorteil denkt.*
>   *Im Augenblick ist er beliebt, verbreitet Glanz,*
>   *dann schadet er, verbirgt mit schlimmen Tricks*
>   *die Fehler und wird nicht bestraft.*
>   *Wie kann ein Volk denn überhaupt den Staat*
>   *regieren, das der Macht der Reden ausgeliefert ist?*
>   *Denn um zu lernen, braucht es Zeit, nicht Schnelligkeit.*
>   *Und mag ein armer Bauer noch so tüchtig und so fähig sein*
>   *zu lernen, ganz gewiss hält ihn die Arbeit davon ab,*
>   *dass er den Blick auf das Gemeinwohl richten kann.*
>   *Das wirkt doch auf die Männer wie die Pest,*
>   *sobald ein schlechter Kerl das Volk durch Reden unterdrückt*
>   *und dafür noch geehrt wird, einer, der davor ein Nichts gewesen ist.*
> Theseus: *Der Herold ist ein kluger Mann und einer, der zu reden weiß.*
>   *Da du dich nun auf diesen Wettkampf eingelassen hast,*
>   *so höre jetzt. Du warst es nämlich, der den Streit begonnen hat.*
>   *Dem Volk ist nichts so sehr verhasst wie ein Tyrann, der es beherrscht,*
>   *wenn nicht gemeinsame Gesetze hoch geehrt und gültig sind,*
>   *vielmehr nur einer Herr ist über das Gesetz, als wäre es sein Eigentum.*
>   *Das hat mit Gleichheit nichts zu tun.*
>   *Sobald Gesetze aufgeschrieben sind,*
>   *gilt gleiches Recht für Arm und Reich.*
>   *Dem Armen steht, wenn er beleidigt wird,*
>   *nicht anders als dem Reichen zu,*
>   *dass er sich wehrt, indem er klagt.*
>   *Und hat er Recht, trägt er den Sieg davon,*
>   *der kleine Mann, der große wird besiegt.*
>   *Für uns bedeutet Freiheit, dass der Leiter der Versammlung fragt:*
>   *„Weiß jemand einen guten Rat,*
>   *den er der Stadt erteilen will?"*
>   *Und wer das will, steht glänzend da, wer nicht, der schweigt.*
>   *Mehr Gleichheit gibt es nicht in einem Staat.*
>   (VV. 399–441).

Gleichheit, *Isonomia* (zu *ísos* – gleich), bedeutet für Theseus die Herrschaft der Gesetze: Alle Bürger sind vor dem Gesetz gleich, jeder hat das Recht, Klage zu erheben, und das Urteil muss rechtskonform sein. Die Isonomie stellt den Herrschaftsanspruch eines Monarchen oder weniger Oligarchen in Frage. Die Vorstellung, dass alle Menschen gleich seien, gab es nicht.

Gleichheit bedeutet weiterhin, dass allen Bürgern in gleicher Weise Zugang zu den beratenden und beschließenden Versammlungen gewährt wird und dass sie dort ihre Stimme erheben (isegoría, zu *agoreúo* – sprechen) und dass äußern dürfen, was sie für richtig halten (*parrhesía*, zu *pan* – alles und *rhésis* – Rede). Alle Bürger sind aufgerufen, gleichberechtigt an der Gestaltung und Verwaltung der Angelegenheiten des Staates mitzuwirken.

Mit der Gleichheit verbindet sich das Prinzip der Freiwilligkeit. Niemand ist gezwungen, an der Volksversammlung teilzunehmen, geschweige denn, seine Stimme zu erheben.

Die Freiheit gilt dem König als der zweite Wert: Frei ist die Stadt, weil die Bürger sie verwalten, weil die Bürger ihre eigenen Herren sind, niemandes Willen und Willkür hörig und untertan. Das Gesetz ist ihr Herr.

Der Dichter hielt es offenbar im Jahr 424 für angebracht, die Bürger daran zu erinnern, dass es sich lohnt, einen freien und autonomen Staat gegen das aristokratisch regierte Sparta zu verteidigen.

Der Begriff *Demokratie* fällt bei Euripides nicht. Es gab ihn im Jahr 424 noch nicht lange als Bezeichnung für eine Staatsform, in der die *Isonomia* verwirklicht wird.

3 Die Herrschaft der Mehrheit oder die Herrschaft aller

Etwa zur gleichen Zeit wie Euripides hat Herodot aus Halikarnassos (ca. 485 – ca. 425) sein Werk über den Perserkrieg in Athen veröffentlicht. Es enthält eine fiktive Verfassungsdebatte, die in Persien geführt worden sein soll. Einer der Diskutanten plädiert für die Herrschaft des Volkes:

> *Die Herrschaft des Volkes trägt – das ist das Erste – einen sehr schönen Namen: Isonomie. ...*
>
> *Sie weist Ämter durch das Los zu, die Amtsträger sind für ihre Amtsführung rechenschaftspflichtig, und alle Beschlüsse werden von der Gesamtheit der Bürger gefasst.*
>
> *Ich vertrete also die Meinung, dass wir die Monarchie abschaffen und dem Volk die Herrschaft übertragen. Die Mehrheit steht für das Ganze.* (3, 80, 6).

Herodot fügt dem Argument der Rechtsgleichheit die Argumente des Losverfahrens, d.h. der Chancengleichheit, und der Rechenschaftspflicht der Amtsträger hinzu. Den Begriff der *Demokratie* verwendet er nur einmal, und zwar im Zusammenhang mit Kleisthenes, *der für die Athener die Phylen und die Demokratie eingerichtet hat.* (6, 131, 1).

Das Losverfahren schließt das Prinzip der Freiwilligkeit ein: Niemand wird gezwungen, an dem Losverfahren teilzunehmen.

Thukydides (ca. 460 – ca. 400) definiert in seinem Werk über den Peloponnesischen Krieg den Begriff *Demokratie* in einer Rede, die er Perikles, dem mächtigsten und einflussreichsten Politiker Athens zwischen 461 und 429, in den Mund legt. Das Werk dürfte um 400 verfasst worden sein. Was an der Rede perikleisch, was thukydideisch ist, lässt sich nicht sicher entscheiden.

> *Die Verfassung, nach der wir leben, ... heißt Demokratie, weil die Herrschaft nicht von wenigen ausgeübt wird, sondern von der Mehrheit der Bürger. Alle Bürger sind in ihren persönlichen Belangen vor dem Gesetz gleich. Im Hinblick auf die Stellung im öffentlichen Leben, die Wertschätzung, die jedem in ihm zuteil wird, genießt niemand auf Grund seiner Herkunft im Gemeinwesen einen Vorteil. Nur die Verdienste zählen. Und es ist auch kein Hindernis, wenn jemand auf Grund seiner sozialen Stellung arm ist. Es kommt nur darauf an, dass er für die Stadt etwas zu leisten vermag.*
>
> *Durch Freiheit ist der Umgang gekennzeichnet, den wir als Bürger miteinander pflegen.* (2, 37, 1 u. 2).

Wenn Monarchie die Herrschaft eines Mannes über alle Untertanen bezeichnet, Oligarchie die Herrschaft weniger über die Mehrheit, so ist Demokratie nach den Worten des Perikles die Herrschaft der Mehrheit über die Minderheit.

An einer anderen Stelle des Werkes hat Athenagoras, ein demokratischer Führer aus Syrakus, eine andere Definition parat:

> *Man wird sagen, die Demokratie sei weder vernünftig noch auf die Rechtsgleichheit der Bürger gegründet, und die Reichen seien die besten Herrscher. Ich aber sage, dass „Volk" der Name für die Gesamtheit ist, „Oligarchie" für einen Teil, dass die Reichen zwar die besten Hüter ihres Geldes sind, die vernünftigen Demokraten aber die Besten darin, einen Rat zu erteilen, dass das Volk am besten zuhören und urteilen kann und dass in der Demokratie alle den gleichen Anteil an allen Teilen und am Ganzen haben. Die Oligarchen geben dem Volk Anteil an den Gefahren, von den Vorteilen beanspruchen sie nicht nur den größten Teil, sondern raffen alles an sich und behalten es.* (6, 39).
>
> *In der Mehrheit ist das Ganze beschlossen*, heißt es entsprechend bei Herodot. (3, 80, 6).

Der thukydideische Perikles versteht unter Demokratie die Regierung der Menge über die Vermögenden, eine sozio-ökonomische, marxistische Sicht.

Je nach der politischen Einstellung wird unter dem Volk (démos) bald die Gesamtheit der Bürger, bald nur der weniger vermögende Teil im Gegensatz zu den Vornehmen (eugeneís) verstanden. In welcher Bedeutung man den Begriff *Demokratie* ursprünglich gebraucht hat, lässt sich nicht mehr feststellen.

Für Immanuel Kant (1724–1804) ist die Demokratie notwendig ein *Despotism,*

> *da alle über und allenfalls auch wider einen (der also nicht mit einstimmt), mithin alle, die doch nicht alle sind, beschließen, welches ein Widerspruch des allgemeinen Willens mit sich selbst und mit der Freiheit ist.* (Zitiert bei K. Stüwe/G. Weber, a.a.O., S. 78).

In der Tat kann die Demokratie nur funktionieren, wenn die Minderheit bereit ist, die Entscheidungen der Mehrheit zu akzeptieren, auch dann, wenn sie sie weder für klüger noch für besser hält.

4 Demokratie und Elite

Ist *Freiheit* bei Euripides durch das Verhältnis des Bürgers zum Staat bestimmt, so bezieht Perikles den Begriff auf den Bereich des Privaten: Frei ist, wer sein Leben im Rahmen der Gesetze nach seinen eigenen Vorstellungen führen kann. Persönliche Freiheit und das Recht zu politischer Teilhabe kennzeichnen die Demokratie.

Für den Philosophen Platon (427–347) besteht Freiheit in der Demokratie in der Möglichkeit, dass jeder tun kann, was er will, und, *wo es diese Möglichkeit gibt*, fährt er fort, *wird doch wohl offensichtlich jeder sein Leben so einrichten, wie es ihm gefällt.* (Staat, 557 B) – ein durchaus moderner Gedanke. Für ihn birgt diese Idee schrankenloser Freiheit die Gefahr der Anarchie.

Da die Antike keine Gleichheit der Vermögensverhältnisse anstrebte, kannte sie das Spannungsverhältnis zwischen Gleichheit und Freiheit nicht. Sie nahm Ungleichheit zugunsten der Freiheit in Kauf.

Platon war so wenig ein Anhänger der Demokratie wie der Herold in der Tragödie des Euripides. In der Verteidigungsrede des Sokrates, die er verfasst hat, entlockt der angeklagte Philosoph seinem Ankläger Meletos die Aussage, dass alle Athener die Jugend gut und edel machten. Daraus folge, so fährt er fort, dass nur er, Sokrates, sie verderbe. Wie absurd das sei, verdeutlicht er an einem Beispiel: Nur einer sei in der Lage, Pferde zuzureiten, nämlich der Zureiter, oder höchstens wenige, die meisten aber verdürben sie, wenn sie mit ihnen umgingen und sie gebrauchten. (24 C–

25 C). Was ergibt sich daraus? Die Masse ist unfähig, den Staat zu regieren, es bedarf des Fachmanns, der sich auf Politik versteht, wie nur ein gelernter Handwerker ein Werkstück sachgerecht zu bearbeiten vermag. Dass Sokrates der gesuchte Staatsmann ist, bleibt unausgesprochen.

Eine ganz andere Auffassung über das Volk vertritt Perikles in der zitierten, von Thukydides überlieferten Rede auf die Gefallenen:

> *Dieselben Bürger kümmern sich in gleichem Maß um ihre privaten Angelegenheiten wie um die Belange des Staates. Sie sind, auch wenn sie anderen Beschäftigungen nachgehen, durchaus in der Lage, sich über die Probleme des Staates ein Urteil zu bilden. Nur wir (Athener) betrachten einen, der sich um all das nicht kümmert, nicht als einen Bürger, der seine Ruhe liebt, sondern als einen, der zu nichts nutze ist.*
> (2, Kap. 40, 2).

Wer hat Recht? Beide. Der Eine vergrößert pessimistisch die der direkten Demokratie innewohnenden Gefahr, der Andere marginalisiert sie idealistisch.

Nicht nur in der antiken, sondern auch in der modernen repräsentativen Demokratie stellt sich das Problem der Führung, des Umgangs mit Eliten. Der 1924 in Florenz geborene Politologe und Soziologe Giovanni Sartori plädiert in seinem 1992 auf Deutsch erschienenen Buch *Demokratietheorie* dafür, nicht nur der horizontalen Dimension der Gleichheit, sondern auch der vertikalen des Verdienstes, Beachtung zu schenken. Er zitiert John Stuart Mill (1806–1873) mit den Worten: *Wenn wir eine gute Schule haben wollen, schaffen wir nicht den Lehrer ab.* Er fährt fort:

> *Wäre eine führerlose Gesellschaft überhaupt möglich, so könnten wir uns wirklich freuen. ... Ist aber Führerlosigkeit nicht die Lösung, dann ist die heutige Abwertung der Eliten oder die Furcht vor ihnen ein Anachronismus.*
> (Zitiert in: K. Stüwe/G. Weber: a.a.O., S. 304–311).

Waren die Bürger Athens mündig in dem Sinn, dass sie verständig und verantwortungsbewusst urteilen und handeln konnten? Wir wissen nicht, wie viele Bürger Athens lesen und schreiben konnten. Es gab kein staatliches Schulsystem, wohl aber Privatlehrer, die Elementarunterricht erteilten. Sokrates spricht in Platons Dialog *Kriton* von Gesetzen, die seinem Vater auferlegt hätten, ihn *an Geist und Körper zu erziehen.* (50 D). Wir wissen nichts von einer derartigen gesetzlichen Verpflichtung. Aber die meisten Väter werden sicher so gehandelt haben wie der Vater des Sokrates.

Die entscheidende Prägung erhielten die Jungen aber durch die Kommunikation. Die Menschen waren zuerst in den Demen, den kleinsten Verwaltungseinheiten, politisch und religiös sozialisiert. Außerdem traf man sich mit seinen Mitbewohnern bei den religiösen Festen in der Stadt. Bei den Panathenäen, dem Fest zu Ehren der Stadtgöttin Athena, hörte man Rhapsoden, die die Epen Homers rezitierten, an den Dionysosfesten wohnte man den Aufführungen der Tragödien, der Komödien und der Dithyramben bei, der Lieder zu Ehren der Gottheit. Literatur wurde öffentlich vorgetragen, die Sitzungen des Rates und die Gerichtsverhandlungen, bei denen sich Kläger und Angeklagter einen Redeagon lieferten, waren jedermann zugänglich. Die Gesellschaft war durch Mündlichkeit geprägt.

Mag es auch um die Bildung der Bürger in Athen nicht allzu schlecht bestellt gewesen sein, so erkannten sie doch oder vielleicht gerade deswegen über viele Jahrzehnte (461–429) die Führung einer Persönlichkeit wie Perikles vertrauensvoll an. Immer wieder wählten sie ihn zum Strategen. Thukydides spricht davon, dass Athen dem Namen nach eine Demokratie gewesen sei, *tatsächlich aber die Herrschaft eines Mannes.* (2, 65, 9). Perikles war nicht der einzige Staatsmann, der Einfluss auf die Politik Athens ausübte. Männer wie Aristeides, Miltiades, Kimon, Alkibiades entstammten vornehmen Familien, waren angesehen, reich, gebildet und verfügten über gute Verbindungen. In der Zeit von 462/61 bis 429 entstammten die Politiker denselben Familien, die schon vor der Reform des Ephialtes Einfluss ausgeübt hatten.

Mit dem Problem der Führung ist das Problem des Missbrauchs eng verknüpft. Die Gefahr ging in Athen von gut ausgebildeten und geschulten Rhetoren aus. Im Anschluss an den Nachruf auf Perikles heißt es bei Thukydides weiter:

> *Die aber, die nach ihm kamen, hatten mehr oder weniger den gleichen Rang; jeder strebte danach, erster zu werden; und so überließen sie es dem Volk, nach Lust und Laune die Regierungsgeschäfte zu führen. Daher wurden, wie es in einem großen und mächtigen Staat nicht anders zu erwarten ist, zahlreiche Fehlentscheidungen getroffen, zu denen besonders die Sizilische Expedition gehörte.* (2, 65, 10/11).

Thukydides schildert eindrucksvoll, welche Stimmung in der Volksversammlung herrschte, in der 415 der Beschluss zu dem Kriegszug nach Sizilien gefasst wurde:

Das Volk war durch eine Rede des zwielichtigen Alkibiades aufgepeitscht worden.

> *Es befiel alle gleichermaßen der leidenschaftliche Wunsch, auszufahren, die Älteren, weil eine so große Streitmacht entweder alles erobern werde, worauf der Kriegszug zielte, oder mindestens keinen Schaden erleiden werde, die jüngeren Wehrpflichtigen aus Sehnsucht, fremde Länder zu sehen und kennenzulernen, und weil sie guten Mutes waren, heil zurückzukehren; die große Masse, das Heer, hoffte zudem, sogleich Geld zu verdienen und Athens Macht so zu vergrößern, dass ihr ewig Sold zufließen werde. So hatte einer, der vielleicht anderer Meinung war, bei dieser schier unbändigen Gier der Masse Angst, dagegen*

zu stimmen. Er zog es vor, sich ruhig zu verhalten, um nicht als Staatsfeind zu gelten. (6, 24, 3 u. 4).

Der Versuch, Sizilien zu erobern, scheiterte und führte Athen an den Rand des Abgrunds. Demagogen, Volksführer, nannte man Politiker vom Typ eines Alkibiades. Hatte das Wort zunächst eine neutrale Bedeutung, so wurde es nach und nach im Sinn von *Volksverführer* gebraucht. Aristoteles nennt sie *Schmeichler des Volks*. (Politik, 1313 40–41).

Im Jahr 411, zwei Jahre nach der Niederlage in Sizilien, schaffte sich die Demokratie ab, indem sie die unumschränkte Herrschaft einem Gremium von 400 Männern übertrug. (Aristoteles, Staat der Athener, 29–33; Thukydides, 8, 63–70). Die Oligarchen hielten sich allerdings nur wenige Monate an der Macht. Immerhin zeigte sich: Die Demokratie war gefährdet. Eine oligarchische Opposition hat es immer gegeben.

Die Demokratie überstand die Gefahren, weil die Bürger sich mit ihrem Staat identifizierten. Sie sprachen dieselbe Sprache, so dass sie problemlos miteinander kommunizieren konnten, sie hatten dieselbe kulturelle und religiöse Prägung erfahren, und sie hatten dieselben historischen Erfahrungen gemacht. Die Ereignisse der Perserkriege waren dem kollektiven Gedächtnis eingebrannt, das Leid der Räumung und Zerstörung Athens ebenso wie der Triumph des unverhofften Sieges. Die Bürger interessierten und engagierten sich für ihren Staat. Sie verdankten ihm ihr Auskommen. Wer arm war, konnte als Ruderer auf den Schiffen dienen, und Schiffe hatte man nicht nur im Kampf gegen die Perser gebraucht; auf ihnen beruhte Athens Suprematie in dem 478/77 gegründeten Attisch-Delischen Seebund über die Inseln der Ägäis und die kleinasiatischen Küstenstädte. Athen garantierte ihre Sicherheit, sie zahlten dafür. Kein Wunder, dass die imperiale Politik auf große Zustimmung stieß. Freilich versiegte die Quelle nach der Niederlage Athens im Peloponnesischen Krieg.

5 Einnahmen und Ausgaben

Wie finanzierte die Stadt ihre Ausgaben? Steuern wurden nur von den Metöken erhoben, von den Bürgern nur in Kriegszeiten. Aus Zöllen, Hafen- und Marktgebühren, Gerichts- und Strafgeldern flossen der Staatskasse Gelder zu. (Aristophanes, Wespen, VV. 657–659). Außerdem profitierte die Stadt von den 483/82 entdeckten Silberminen in Laureion im südöstlichen Attika, *der Schatzkammer Athens* (Aischylos). Nur von reichen Bürgern erwartete man einen Dienst für den Staat, eine sog. *Leiturgie*. Mit Hilfe der *Leiturgien* bezahlte man die zahlreichen Feste mit ihren Aufführungen, den Chören und Fackelläufen. Mehr als 100 Bürger wurden jährlich mit *Festleiturgien* beauftragt. Am aufwendigsten war es, eine

Triere zu bauen oder instand zu halten. Die Möglichkeit der Ablehnung wurde gar nicht oder selten genutzt. Schließlich war es auch eine Herausforderung und Ehre, etwas für den Staat zu leisten, und die Athener verstanden es, durch Preise ihre Dankbarkeit und Anerkennung für diese Leistungen zum Ausdruck zu bringen. Wer sich der Verpflichtung entziehen wollte und einen anderen für reicher hielt, als er es selbst war, konnte ihn benennen. Der Benannte hatte drei Möglichkeiten: Er konnte sich bereit erklären, die Aufgabe zu übernehmen, er konnte einen Vermögenstausch vorschlagen oder den Klageweg beschreiten.

Es gibt sicher einen Zusammenhang zwischen Demokratie und dem Engagement der Bürger.

Gibt es auch einen Zusammenhang zwischen Demokratie und Wohlstand?

Auf dem Fries, der rings um die Cella des 447–432 v.Chr. errichteten Parthenon auf der Akropolis von Athen läuft, sind Athenerinnen und Athener in festlichen Prozessionen zu Ehren der Stadtgöttin Athena dargestellt – ungewöhnlich, weil der Platz normalerweise der Repräsentation von Mythen vorbehalten war. Es sind die Bürger der Polis, Alte und Junge, Männer und Frauen, Arme und Reiche. Sie sind einander gleich in ihrer frommen Teilnahme und Teilhabe am Kult, zugleich aber auch durch individuelle Personalität charakterisiert. So entfaltet sich im Fries das friedliche, von den Göttern geschützte Leben in der Stadt, während die Kriegsszenen der Metopen, die den Tempel außen schmücken, die Macht und Wehrkraft gegen die äußeren Feinde symbolisieren. Kein geringerer als Phidias, der wohl bedeutendste Bildhauer Athens, hat die Figuren gemeinsam mit seinen Schülern geschaffen und der Demokratie in Athen ein hervorragendes Denkmal gesetzt.

Athen war eine wohlhabende Stadt und sie ließ die Bürger an ihrem Reichtum teilhaben. Wohlstand ist keine unabdingbare Voraussetzung für Demokratie, aber ein wichtiges Element für ihre Dauer und Stabilität.

Herodot lässt zu Beginn seines Werkes den reichen Lyderkönig Kroisos und den Athener Politiker Solon in Sardes zusammentreffen, eine sicher unhistorische Begegnung. Kroisos möchte wissen, wen sein Gast für den glücklichsten Menschen halte, in der Erwartung, er werde genannt werden. Aber er täuscht sich. Solon antwortet:

> *König, den Athener Tellos. ... Tellos war Bürger einer Stadt, die einen guten Ruf genoss, und er hatte tüchtige Söhne, und erlebte, wie sie ihrerseits Kinder bekamen und dass alle am Leben blieben. Er hatte, an unseren Maßstäben gemessen, ein gutes Auskommen, und es war ihm ein äußerst ruhmvoller Tod beschieden. ...*
>
> (1, 30, 3–5).

Die Aussage, dass ein normaler Bürger in Athen sich keine finanziellen Sorgen zu machen brauchte, galt gewiss auch für die Zeit, in der das Geschichtswerk entstand, für die Mitte des 5. Jahrhunderts. Es wurde viel gebaut, die Menschen hatten Arbeit und verdienten gut. Weil sie sich sicher waren, nicht ausgebeutet zu werden, engagierten sie sich und waren gern bereit, zu investieren.

6 Das Scherbengericht

Eine außerordentliche Befugnis besaß die Volksversammlung in der Möglichkeit, einen ihres Erachtens zu einflussreichen Politiker für 10 Jahre des Landes zu verweisen. Der Verbannte behielt sowohl seine bürgerlichen Rechte als auch sein gesamtes Vermögen. Das Scherbengericht *(ostrakismós)* sollte ein Instrument zum Schutz der Demokratie vor der Gefahr einer Tyrannis sein, es entwickelte sich aber zur Waffe im Kampf rivalisierender Aristokraten. Dadurch, dass eine Gruppierung ihres Führers beraubt wurde, verhinderte man die Bildung von Fraktionen und Parteien. Der Ostrakismos war ein wichtiges Instrument der Einflussnahme auf die Politik. Er ist 487/86 erstmals, 417 zum letzten Mal angewandt worden.

Das Verfahren war zweistufig: Zuerst wurde die Volksversammlung gefragt, ob ein Ostrakismos durchgeführt werden sollte. Stimmte die Mehrheit dafür, wurde er in einer zweiten Versammlung durchgeführt. Eine Aussprache gab es nicht. Über den Hergang informiert uns Plutarch (ca. 45 – ca. 120 n.Chr.) in der Biographie des Aristeides:

> *Jeder Bürger nahm eine Scherbe (óstrakon), schrieb darauf den Namen des Mannes, den er aus der Stadt entfernen wollte, und trug sie auf einen mit Schranken umschlossenen Platz auf dem Markt. Die Archonten zählten nun erst die Menge der abgegebenen Scherben; denn wenn weniger als 6000 Stimmen abgegeben worden waren, konnte der Ostrakismos nicht vollzogen werden. Hierauf zählten sie die auf die einzelnen Namen entfallenden Stimmen gesondert und machten denjenigen durch öffentlichen Ausruf bekannt, der ... verbannt wurde.*
> (Kap. 7; Übers.: nach Joh. Friedrich Kaltwasser).

Nicht sehr wahrscheinlich ist die von manchen Wissenschaftlern auf Grund anderer Quellen vertretene Theorie, dass jemand nur dann verbannt wurde, wenn mindestens 6000 Bürger gegen ihn gestimmt hatten.

Es sind etwa 11 000 Scherben gefunden worden, 140 Namen sind auf ihnen verzeichnet. Auf vielen *Ostraka* kann man dieselbe Handschrift identifizieren. Wurde manipuliert? Gab man Scherben aus, auf denen ein Name schon eingeritzt war? Nutzte man es aus, wenn ein Athener nicht schreiben konnte?

Im selben Kapitel der erwähnten Biographie erzählt Plutarch folgende Anekdote:

> Als damals über Aristeides abgestimmt wurde, reichte, wie man erzählt, ein ganz unwissender Bauer, der nicht einmal die Buchstaben kannte, dem Aristeides, den er für einen einfachen Bürger hielt, seine Scherbe hin und bat ihn, den Namen des Aristeides darauf zu schreiben. Dieser fragte ihn voll Verwunderung, ob ihm denn Aristeides etwas zuleide getan habe. „Gar nichts", antwortete er, „ich kenne den Mann noch nicht einmal, aber es ärgert mich, dass ich ihn überall den Gerechten nennen höre." So schrieb nun Aristeides, ohne ein Wort zu erwidern, seinen Namen auf die Scherbe und gab sie ihm. Aber als er die Stadt verließ, hob er die Hände zum Himmel und betete ..., die Athener mögen nie in eine Lage kommen, die das Volk zwänge, sich des Aristeides zu erinnern.

Aristeides, ein sehr verdienter Aristokrat, der an der Schlacht bei Marathon (490) als Stratege teilgenommen hatte, wurde als Gegner der Flottenpolitik des Themistokles 482 verbannt, 2 Jahre später aber amnestiert. In der Schlacht bei Plataiai (479) kommandierte er das athenische Kontingent. Bis 477 spielte er eine maßgebliche Rolle in der Politik. Er starb um 467.

Er war nicht der einzige prominente Politiker, den das Schicksal des Ostrakismos traf. Es traf u.a. auch Themistokles, den Sieger der Schlacht bei Salamis (480), und Kimon, der in den 70er und 60er Jahren große militärische Erfolge im Seekrieg gegen die Perser errungen hatte.

Das erste Opfer war 487/86 Hipparchos, ein Verwandten des Tyrannen Peisistratos. Dass er nach der Vertreibung der Tyrannen 510 so lange unbehelligt in Athen hat leben dürfen, schreibt Aristoteles *der gewohnten Milde des Volkes* zu, das *die Freunde der Tyrannen, die sich in den politischen Wirren nichts hatten zu Schulden kommen lassen, in der Stadt wohnen ließ.* (Ath. Pol. 22,4). Und in der Tat war die Politik der Athener eher darauf gerichtet, sich mit dem politischen Gegner zu versöhnen, als ihn auszugrenzen. Als die Demokraten 403 die Tyrannen besiegt hatten, beschlossen sie eine allgemeine Amnestie, von der sie nur die ausnahmen, die *eigenhändig* einen Mord verübt hatten. (Aristoteles, Ath. Pol. 39,5). Sie schworen, *alles Böse zu vergessen* – ein politisch äußerst kluges Verhalten, urteilt Aristoteles (40,2; vgl. Xenophon, Hellenika, 2, 4, 43).

Der Begriff *Gericht* trifft insofern nicht zu, als es sich um ein rein politisch motiviertes Verfahren handelte.

7 Diäten

Gab es im antiken Athen so etwas wie Politikverdrossenheit? Man könnte es meinen, wenn man in der 425, also mitten im Peloponnesischen Krieg, aufgeführten Komödie *Die Acharner* des Aristophanes (ca. 446 – nach 388) die Klage des Bauern Dikaiopolis liest, der sich am frühen Morgen in seinem Dorf auf den Weg zur Stadt gemacht hat, um an einer wichtigen Volksversammlung teilzunehmen, und die Pnyx leer vorfindet.

> *Nie, seit ich selbst mich schneuze, nie tat*
> *mein Auge mir vom Staub so weh wie heut*
> *am Morgen, wo das souveräne Volk*
> *Versammlung hat: Jedoch die Pnyx ist leer.*
> *Dort auf dem Markt, da plaudern sie und schlendern*
> *endlich spät genug heran, dann sollt*
> *ihr sehn, wie sie sich drängen, stoßen um*
> *die erste Bank und übereinander purzeln.*
> *Das wogt und wühlt! – Doch um den lieben Frieden*
> *da reißt sich niemand! – O du arme Stadt! –*
> *Ich, in der Volksversammlung stets der Erste,*
> *ich nehme Platz, in meiner Einsamkeit*
> *dann seufz' ich, gähne, strecke, lüfte mich,*
> *sinniere, schreibe, kratz' im Haar mich, schau'*
> *ins Feld hinaus und bet' um Frieden, fluche*
> *der Stadt und denke: Wär' ich nur daheim*
> *in meinem Dorf. Dort hört` ich niemals: „Kauft,*
> *kauft Kohlen, Essig, Öl!" Da wächst in Fülle*
> *das alles! – Hol' der Henker das Geplärr!*
> *Nun, weil ich einmal hier bin, will ich auch,*
> *verlasst euch drauf, eins poltern, schrein, die Redner*
> *beschimpfen, die nicht für den Frieden sprechen. –*
> *Ha, die Prytanen, endlich! – Mittag ist's,*
> *und seht ihr, hab' ich's nicht vorausgesagt?*
> *Wie sie sich um die Plätze balgen.*
>
> (VV. 17–42; Übers.: nach Gustav Droysen).

Immerhin, der Platz füllte sich mit der Zeit.

Zu Beginn des 4. Jahrhunderts entschloss man sich, die Teilnahme an der Volksversammlung zu vergüten. Der Verdienstausfall sollte ausgeglichen, ein Anreiz geschaffen werden, sich politisch zu betätigen. Im Lauf der Zeit wurde der Betrag von 1 Obole auf 3 Obolen erhöht. Dem konservativen Aristophanes gefiel das gar nicht. In der 392 aufgeführten Komödie *Die Weiberversammlung* (Ekklesiazoúsai) geißelt er die Geldgier der Masse.

Der Chor der Frauen, die sich als Männer verkleidet haben (VV. 266–279), mahnt, zur Volksversammlung aufzubrechen:

> *Männer, lasset uns in Eile*
> *zur Volksversammlung ziehn. Es droht ja der Beamte:*
> *Wer, ehe der Frühwind weht,*
> *nicht ständig am Markte steht*
> *mit Sauerampfermiene,*
> *mit knoblichem Lauchgesicht,*
> *dem zahlt er sein Söldchen nicht!*

Drum auf, ... eilt, drängt den Vordermann. ...
Pass auf, die Städter, fein geputzt,
jetzt werden sie zur Seit' geschupst.
Die sonst – wo der Lohn gering,
wo, wer zur Volksversammlung ging,
nur einen Obol empfing –
daheim saßen und schwatzten,
gekränzt, in Zierlichkeit,
die machen sich hier jetzt breit!
Nie hätte sich, als dem Land
Myronides (Mitte des 5. Jahrhunderts) *noch vorstand,*
der Wackere, jemand
erniedrigt, Staatsdienst
zu brauchen als Geldverdienst.
Da brachte sich jeder
im Ranzen sein Schlückchen mit,
und vom Brot 'nen derben Schnitt,
zwei Zwiebeln als Magenkitt und etliche Feigen.
Jetzt strecken sie Mann für Mann,
wenn Pflicht sie ihrem Staate tun,
gleich die Hand nach ihren drei Obolen aus,
Tagelöhnern vergleichbar.
                    (VV. 289–310, Übers.: nach J.G. Droysen).

Erst jetzt, meinen viele Interpreten, sei die radikale Demokratie vollendet worden.

Die Einführung des *Theorikon*, des Theatergeldes, mit dem den ärmeren Bürgern der Besuch einer Aufführung ermöglicht werden sollte, wird zwar Perikles zugeschrieben (Plutarch, Perikles, 9, 1), tatsächlich wurde es wohl, wie aus anderen Quellen hervorgeht, erst seit der 1. Hälfte des 4. Jahrhunderts ausgezahlt.

Dagegen dürfte wohl der Richter- und Ratsherrensold tatsächlich auf Initiative des Perikles in der Mitte des 5. Jahrhunderts eingeführt worden sein. Die Zahl der Sitzungen hatte offenbar so zugenommen, dass ein Ausgleich für den Verdienstausfall gezahlt werden musste. Ein Richter erhielt für einen Sitzungstag 3 Obolen. Obwohl der Tageslohn 6–9 Obolen betrug, scheint der Betrag für die Ausgaben einer kleinen Familie ausgereicht zu haben. Ende des 5. Jahrhunderts ist der Betrag erhöht worden. Mit der Bezahlung hing möglicherweise ein Gesetz zusammen, das das Bürgerrecht auf diejenigen beschränkte, deren beide Eltern Athener waren. Die Vorteile des Einkommens sollte nur einem beschränkten Kreis Privilegierter zugutekommen.

Seit wann die Archonten Geld bekamen, weiß man nicht.

Aus den Maßnahmen wird ersichtlich, wie sehr man bestrebt war, möglichst viele Menschen an der Regierung der Stadt zu beteiligen. Besonders große Anstrengungen musste man nach dem verlorenen Peloponnesischen Krieg unternehmen: Die Bevölkerung war dezimiert, die Bauern waren damit beschäftigt, ihre von den Spartanern zerstörten Ländereien wiederherzustellen und zu bebauen.

8 Die Neugliederung Attikas

Die *Agora* war eine typische Erscheinung einer griechischen Polis: Regierungsviertel, Gerichtsstätte, Verkaufsmarkt, Ort für Feste, für Gespräche und Diskussionen.

Herodot überliefert die Äußerung des Perserkönigs Kyros (ca. 559–530) zu Gesandten aus Griechenland:

> *Ich habe noch niemals vor solchen Männern Angst gehabt, die mitten in ihrer Stadt einen Platz eingerichtet haben, auf dem sie sich versammeln und, einander Eide leistend, betrügen.* (1, 153, 1).

War die Akropolis der Mittelpunkt des religiösen Lebens, so war die Agora der Mittelpunkt des politischen Lebens.

Im Westen der *Agora* lag das *Bouleuterion*, das Ratsgebäude, in dem sich die 500 Ratsherren versammelten.

Einen Rat hatte schon Solon (ca. 640 – ca. 560) im Zusammenhang mit den Reformen eingeführt, die er 592 als ein mit außerordentlichen Vollmachten ausgestatteter Archon veranlasst hatte. Das Gremium hatte damals 400 Mitglieder, die von der Volksversammlung aus den Bürgern der 3 oberen Vermögensklassen gewählt wurden.

Im Jahr 507/06 kam es zu einer grundlegenden Neuordnung der Verfassung. Sie betraf auch den Rat. Ihr Initiator war Kleisthenes, ein Aristokrat aus dem reichen Adelsgeschlecht der Alkmeoniden. Er war nach dem Ende der Tyrannenherrschaft der Peisistratiden (510) aus der Verbannung nach Athen zurückgekehrt. In der Auseinandersetzung mit einem einflussreichen, ebenfalls aristokratischen Konkurrenten, Isagoras, der mit Hilfe der Spartaner eine Oligarchie etablieren wollte, setzte er auf das Volk – und gewann. Isagoras wurde vertrieben und schließlich ermordet.

Bevor Kleisthenes mit seinem Reformwerk begann, gab es in Attika, dem Großraum Athens, *Demen*, *Phratrien* und *Phylen*.

Die kleinsten Verwaltungseinheiten waren die *Demen*, 139 an der Zahl. Sie waren von unterschiedlicher Größe. Die *Demen* führten die Bürgerlisten, in die die freien männlichen volljährigen Bürger nach Vollendung des 18. Lebensjahres eingetragen wurden. Hatten die jungen Männer ihren zweijährigen Wehrdienst abgeleistet, erwarben sie das Recht, an den Volksversammlungen teilzunehmen. Auch darüber wurde sorgfältig Buch geführt. Jeder Demos wählte einen Demenführer, den Demarchen, und einen Schatzmeister. Der *Demarch* leitete die Versammlungen, in denen alle den Demos betreffenden Angelegenheiten behandelt wurden. Die Zugehörigkeit des Bürgers zu seinem Demos war erblich.

Die Bereiche von Kult und Recht waren in den *Phratrien* (etwa: Verbände der Sippen. Verwandt ist lat. Frater.) angesiedelt. Hier wurde kontrolliert, ob jemand ein rechtmäßiger Bürger Athens war; war er es, wurde er in die *Phratrie* aufgenommen. Dabei handelte es sich um einen religiösen Akt. In den *Phratrien* wurden Feste organisiert und Rechtshändel ausgetragen. Der Adel hatte das Sagen. Er gewährte Rechtsschutz und Zugang zu den Kulten.

Außer den *Demen* und *Phratrien* gab es vor Kleisthenes 4 *Phylen*. Sie waren Personenverbände, keine regionalen Gliederungen. Man wurde in sie hineingeboren und gehörte ihnen an, auch wenn man den Wohnort wechselte. Sie wurden von Phylenkönigen (*phylobsileís*) geleitet. Für den Militärdienst wurden die jungen Athener phylenweise rekrutiert.

Es war das Anliegen des Kleisthenes, die Rechte des Volkes zu stärken und die Macht des Adels zu begrenzen. Zu diesem Zweck führte er eine Gebietsreform durch.

Der Großraum Athen wurde in 10 neue *Phylen* eingeteilt. Zu jeder *Phyle* gehörte ein Drittel Stadtgebiet (*ásty*), in dem vornehmlich die Reichen wohnten, ein Drittel Binnenland (*mesógeion*), das von den Bauern besiedelt war, und ein Drittel Küste (*paralía*), so dass die Bevölkerung durchmischt war, unterschiedlich in ihrer Sozialisation, ihrer Bildung und ihrem Einkommen. In jeder Phyle lebten etwa gleich viele Menschen. Die regionalen Einflüsse der Aristokraten wurden gemindert, überregionale Bindungen wurden gestärkt. Jede *Phyle* trug den Namen des Heros, den sie verehrte. Auf der *Agora* gab es ein Monument der 10 Heroen, Bronzestatuen auf Marmorpodien, an denen wichtige Mitteilungen an die Athener veröffentlicht wurden.

Das Geheimnis des Erfolgs bestand darin, dass die kleinsten Einheiten, die *Demen*, erhalten blieben und in die nächst größeren Verbände integriert wurden. Der Bürger identifizierte sich durch die Zugehörigkeit zu seinem Demos und durch Betätigung in seinem vertrauten Umfeld mit seiner Gemeinde und über sie mit der *Phyle* und der *Polis*.

9 Der Rat der Fünfhundert

Jede *Phyle* entsandte jährlich 50 neue, durch ein Losverfahren ausgewählte Abgeordnete in den Rat, der nun nicht mehr nur 400, sondern 500 Mitglieder umfasste, stellte ein Regiment und einen Strategen, eine Schwadron und einen Reiterobersten (*hípparchos*) und leistete ihren Beitrag für das Flottenkontingent. Auf diese Weise wirkten die Angehörigen einer *Phyle* sowohl im Rat als auch beim Militär eng zusammen. Die Reform verfolgte sozial-politische und militärische Ziele gleichermaßen. Es entwickelte sich ein Zusammengehörigkeitsgefühl innerhalb der *Phylen* und zugleich eine Konkurrenz unter ihnen. Sie traten in musischen Wettkämpfen gegeneinander an.

Die 10 militärischen Führer aus den Phylen übernahmen den Oberbefehl in täglichem Wechsel. So wurde die Macht des für diesen Bereich ursprünglich zuständigen Beamten, des *Polemarchen*, neutralisiert. In der Beratung der Strategen vor der Schlacht bei Marathon (490) hatte er noch die entscheidende Stimme, später verlor er seinen Einfluss. Der Modus der Strategenwahl ist bald dahingehend geändert worden, dass nicht zwingend jede *Phyle* einen Strategen stellte.

Die *Demen* wurden in die *Phylen* integriert und ihre Befugnisse wurden auf Kosten der *Phratrien*, die bestehen blieben, erweitert. Sie führten nun das Geburtsregister. Sie verfügten über einen Finanzetat und sie feierten religiöse Feste mit je eigenen Priestern. Bis zu einem gewissen Grad durften die Demarchen als Richter tätig werden und Streitigkeiten schlichten.

Von nun an durfte jeder Bürger zu seinem Namen den des Demos hinzufügen, aus dem er stammte. Beides gehörte künftig zusammen, änderte sich auch bei einem Wechsel des Wohnorts nicht. Meletos, einer der Ankläger des Sokrates, hieß *Meletos, Sohn des Meletos, aus dem Demos Pitthos*. Die ältere Sitte, den Namen des Vaters dem eigenen hinzuzufügen, blieb bestehen.

Die 50 Abgeordneten jeder *Phyle* wurden ursprünglich aus einer zuvor in den *Demen* gewählten Zahl von Kandidaten ausgelost. An die Stelle der Vorwahl trat dann aber auch in den *Demen* das Los. Die Zahl der Abgeordneten, die ein *Demos* stellen durfte, richtete sich nach der Zahl der in dem Demos wohnenden Bürger. Sie blieb stets konstant. Wer in den Rat einzog, bestimmte der Zufall. Jeder Bürger konnte – unabhängig von seinem sozialen Status – Mitglied des Rates werden.

Man hat dieses Verfahren so interpretiert, dass die Athener die Entscheidung den Göttern hätten anheimstellen wollen. Platon spricht in seinem Alterswerk, *den Gesetzen*, von einem *göttlichen Zufall*. (759 C). In diesem Sinn wurde das Losverfahren im alten Israel praktiziert und interpretiert: *Der Mensch wirft das Los, aber es fällt, wie der Herr es will.* (Sprüche 16, V. 33, Übers.: M. Luther). Nicht so in Athen: Gerade die wichtigsten Ämter, die Strategen und Finanzexperten, wurden von den Phylen gewählt. Wo es des Sachverstandes bedurfte, hatte das Los nichts zu suchen. In den allgemeinen Fragen des politischen Lebens traute man dagegen allen erwachsenen Bürgern eine gesunde Urteilsfähigkeit zu.

Das Amt eines Ratsherrn durfte man höchstens zweimal in seinem Leben bekleiden, allerdings nicht unmittelbar hintereinander, sondern erst nach Ablauf von 10 Jahren. So wurde verhindert, dass sich im Rat Blöcke bildeten.

Im Rathaus (*buleuterion*) waren die Sitze halbkreisförmig angeordnet, so dass die Ratsherren Blickkontakt zueinander hatten. Eine Blockbildung wurde dadurch erschwert, dass der Platz erst jeweils vor jeder Sitzung durch das Los zugeordnet wurde.

Da die Amtszeit nur jeweils 1 Jahr dauerte, wurde sehr vielen Bürgern die Möglichkeit politischer Betätigung eröffnet. So wurde der Prozess ihrer Identifikation mit dem Staat gefördert.

Das Losverfahren, die Annuität und die Rotation waren drei wesentliche Charakteristika der Demokratie.

Ratsherr durfte man werden, wenn man mindestens 30 Jahre alt war.

Bevor die Ratsherren ihr Amt antraten, mussten sie einen Eid leisten.

Es war die Aufgabe des Rats, die Sitzungen der Volksversammlung vorzubereiten, d.h. Beschluss- und Gesetzesvorlagen (*probouleúmata*) auszuarbeiten, die Tagesordnung festzusetzen und zu veröffentlichen. Der Rat kontrollierte die Ausführung der Beschlüsse der Volksversammlung. Er prüfte, ob die gewählten Beamten nach Herkunft und Alter den Anforderungen entsprachen, und er beriet und beaufsichtigte die Beamten. Nach Ablauf ihrer Amtszeit waren die Ratsherren rechenschaftspflichtig. Stellte der Rat Verfehlungen fest, überwies er den Fall an das Gericht. Der Rat pflegte den Kontakt mit den anderen Staaten und konnte so Einfluss auf die Außenpolitik nehmen. Die Sitzungen waren öffentlich. Im Theater waren für die Ratsherren Ehrensitze reserviert. Sie wurden besoldet.

Da die Volksversammlung die Tagesordnung ändern und ergänzen konnte, war der Einfluss des Rates begrenzt.

10 Die *Prytanien*

Die Verwaltungsgeschäfte führten jeweils die 50 Abgeordneten einer *Phyle* für den 10. Teil des Jahres, sie bildeten eine *Prytanie*. Die *Prytanie* bestellte aus ihren Reihen einen Ausschuss, der die täglich anfallenden Routineaufgaben regelte. Er tagte in dem westlich des *Bouleuterions* gelegenen *Prytaneion*, einem Rundbau (*thólos*). Der Vorsitz wechselte täglich. Derjenige, der das Amt innehatte, leitete die Sitzungen des Rates und die Volksversammlungen. Er war für einen Tag der höchste Repräsentant des Staates.

Sokrates fiel dieses Amt im Jahre 406 an dem Tag zu, an dem in der Volksversammlung Anklage gegen die Strategen erhoben wurde, die nach einer siegreichen Seeschlacht bei den Arginuseninseln (zwischen der Insel Lesbos und der kleinasiatischen Küste) versäumt hätten, die Schiffbrüchigen zu retten. Sokrates hielt die Anklage für gesetzeswidrig, er konnte sich jedoch nicht durchsetzen.

Die *Prytanen* des Ausschusses hatten Anwesenheitspflicht, sie speisten gemeinsam, und sie mussten auch die Nacht in dem Amtssitz verbringen. Zu ihren Mahlzeiten luden sie Ehrengäste ein, z.B. Olympioniken und ausländische Gesandte.

Als Sokrates 399 angeklagt und für schuldig befunden worden war, wurde ihm, wie es das Verfahren vorsah, die Möglichkeit eingeräumt, eine Strafe zu beantragen. Er machte von seinem Recht Gebrauch:

> *Was ist einem armen Wohltäter angemessen, der Zeit braucht, um euch auf den rechten Weg zu bringen? Es gibt nichts, was so angemessen ist, ihr Athener, als dass ein solcher Mann im Prytaneion gespeist werde, weit mehr, als wenn einer von euch mit dem Pferd oder dem Zweigespann oder dem Viergespann in den Olympischen Spielen gesiegt hat.* (Platon, Apologie, 36 D).

Kein Wunder, dass die Athener sich dadurch provoziert fühlten.

Tholoi hatten eine kultische Funktion. Die *Prytanen* haben durch gemeinsame Opfer ihre Tätigkeit in einen sakralen Rahmen gestellt.

In der *Tholos* wurden die offiziell geeichten Gewichte und Maße für jedermann jederzeit zugänglich aufbewahrt. Die *Prytanen* waren für den ordnungsgemäßen Ablauf des Handels auf der Agora zuständig.

11 Die *Archonten*

Die Exekutive und Spitze der Verwaltung bestand aus 3 *Archonten*, 6 Gesetzgebern *(thesmothétai)* und 1 Sekretär. Sie wurden seit 487/86 aus 100 in den *Phylen* ausgelosten Kandidaten wiederum durch das Los ermittelt. Jede *Phyle* hatte einen Vertreter in diesem zehnköpfigen Gremium. Seit 458/7 hatten auch die Bürger der untersten Vermögensklasse, die *Zeugiten*, Zutritt zu den Ämtern. Jeder Bürger konnte sich in seiner *Phyle* bewerben. Aus der Zahl der Bewerber wurden 10 ausgelost.

Die Amtszeit war auf 1 Jahr begrenzt. Niemand durfte das Amt ein zweites Mal bekleiden. Das Mindestalter war 30 Jahre. Die Kumulation von Ämtern war verboten. Die *Archonten* wurden bezahlt.

Der Rat der Fünfhundert überprüfte die Eignung der Kandidaten (Eintrag in der Bürgerliste, Alter). Vor dem Amtsantritt verpflichteten sich die künftigen Beamten eidlich, ihr Amt gerecht und im Rahmen der geltenden Gesetze auszuüben und keine Geschenke anzunehmen. Nach Ablauf des Jahres mussten sie vor einem dazu bestellten Gremium Rechenschaft ablegen. Besonders das Finanzgebaren wurde sorgfältig überprüft. Gegebenenfalls konnte Anklage erhoben werden. Die Kontrolle und die Rechenschaftspflicht waren konstituierende Merkmale der Demokratie

Die Prinzipien des Losverfahrens, der Annuität, der Kollegialität, der Rotation, das Verbot der Iteration und der Mangel an Professionalität schwächten den Einfluss der Beamten. Er beschränkte sich auf die Repräsentation und die Ausführung beschlossener Maßnahmen. Die *Archonten* durften sich nur an den Rat wenden, nicht direkt an die Volksversammlung. Sie waren Diener des Volkes. Da man geringe Anforderungen an das Amt stellte, konnte es auch später von einfachen Bürgern bekleidet werden. Das Gremium entschied kollegial, es genügte die einfache Mehrheit.

Zur Bewältigung der zahlreichen Verwaltungsaufgaben verfügte Athen über eine Vielzahl untergeordneter Hilfskräfte. Es gab z.B. Festspielleiter, Männer, die für die Instandhaltung der Tempel verantwortlich waren, und solche, denen der Zustand der Straßen anvertraut war, es gab Abfalleinsammler (koprológoi), Markt- und Maßaufseher, einen Sekretär, der die amtlichen Dokumente archivierte und verwaltete, und einen anderen, dessen Aufgabe es war, Schriftstücke vor dem Rat und der Volksversammlung zu verlesen. Die Verwaltung war bis in die Details durchdacht und organisiert. Etwa 700 Männer waren in ihr tätig. Eine Polizei gab es nicht.

Der ranghöchste *Archon*, der in der römischen Kaiserzeit *Epónymos* (zu *ónoma* – Name) genannt wurde, gab dem Jahr den Namen. Man kannte keine Jahreszahlen. Man sprach von dem Jahr, in dem y Archon war, und führte Archontenlisten.

Dem *Archon eponymos* war vor allem der Schutz der Familien anvertraut, der älteren Menschen, der Witwen und Waisen. Er ernannte die *Choregen*, die für die Kosten der Aufführungen der Dramen und Chöre aufzukommen hatten.

Der *Archon basileús* war für den sakralen Bereich, für Opfer und Tempel, zuständig, und er führte den Vorsitz im *Areopag*. Die Anklage wegen *Asebie* (mangelnde Ehrfurcht vor den Göttern) musste bei ihm eingereicht werden. Das galt auch für die gegen Sokrates angestrengte Anklage.

Der *Polémarchos* hatte anders, als man vermuten könnte, in der Demokratie keinerlei militärische Befugnisse mehr. Er organisierte die Gedenkfeiern für die Gefallenen und wurde in Prozessen von *Metöken* untereinander oder von Bürgern gegen *Metöken* tätig.

Die *Thesmothéten* nahmen Aufgaben im Bereich des Rechtswesens wahr. Sie setzten die Gerichtstage fest, bestimmten die Anzahl der in einem Prozess tätigen Richter und leiteten die Auslosung der Richter für die einzelnen Prozesse. Sie hatten den Vorsitz in Prozessen, die im öffentlichen Interesse geführt wurden, wenn z.B. in der Volksversammlung gesetzwidrige Anträge gestellt oder schädliche Gesetze eingebracht worden waren. Prozesse wegen Amtsverletzung oder Bestechung fielen in ihren Zuständigkeitsbereich.

Seit 403 war es eine Behörde, die die gültigen Gesetze kodifizierte. Diese Gesetze stellten eine Art Grundgesetz dar, mit dem künftig alle Beschlüsse der Volksversammlung vereinbar sein mussten.

Die *Archonten* sorgten dafür, dass die Beschlüsse der Volksversammlung ausgeführt wurden. Sie durften Bußgelder in begrenzter Höhe verhängen.

Die Aufteilung der Aufgaben war das Ergebnis einer langen historischen Entwicklung. Die Kompetenzen waren daher nicht klar gegeneinander abgegrenzt.

12 Die Judikative

12.1 Der Areopág

Der Aresfelsen, der Areopag, erhebt sich, 145 m hoch, nordwestlich der Akropolis, südlich unter ihm erstreckt sich die *Agora*. Der Fels, der den Namen des Ares trägt, ist eine sehr alte Gerichtsstätte. Ein Mythos führt ihren Ursprung auf einen Prozess zurück, in dem der Kriegsgott angeklagt und verurteilt worden ist:

> *Es gibt dort einen Aresfels, wo einst*
> *die Götter Recht gesprochen haben über Mord.*
> *Es hatte Ares, ungezügelt, wie er war, den Halirrothios*
> *getötet, einen Sohn des Meeresgottes, zornentbrannt,*
> *weil der die Tochter vergewaltigt hatte, eine frevelhafte Tat.*
> *Seitdem besteht dort ein sehr frommes und beständiges Gericht.*
> (Euripides, Elektra, VV. 1258–1263).

Nach dem Ort hieß das Gericht, das hier tagte. Mitglieder wurden jeweils die *Archonten* nach dem Ablauf ihrer Amtszeit. Ursprünglich waren das nur reiche Aristokraten, so dass der Areopag ein angesehener und einflussreicher Adelsrat war. Er zählte ca. 150 Mitglieder.

Er war zuständig für Prozesse wegen Gewaltverbrechen und Hochverrat, und die *Archonten* mussten ihm am Ende ihrer Amtszeit Rechenschaft ablegen.

So war es, bis Ephialtes in dem Bestreben, die Rechte des Volkes zu stärken, 462/61 eine günstige Gelegenheit nutzte und den *Areopag* durch einen Volksbeschluss entmachtete. Die günstige Gelegenheit hatte sich geboten, als sich der Führer der Aristokraten, Kimon, mit einem Aufgebot von 4000 Hopliten in Messenien aufhielt, um den Spartanern gegen aufständische Messenier Hilfe zu leisten. Die Hopliten gehörten der Mittelschicht an. Durch ihre Abwesenheit hatten die *Theten* – die unterste

Schicht der seit Solon nach dem Vermögen eingeteilten Bürger – die Mehrheit gewonnen. Kimons Versuch, nach seiner Rückkehr den Beschluss aufheben zu lassen, scheiterte. Er wurde durch das Scherbengericht in die Verbannung geschickt. Ephialtes wurde kurze Zeit danach ermordet. Sein Erbe trat Perikles an.

Ein umgekehrter Fall trat 411 ein. Als die Flotte, auf der die *Theten* Dienst taten, vor Salamis ankerte, nutzten die Angehörigen der Oberschicht die Chance und etablierten eine Oligarchie, die sich freilich nur wenige Monate an der Macht halten konnte.

Mit der Entmachtung des *Areopags* war auch eine Änderung der Außenpolitik verbunden. Es setzte sich ein antispartanischer Kurs durch und damit zugleich eine Verstärkung der imperialistischen Ambitionen des Attisch-Delischen Seebunds. Von dieser Neuausrichtung profitierten die Theten.

Die Kompetenzen des *Areopags* wurden auf die Volksversammlung, den Rat der Fünfhundert und die Geschworenengerichte aufgeteilt. Der *Areopag* blieb für Prozesse wegen Totschlags, Körperverletzung, Brandstiftung und einige religiöse Angelegenheiten zuständig. Ging es um Blutschuld, tagte er unter freiem Himmel auf dem Felsen. Mörder galten als *befleckt*, in einem geschlossenen Raum würde man sich bei ihnen wie bei Kranken anstecken. Kläger und Angeklagte saßen auf unbearbeiteten Steinen. Für andere Verhandlungsgegenstände tagte man in der Königshalle (stoà basíleios), die zu den die *Agora* im Westen begrenzenden Verwaltungsgebäuden gehörte.

Der oberste Gerichtshof Griechenlands heißt noch heute *Areopag*.

Athen war zu einer absoluten oder radikalen Demokratie geworden.

Aischylos hat dem Areopag in seiner 458 aufgeführten Trilogie, der *Orestie*, ein Denkmal gesetzt: Die Göttin Athena ist Richterin in einem mythischen Prozess in Athen, in dem die *Erinyen*, die Rachegöttinnen, mit Apollon über Schuld oder Unschuld des Orest streiten. Der hatte auf Weisung Apollons seine Mutter Klytaimestra getötet, um den von ihr ermordeten Agamemnon, seinen Vater, zu rächen. Athena wählt unter den Athenern Richter aus und spricht zu ihnen:

> *Nun höre du die Satzung, Volk von Attika,*
> *ihr Männer, die ihr jetzt als erste Richter seid in einem Mordprozess.*
> *Es wird auch in der Zukunft für des Aigeus Bürgerschaft*
> *der Areshügel hier ein Ort sein, auf dem Recht gesprochen wird. ...*
> *Hier wird die Ehrfurcht und die ihr verwandte Furcht*
> *die Bürger daran hindern, dass sie Unrecht tun,*
> *bei Tag und ebenso bei Nacht, es sei denn, dass sie das Gesetz*
> *von selbst durch schlechten Zuguss so verändern, dass es ganz verdorben wird.*
> *Wenn du mit Schlamm ein klares Wasser trübst,*
> *kannst du es nicht mehr trinken. Euch,*

den Bürgern, rate ich, nicht Anarchie, nicht Despotie
für wert zu halten; und: vertreibt nicht alles das, was schreckt,
aus eurer Stadt; denn welcher Mensch ist noch gerecht,
wenn er nichts mehr zu fürchten hat?
Wenn ihr gerecht in solcher Ehrfurcht bangt,
habt ihr ein Bollwerk für das Land
und Rettung für die Stadt,
wie es kein andrer Mensch besitzt,
kein Skythe, keiner in des Pelops Land.
Für diese Richter gelte fortan mein Gesetz:
Sie seien unbestechlich, ehrfurchtsvoll,
mit Eifer auf das Recht bedacht, ein wahrer Schutz,
der allen Menschen dieses Landes unbesorgten Schlaf gewährt.
Ausführlich habe ich gesprochen und die Bürger meiner Stadt für alle
Zeit ermahnt.
Erhebt euch nun und hebt den Stimmstein auf,
sprecht Recht, wie ihr geschworen habt.
Damit ist alles nun gesagt. (Eumeniden, VV. 681–710).

Athena überträgt den Menschen die Verantwortung für die Regeln ihres Zusammenlebens. Sie hebt das Recht der Selbstjustiz auf. Sie hält ein Plädoyer für einen Rechtsstaat mit einer Obrigkeit, die das Maß zwischen Anarchie und Despotie kennt, und mit Richtern, die unbestechlich und ehrfürchtig dem Gesetz dienen.

Die Auszählung der Richterstimmen ergibt ein Patt. Athena votiert für den Freispruch des Orest: *in dubio pro reo*, im Zweifel für den Angeklagten. Und: Ein göttlicher Gnadenakt schenkt Orest die Freiheit.

Hat der Dichter in der etablierten radikalen Demokratie den idealen Staat der Mitte verwirklicht gesehen, oder war er gerade umgekehrt der Überzeugung, der Staat habe durch die Entmachtung des Areopags die Balance verloren? Die Interpreten sind sich uneins.

Über die Verfahrenspraxis belehrt uns der aus Syrien stammende Literat Lukian (ca. 120 – nach 180 n.Chr.) in einer Schrift mit dem Titel *Anacharsis oder die gymnastischen Übungen*. Wir setzen voraus, dass sich die Regelungen bei einer so konservativen Institution auch in einer so langen Zeit im Wesentlichen nicht geändert haben.

Wenn dieses ehrwürdige Gericht den Marshügel bestiegen und sich niedergesetzt hat, über einen Mord oder eine vorsätzliche Verwundung oder angelegtes Feuer zu richten, so wird sowohl dem Kläger als dem Beklagten die Erlaubnis erteilt, entweder in eigener Person oder durch einen Anwalt gegeneinander anzutreten. Solange nun diese nichts vorbringen als das, was der Sache dienlich ist, erlaubt ihnen das Gericht zu sprechen und hört stillschweigend zu: Wollte einer aber eine Vorrede voranschicken, um die Richter günstig zu stimmen oder durch irgendeinen der zahlreichen Kunstgriffe, mit denen die Meister in der Redekunst den Richtern nachzustellen pflegen, ihr Mitleiden

> *oder ihren Unwillen zu erregen suchen, so tritt augenblicklich der Ausrufer vor und gebietet ihnen Stillschweigen. Denn es wird hier nicht gestattet, die Aufmerksamkeit des Richters mit schönem Geschwätz zu zerstreuen oder der Sache durch den Vortrag einen bestimmten Anstrich zu geben, sondern es müssen den Areopagiten nur die nackten Tatsachen dargelegt werden.*
> (Lukian, Anacharsis, § 19; Übers.: nach Chr. M. Wieland).

Als man sich im 4. Jahrhundert entschloss, eine gemäßigtere Form der Demokratie einzuführen, wurden die Befugnisse des *Areopags* erweitert: Er erhielt das Recht, Gesetzesbrüche zu ahnden und über die ordnungsgemäße Ausführung der Gesetze zu wachen. Er trat damit in Konkurrenz zu den Volksgerichten.

12.2 Die Gerichte

Wie jeder Bürger Ratsherr und *Archont* werden konnte, so konnte er auch Richter werden. Einer Ausbildung bedurfte es dafür nicht. Jährlich wurden aus der Zahl derer, die sich für das Amt bewarben, Männer ausgelost, die mindestens 30 Jahre alt waren. Seit 403 blieb, wer einmal ausgelost war, sein Leben lang Richter. Die Zahl der Richter betrug 6000. Jede Phyle stellte 600.

Ebenso wie die Ratsherren mussten auch die Richter, bevor sie ihr Amt antraten, einen Eid leisten:

> *Ich werde in Übereinstimmung mit den Gesetzen und Dekreten des Volkes der Athener und des Rates der Fünfhundert stimmen, darüber aber, worüber es kein Gesetz gibt, nach meinem Empfinden für das, was das Gerechte ist. Ich werde mich weder von Sympathie noch von Feindschaft leiten lassen, und ich werde nur über das abstimmen, was Gegenstand des Verfahrens ist.*
>
> *Ich werde nicht dafür stimmen, dass es einen Tyrannen oder eine Oligarchie gibt. Und wenn einer die athenische Demokratie umzustürzen versucht oder gegen sie spricht oder stimmen lässt, werde ich nicht gehorchen. ...*
>
> *Und ich werde nicht die Amtseinsetzung bestätigen, wenn der Bewerber noch für ein anderes Amt rechenschaftspflichtig ist. ... Ich werde nicht zulassen, dass derselbe Mann dasselbe Amt zweimal ausübt, und auch nicht, dass derselbe zwei Ämter in demselben Jahr bekleidet.*
>
> *Und ich werde als Richter keine Geschenke annehmen, auch nicht, wenn ein anderer oder eine andere sie für mich mit meinem Wissen annimmt, ich werde mich keines Tricks und keiner List bedienen. Und ich bin nicht jünger als 30 Jahre.*

> *Und ich werde sowohl den Ankläger als auch den, der sich verteidigt, anhören, beide in gleicher Weise, und ich werde meine Stimme nur über den Gegenstand der Anklage abgeben.*
> (Demosthenes [384–322], Rede gegen Timokrates, [24], 149–151; nach Gregor Weber und M. H. Hansen).

Der Eid endete mit einer bedingten Selbstverfluchung für den Fall des Eidbruchs.

Dass weder die Diäten noch der Eid die Richter gegen Bestechung immun gemacht haben, zeigt ein Plädoyer, das ein Richter in einem Redewettstreit in der 422 aufgeführten aristophaneischen Komödie *Die Wespen* hält:

> *Bei dem Eintritt gleich in die Schranken beweis' ich dir klar und unwiderleglich,*
> *dass sich unsre Gewalt wohl messen darf mit der Herrschaft jedes Monarchen!*
> *Welch Wesen auf Erden ist hoch beglückt, gefeiert und reich wie ein Richter,*
> *hat Freuden die Füll', ist gefürchtet zugleich wie ein Richter, vor allem ein alter?*
> *Am Morgen gleich, wenn er kriecht aus dem Bett, da erwarten ihn mächtige Männer,*
> *vier Ellen hoch, an den Schranken schon: Ich trete herzu, und entgegen*
> *streckt einer sogleich mir die samtene Hand, die den Säckel des Staates bestohlen.*
> *Sie verneigen sich tief, und sie bitten und flehn und schwimmen in Tränen und schluchzen:*
> *O erbarme dich, Vater, o lass dich erflehn, wenn du jemals im Amte wohl selber*
> *dich ein bisschen vergriffen, hier oder im Feld bei dem Einkauf für die Soldaten! –*
> *Wo wüsste so einer von mir, dass ich leb', hätt' ich früher ihm nicht schon geholfen?*

In den folgenden Versen erfahren wir dann noch, wie emotional es im Gericht zuzugehen pflegte:

> *So tret' ich hinein und bin leidlich gerührt, rein weggewischt ist da mein Ingrimm!*
> *Doch innert der Schranken – da tu ich von all dem Versprochenen nicht das Geringste!*
> *Da hör ich sie alle, die Stimmen, die laut Freispruch verlangen, mit Gleichmut!*
> *Gibt's irgendetwas Schönes, Süßes, das dort nicht ein Richter zu hören bekäme?*
> *Die heulen mir vor, wie blutarm sie sind, und die Not, die sie drückt, die vergrößern*

> sie zwanzigfach noch, bis ihr Elend so groß, herzzerbrechend ist, just –
> wie das meine! ...
> Und kann das alles das Herz nicht rühren, dann schleppen sie plötz-
> lich die Kinder
> an der Hand herbei sowohl die Bübchen als auch die Mädchen; da sitz
> ich und horche:
> Sie blöken zusammen und hängen die Köpfe, und um ihretwillen be-
> schwört mich
> Der Vater, als wär' ich ein Gott, mit Furcht und Zittern, ihn nicht zu
> verdammen! ...
> Da geruhen wir wohl, die Saiten des Zorns ein bisschen herunterzu-
> stimmen!
> Das heißt doch, gewaltig, allmächt zu sein und dem Reichtum ins
> Angesicht lachen?
> (VV. 548–575; Übers.: nach Ludwig Seeger).

Die Richter wurden Gerichten zugeteilt, die 200, 400, 500 1000 und 1500 Personen umfassten. Zeitweise wurde jeweils 1 Richter dazugelost, um Stimmengleichheit zu vermeiden.

387/86 ist man, um das Problem der Bestechung wenn nicht zu lösen, so doch zu minimieren, dazu übergegangen, die Richter jeweils erst am Gerichtstag einem Gericht zuzulosen. Für diese nun zweifache Auslosung leisteten Losmaschinen gute Dienste, von denen man einige Exemplare gefunden hat.

Mehrere Prozesse wurden gleichzeitig geführt. Sie fanden unter freiem Himmel an Orten statt, die im Stadtzentrum im Umfeld der *Agora* lagen. Jeder Prozess musste an einem Tag beendet werden.

Den Vorsitz in den Sitzungen führte einer der *Archonten*. Die Richter kannten die Anklage und die Namen des Klägers und des Angeklagten, mehr nicht. Es gab keine Akten. Kläger und Angeklagte mussten ihre Sache selbst vertreten, sie konnten sich aber ihre Reden gegen Bezahlung von Redenschreibern (logográphoi) verfassen lassen. *Metöken* und Frauen mussten einen Vertreter benennen. Die Redezeit war begrenzt, sie wurde durch eine Wasseruhr, die *Klepsydra*, kontrolliert. Kläger und Angeklagte durften ihre jeweiligen Kontrahenten in ein Kreuzverhör verwickeln, die Richter durften keine Fragen stellen. Zeugen durften geladen und verhört werden.

Der Prozess glich einem Wettkampf zwischen dem Kläger und dem Angeklagten. Hatten beide ihre Plädoyers gehalten, stimmten die Richter ab. Es gab keine Aussprache unter ihnen. Die einfache Mehrheit entschied.

War das Strafmaß nicht gesetzlich festgelegt, folgte ein 2. Akt, in dem Kläger und Angeklagte jeweils ihre Anträge stellten und begründeten. Sokrates hat, nachdem er schuldig gesprochen worden war, beantragt, künftig wie die Olympioniken täglich als Ehrengast im Prytaneion gemeinsam mit den Prytanen speisen zu dürfen. Dass er dann doch noch, gedrängt von seinen Freunden, eine Geldstrafe beantragte, half ihm nichts mehr. Die Kläger beantragten die Todesstrafe und gewannen. Die Richter hatten nur die Möglichkeit, sich zwischen den beiden Anträgen zu entscheiden. Sie durften selbst keine Strafe vorschlagen. Sie stimmten wiederum ohne Aussprache ab, und wieder entschied die einfache Mehrheit. Es konnte auf eine Geldstrafe, Verbannung und Tod erkannt werden. Eine Möglichkeit, Berufung einzulegen, gab es nicht.

Das Schlusswort hatte der Angeklagte. Sokrates schloss mit den Worten:

> *Es ist nun Zeit zu gehen, für mich zu sterben, für euch zu leben. Wer von uns dem besseren Schicksal entgegengeht, ist jedem verborgen außer dem Gott.* (42 A).

Die Richter unterlagen keiner Weisung und keiner Kontrolle. Sie waren so wenig rechenschaftspflichtig wie die Teilnehmer an einer Volksversammlung.

Es gab besondere Verfahren, die dem Schutz der Demokratie dienten. Jeder Bürger, der sie bedroht sah, konnte ein derartiges Verfahren anstrengen (*Eisangelie* – *Klage*), und jeder Bürger konnte gegen einen Beschluss der Volksversammlung, den er für gesetzwidrig hielt, Klage erheben und seine Aufhebung beantragen (*graphè paranómon*). Bekam er recht, wurde der Antragsteller bestraft, das Gesetz annulliert. Das schreckte zwar skrupellose Politiker ab, verhinderte aber andererseits, dass neue, in die Zukunft weisende Anträge eingebracht und Reformen in Gang gesetzt wurden. 415 wurde erstmals ein derartiges Verfahren durchgeführt. Der Schutz war nur bedingt wirkungsvoll: 411 hob sich die Demokratie – wenn auch nur für kurze Zeit – auf.

Es ist beachtenswert, dass Richter zu Hütern der demokratischen Ordnung bestellt worden sind. Hier werden die Anfänge einer Verfassungsgerichtsbarkeit greifbar.

Unsere Einteilung in Privat- und Strafrecht ist auf die antiken Verhältnisse nur bedingt übertragbar. Der Unterschied lag in der Klageberechtigung. Die öffentliche Klage konnte jeder Bürger erheben, wenn er meinte, dem Gemeinwesen sei Schaden zugefügt worden, die Privatklage nur, wer geschädigt war. Es gab keinen Staatsanwalt, die Gerichte konnten nicht von sich aus tätig werden. Es bedurfte eines Klägers.

Als Kläger traten häufig sog. *Sykophanten* auf. Von der ursprünglichen Bedeutung *Feigenentdecker* hatte sich der Begriff zu dem eines berufsmäßigen Anklägers entwickelt. Mit einer Anklage ließ sich leicht ein Gegner schädigen oder erpressen. Die *Sykophanten* wurden nicht selten instrumentalisiert und für ihre Tätigkeit bezahlt. In manchen Fällen konnten sie jedoch verhindern, dass ein Straftäter ungestraft davonkam.

Die Richter entwickelten das Recht nicht weiter. Sie urteilten auf der Grundlage der geschriebenen Gesetze. Anders als in Rom entstand in Athen keine Rechtsliteratur.

In einer aus dem 5. Jahrhundert stammenden Fassung sind die Gesetze überliefert, die Drakon im 7. Jahrhundert erlassen hatte. Er hatte erstmals die Motive einer Tat gewürdigt, hatte zwischen vorsätzlicher und nicht-vorsätzlicher Tötung unterschieden und den Gerichtszwang eingeführt. Drakon hatte die Grundlagen für die Rechtsentwicklung in der demokratischen Polis gelegt.

13 Als Bürger in einer Demokratie: Freiheit und Bindung

Herodot war davon überzeugt, dass die freie Entfaltung, die die Demokratie den Bürgern ermöglicht, der demokratisch verfassten Polis eine Überlegenheit im Krieg mit anderen Staaten verschafft. Den Sieg Spartas über Athen 404 hat der Historiker freilich nicht mehr erlebt. So muss es offen bleiben, ob er seine These revidiert oder Gründe für Athens Niederlage geltend gemacht hätte, die nichts mit der Verfassung zu tun hatten.

Er berichtet in seinem um 425 verfassten Werk über die Reform des Kleisthenes und schreibt:

Die Athener wurden stark. Das beweist nicht nur in einer Hinsicht, sondern ganz allgemein, dass Freiheit und Gleichheit, die in der Redefreiheit (isegoríe) ihren Ausdruck finden, etwas sehr Wertvolles sind. Solange die Athener von Tyrannen regiert wurden, waren sie ebenso stark wie ihre Nachbarn. Als sie aber von der Tyrannenherrschaft befreit worden waren, erwiesen sie sich bei weitem als die Ersten. Das beweist also, dass sie – niedergehalten – absichtlich nachlässig waren, da sie für einen Herrn tätig waren, dass aber jeder, als sie befreit worden waren, sein Bestes gab, da er für sich selbst tätig war.
(5, 78).

Der aus Kos stammende berühmte Arzt Hippokrates (ca. 460 – ca. 380) sieht die von ihm beobachtete Schwäche und Mutlosigkeit der Asiaten nicht nur im Klima, sondern auch in der Regierungsform begründet:

Im größten Teil Asiens herrscht nämlich ein König. Wo aber die Menschen nicht Herr über sich selbst sind und sich ihre Gesetze nicht selbst geben, sondern beherrscht werden, da richtet sich das Interesse nicht darauf, sich in der Kriegskunst zu üben, sondern darauf, möglichst nicht kämpferisch zu erscheinen. Die Risiken sind nämlich nicht gleich verteilt. Denn die einen ziehen zu Felde, nehmen Strapazen auf sich und sterben gezwungenermaßen für ihre Herrscher, fern von Kind, Weib und allem, was ihnen sonst lieb ist. Durch ihre tüchtigen und

tapferen Taten gewinnen ihre Herren Macht und Ansehen. Ihnen aber bleiben als Frucht Gefahr und Tod.
(Zitiert in: Hellmut Flashar: Hippokrates, Meister der Heilkunst, München, 2010, S. 69. Die Übersetzung ist leicht verändert worden).

Die Freiheit war durch Bindungen eingehegt, die über die geschriebenen Gesetze hinausgingen, die sog. *ungeschriebenen Gesetze (ágraphoi nómoi)*. Von ihnen spricht Perikles in der Rede, die er auf die Gefallenen des ersten Jahres des Peloponnesischen Krieges hielt. Thukydides hat die Rede gestaltet und in seinem um 400 v.Chr. verfassten Geschichtswerk überliefert:

> *Wir verkehren zwar privat nachsichtig miteinander, im Staat übertreten wir aber trotzdem die Gesetze nicht, und zwar hauptsächlich aus Furcht, d.h. aus Gehorsam gegenüber den jährlich wechselnden Beamten und den Gesetzen, insbesondere denen, die zum Nutzen derer herrschen, denen Unrecht geschieht, und denen, die zwar nicht aufgeschrieben sind, aber nach allgemeinem Urteil Schande bringen.* (2, 37).

In der um 463 aufgeführten Tragödie *Hiketiden, Die Schutzflehenden*, des Aischylos formuliert der Chor Forderungen an die Bürger, die er für das Gedeihen der Polis für unabdingbar hält:

> *Den Fremden mögen sie,*
> *bevor man zum Krieg rüstet,*
> *wohlmeinend Recht sprechen, ohne Schaden.*
> *Die Götter, die das Land bewohnen,*
> *mögen sie mit den von den Vätern ererbten*
> *einheimischen Gebräuchen lorbeergeschmückt*
> *mit Rinderopfern ehren.*
> *Die Ehrfurcht vor den Eltern –*
> *das ist als drittes Gesetz eingeschrieben*
> *in die Satzungen der hochgeehrten Dike,*
> *der Göttin des Rechts.* (VV. 701–09).

Ein viertes Gesetz verlangte die Achtung vor den Toten, wie sie Sophokles in seiner 442 aufgeführten Tragödie *Antigone* eindrucksvoll eingefordert hat. Der tote Mensch ist der Verfügungsgewalt der Lebenden entzogen, gehört einer anderen Welt an, deren Recht es vorbehaltlos anzuerkennen gilt.

Wodurch war es gewährleistet, dass diese ungeschriebenen Gesetze beachtet wurden? Der Sophist Protagoras (ca. 485 – ca. 415) macht dafür im Menschen angelegte Dispositionen verantwortlich. In Platons Dialog *Protagoras* erzählt er einen Mythos über die Entstehung und Entwicklung des Menschengeschlechts: Nachdem die Menschen geschaffen worden seien und Staaten gegründet hätten, sei es ihnen nicht gelungen, friedlich zusammenzuleben, weil ihnen *die politische Fähigkeit (politiké téchne)* gefehlt habe. Er fährt fort:

> *Zeus fürchtete, dass unser Geschlecht völlig zugrunde gehen könnte, und schickte Hermes zu den Menschen mit den Eigenschaften der gegenseitigen Achtung (aidós) und dem Rechtsbewusstsein (díke). Diese Eigenschaften sollten den Staaten Ordnung bringen, und sie sollten die Menschen in ihnen freundschaftlich miteinander verbinden. Hermes fragte Zeus, wie er das Rechtsbewusstsein und die gegenseitige Achtung unter den Menschen verteilen sollte: „Soll ich sie verteilen, wie die Fähigkeiten verteilt sind? Sie sind nämlich so verteilt: Ein Arzt genügt als Fachmann für viele Laien. Und das gilt für alle Fachleute. Verteile ich Rechtsbewusstsein und gegenseitige Achtung auf diese Weise, oder teile ich sie allen zu?" „Allen", sagte Zeus, „alle sollen an ihnen Anteil haben. Staaten könnten nämlich nicht existieren, wenn nur wenige diese Eigenschaften besäßen. Und gib ihnen in meinem Auftrag noch das folgende Gesetz: Den, der Achtung und Rechtsbewusstsein nicht besitzt, soll man töten wie einen, der den Staat verseucht."* (322 C).

Aristoteles wird den Menschen als ein Lebewesen definieren, das von Natur aus auf ein Leben in einer politischen Gemeinschaft angelegt ist. Er nennt ihn ein *zóon politikón*. (Pol. 1, 1253 a).

Zeus ist in dem Mythos eine fiktive Figur. Tatsächlich kannten die Griechen keinen göttlichen Gesetzgeber wie den Gott des Alten Testaments und keinen göttlichen Ratgeber wie Christus in der Bergpredigt des Neuen Testaments.

Perikles wusste freilich auch, dass der Mensch ein Wesen ist, das nach Anerkennung (*timé*) strebt, danach, sich vor anderen auszuzeichnen.

> *Nach den Gesetzen haben alle in ihren persönlichen Angelegenheiten den gleichen Anteil (tò íson); was aber die Wertschätzung im öffentlichen Leben betrifft, wie einer geachtet wird, so wird er nicht nach der Zugehörigkeit zu irgendeiner Gruppe, sondern auf Grund seiner Leistung (areté) herausgehoben und nicht, wenn er zwar arm ist, aber für den Staat eine gute Leistung vollbringt, benachteiligt, nur, weil man seinen Namen nicht kennt.* (2, 37).

Joshia Ober wendet sich in seinem 2017 erschienenen Buch *Demopolis oder was ist Demokratie* (siehe Literaturverzeichnis) den Bürgern zu und fragt, welches Interesse sie haben, eine demokratische Ordnung zu befürworten und aufrecht zu erhalten. Beansprucht ein solcher Staat doch Zeit, die für die Verfolgung persönlicher Ziele und Interessen verloren geht. Ober argumentiert: Die Bürger identifizierten sich mit einem solchen Staat, wenn er die Sicherheit seiner Bewohner im Innern und nach außen garantiere und dafür sorge, dass die für das Leben unverzichtbaren Güter zur Verfügung stünden. Die Bürger seien sich dessen bewusst, dass sie in der Demokratie keinem autokratischen Regime unterworfen seien, an der Gestaltung des politischen Lebens gleichberechtigt mit allen anderen Bürgern mitwirkten und selbstbestimmt lebten. Daraus könnten sie die Würde eines autonomen Subjekts ableiten und beanspruchen.

Ist der Mensch – so Ober – durch seine Sprachfähigkeit ein auf Kommunikation angelegtes Wesen, so wird er in einem Staat, in dem er durch Kommunikation an den Bedingungen seiner Existenz mitwirken kann, seiner Bestimmung am ehesten gerecht. Keine andere Verfassung ermöglicht es so gut wie die Demokratie, die menschliche Grundfähigkeit zu entfalten. Zudem befriedigt das Recht auf freien Zugang zu den beratenden und beschließenden Gremien ein Grundbedürfnis der Menschen. Sie tragen selbst dafür Sorge, dass ihre Interessen berücksichtigt werden und ihre Sicherheit gewährleistet wird. Sie handeln so, wie es ihres Erachtens für sie gut ist, sie delegieren diese Entscheidung an niemanden, der über sie herrscht.

Der Zugewinn an Wohlstand kommt nicht einer privilegierten Gruppe, sondern allen zugute.

Der Austausch von Kenntnissen führt zu den bestmöglichen Lösungen, wenn Fachleute mit ihrem Wissen in den demokratischen Gremien geschätzt und gehört werden.

In einem demokratisch regierten Staat, in dem die Bürger einander gleichgestellt sind, gilt der Imperativ, jeden Bürger als gleichberechtigten, autonomen Menschen zu achten. Diese Achtung verleiht ihm Würde und schützt ihn vor Bevormundung und Demütigung durch Mächtige und Überlegene.

In Obers *Demopolis* wird die antike Demokratie wieder zum Leben erweckt. Die Staatsform, die Freiheit und Gleichheit gewährt und die dem Bürger zugleich die Verpflichtung auferlegt, den anderen zu achten und ihn dadurch bindet, entspricht der Natur und den Interessen des Menschen gleichermaßen.

14 Die Demokratie Athens im Spiegel der römischen Verfassung

So sehr die Römer die Griechen wegen ihrer kulturellen Leistungen in der Architektur, der Kunst, Literatur und Philosophie schätzten, so wenig hielten sie von ihnen als Politiker. Cicero hat die Demokratie dafür verantwortlich gemacht, dass Athen den Kampf um die Autonomie verloren hat. In seiner Schrift *Über den Staat*, an der er von 54–51 v.Chr. gearbeitet hat, schreibt er:

> *In Königreichen sind alle außer dem König von dem Prinzip der Gleichberechtigung und der Mitwirkung an der Planung ausgeschlossen. Unter der Herrschaft der Optimaten kann das Volk so gut wie keinen Anteil an der Freiheit beanspruchen, da es von jeder Art ge-*

meinsamen Planens und jeder Macht ausgeschlossen ist, und wenn alle Macht beim Volk liegt, mag es auch noch so gerecht und maßvoll sein, so ist trotzdem gerade die Gleichheit ungerecht, da sie keine Abstufungen der Würde zulässt.

Die Athener selbst haben die unumschränkte Macht des Volkes in eine unkontrollierte Willkür der Masse umgewandelt und so die Menschen ins Verderben geführt.

Die Rechtsgleichheit, die die freien Völker so hoch schätzen, kann nicht dauerhaft bestehen. Denn gerade diese Völker, mögen sie noch so ungebunden und ungezügelt sein, weisen vielen Bürgern besondere Aufgaben zu und legen Wert darauf, eine Auswahl zu treffen und Würden zu verleihen. Das, was Gleichheit genannt wird, ist sehr ungleich. Wo die gleiche Ehre Hoch und Niedrig zuteil wird – Niedrige gibt es notwendig in jedem Staat –, ist die Gleichheit am ungleichsten. Das kann es in den Staaten, die von den Besten regiert werden, nicht geben. (1,27 [43]; 28 [44]; 34 [53]).

Ob die Demokratie an Athens Verhängnis schuld war, darf man bezweifeln. Dass Rom vermieden hat, was Cicero der Demokratie zur Last legt, ist unbezweifelbar. Die römische Verfassung kannte die Differenzierung von Hoch und Niedrig. Rom wurde von seinen Magistraten und dem Senat regiert, die Nobilität hatte das Sagen, Einfluss und Macht der Volksversammlung waren eher unbedeutend. Rom war eine Republik, aber keine Demokratie.

Der aus Megalopolis auf der Peloponnes stammende griechische Historiker Polybios (ca. 200 – ca. 118 v.Chr.) hat in seiner Geschichte der Jahre 264–145, den *Historien*, dargelegt, dass Rom seinen Aufstieg zu einer die Welt beherrschenden Macht der Stabilität seiner Verfassung verdankte. Er beschreibt sie als eine Mischverfassung. Um der Symmetrie und seiner Theorie willen schreibt er dem Volk mehr Macht zu, als es tatsächlich besaß:

Es gab drei Institutionen, die die Macht im Staat besaßen. ... Alles war im Einzelnen so gleichmäßig und angemessen einander zugeordnet und auf die drei Institutionen verteilt, dass niemand mit Sicherheit hätte sagen können – auch von den Einheimischen niemand –, ob der Staat in seiner Gesamtheit eine Aristokratie, eine Demokratie oder eine Monarchie sei. Diese Unsicherheit war unvermeidbar.

Wenn man auf die Befugnisse der Konsuln blickte, erschien der Staat vollkommen als eine Monarchie und ein Königtum; blickte man auf die Befugnisse des Senats, so erschien er als eine Aristokratie; schenkte jemand den Befugnissen des Volkes seine Aufmerksamkeit, so schien der Staat eindeutig eine Demokratie zu sein. ...

Bevor die Konsuln das Heer ins Feld führen und solange sie sich in Rom aufhalten, haben sie die Vollmacht über alle Angelegenheiten. Denn alle anderen Amtsträger sind ihnen untergeordnet und zu Gehorsam verpflichtet außer den Volkstribunen. ... Sie legen dem Senat die dringlichen Angelegenheiten zur Beschlussfassung vor und kümmern sich um den gesamten Vorgang der Ausführung der Beschlüsse. Auch um alle die Gesamtheit betreffenden Angelegenheiten, die vom Volk entschieden werden, müssen sie sich kümmern. Sie müssen die Volksversammlung einberufen, die Beschlussvorlagen einbringen und vollziehen, was die Mehrheit beschlossen hat. Im Hinblick auf die Vorbereitung eines Krieges und vollends bei der Kriegsführung haben sie eine fast unumschränkte Macht.

Die wichtigste Aufgabe des Senats besteht darin, die Finanzen zu kontrollieren. Das gilt sowohl für alle Einnahmen als auch für die Ausgaben. Er ist verpflichtet, die Gesandtschaften, die nach Rom kommen, angemessen zu behandeln und zu bescheiden.

Nur das Volk kann jemanden zum Tode verurteilen. ... Es gibt denen die Ämter, die würdig sind. Das ist der schönste Preis für die, die sich um den Staat verdient gemacht haben. Es liegt beim Volk, die Gesetze zu bestätigen, und vor allem, über Krieg und Frieden zu beraten. Und wenn es darum geht, ein Bündnis einzugehen oder aufzulösen oder Verträge abzuschließen, so vollzieht es jede dieser Handlungen und verleiht ihnen Rechtskraft oder versagt sie ihnen. (6, 11–14).

15 Antike und moderne Demokratie

15.1 Unterschiede

Die Bürger Athens fühlten sich durch die Gemeinsamkeit der Herkunft, der Sprache, des geschichtlichen Erbes, der Werte, der Auseinandersetzungen als eine Gemeinschaft. Das Ringen um die je und je richtige Entscheidung vollzog sich in der Öffentlichkeit. Das Bürgerrecht war auf diejenigen beschränkt, deren Eltern Athener waren. Frauen, Fremde und Sklaven waren von der politischen Willensbildung zwar ausgeschlossen, aber sie waren durch die Sprache i. d. R. mit den Bürgern verbunden.

Die Bevölkerung der Bundesrepublik Deutschland ist heterogen. Das Bürgerrecht wird auch Fremden eingeräumt. Nur die Verfassung und das Recht knüpfen ein Band zwischen den Menschen, die in ihr leben. Ob sie auf Verhaltensweisen einer Leitkultur verpflichtet werden sollen, ist umstritten.

Der moderne demokratische Rechtsstaat ist ein Territorialstaat mit einer geschriebenen Verfassung. Die Würde des Menschen ist unantastbar, alle Menschen sind vor dem Gesetz gleich. Diese Sätze werden nicht begründet. Vorstellungen des stoischen Naturrechts, der christlichen Offenbarungsreligion und der Philosophie der Aufklärung liegen ihnen zugrunde. Wenn sich das Volk dieser gemeinsamen Werte nicht bewusst ist, hat die Demokratie keinen Bestand.

Athen war ein Stadtstaat ohne eine schriftlich fixierte Verfassung. Es gab keinen Katalog unveräußerlicher Menschenrechte. Rechte von Minderheiten, Freiheitsrechte waren nirgendwo formuliert. Nur die Bürger waren vor dem Gesetz gleich.

Es gab *ungeschriebene Gesetze*, die auf allgemeiner Übereinstimmung beruhten und die das kodifizierte Recht ergänzten. Der moderne Rechtsstaat hat sie in sein Rechtssystem integriert.

Athen war ein Rechtsstaat auf der Grundlage geschriebener Gesetze, die von der Volksversammlung beschlossen wurden. Der Staat beruhte auf den Prinzipien des Gesetzesgehorsams und der Volkssouveränität. Das Recht der Redefreiheit war ein hohes Gut, das als ein Wesensmerkmal der Demokratie betrachtet wurde.

Im modernen demokratischen Rechtsstaat werden die Mandatsträger in regelmäßigen freien, fairen und geheimen Wahlen gewählt. Ein Losverfahren wie in Athen gibt es im politischen Bereich nicht. Die Justiz kennt die Kombination von Wahl und Losverfahren: Schöffen werden gewählt und dann durch das Los den Kammern des Gerichts zugewiesen.

In der Bundesrepublik repräsentieren die Mandatsträger in Gremien auf kommunaler, Landes- und Bundesebene die Bürger, das Volk. Die Bundesrepublik ist eine mittelbare oder repräsentative Demokratie. Plebiszite (Volksabstimmungen) sind ein Element der direkten Demokratie. Öffentlichkeit gehört zu einer direkten und repräsentativen Demokratie gleichermaßen.

Die Gewalten der Legislative, Judikative und Exekutive sind voneinander getrennt und unabhängig. Die Exekutive unterliegt der Kontrolle der Legislative und der Judikative.

Sie bestimmt die Richtlinien der Politik. Die Gewaltenteilung ist ein sehr wesentlicher Unterschied zwischen dem antiken Staat und dem modernen Rechtsstaat, eine späte Errungenschaft des 18. Jahrhunderts (Montesquieu: *Vom Geist der Gesetze*, 1748).

Die Bürgerschaft in Athen entschied selbst und souverän, sie war die gesetzgebende Institution und bestimmte die Richtlinien der Politik, sie war der Staat. Athen war eine direkte Demokratie. Alle Staatsgewalt ging vom Volke aus. Die Exekutive war lediglich ein ausführendes Organ ohne Einfluss. Es gab keine, die Macht des Volkes einschränkende Institution. Den Beruf des Politikers gab es nicht. Die Gerichte waren zwar unabhängige Einrichtungen, aber eine Kontrolle konnten sie nur bedingt ausüben, da sie nicht von sich aus tätig werden konnten.

Es gab keine die Politik und die Gerichte kontrollierende Presse.

Man hat den modernen Staat mit einem Schiff verglichen, in dem sich die Passagiere die Mannschaft wählen. Im antiken Staatsschiff sind Passagiere und Mannschaft identisch. (Paul Veyne).

Die Bundesrepublik ist ein sozialer Rechtsstaat. Sein Ziel ist die soziale Gerechtigkeit und die Verbesserung der Lebensbedingungen. Es besteht Schulpflicht.

Im Gegensatz dazu kümmerte sich der antike Staat nicht um den Bereich des Ökonomischen, um Produktion und Austausch von Waren. Er überließ die Wirtschaft den Bürgern und der Hausgemeinschaft (*oíkos* heißt Haus). Er beschränkte sich darauf, den Bürgern im Innern eine angemessene Teilhabe am politischen Geschehen zu gewährleisten und nach außen die Autonomie des Staates zu verteidigen und den Herrschaftsbereich möglichst zu erweitern.

Es gab kein Recht auf Bildung, geschweige denn eine Verpflichtung, sich zu bilden.

15.2 Gemeinsamkeiten

Im modernen demokratischen Rechtsstaat sind Staat und Religion voneinander getrennt.

Der antike Staat war ein Kultverband. Die enge Verbindung zwischen Bürgerschaft und Kultgemeinde zeigte sich nicht zuletzt darin, dass die Heiligtümer jeweils an prominenten Stellen in der Stadt situiert waren und dass, wer die Bürgerrechte verlor, auch von der Teilnahme an den Kulten ausgeschlossen war. Gleichwohl durfte jeder glauben, was er wollte, solange er an den gemeinsamen Festen und Riten teilnahm und keine dem allgemeinen Glauben zuwiderlaufende Lehren verbreitete, wie man es Sokrates unterstellte. Es gab keinen ritualisierten Eintritt in eine Religionsgemeinschaft, kein Glaubensbekenntnis, keine Häresie, keine Ausgrenzung, kein Buch, dessen Text unantastbar, nur interpretierbar war. Die Mythen, die von den Göttern erzählten, konnten variiert werden.

In Athen waren, im Gegensatz zum modernen Staat, die Bereiche des Privaten und Öffentlichen nicht getrennt.

> *Ein Staatsbürger hat eine Aufgabe, die ihn ausfüllt und die viel Übung und große Kenntnisse erfordert, wenn er die alle verbindende Ordnung des Staates herbeiführen und erhalten will. Das darf er nicht nur nebenbei betreiben.* (Platon, Gesetze, 846 D).

Der Athener Bürger war als Besucher der Volksversammlung, als Richter, Beamter, Soldat, als Träger von Leiturgien, als Zuschauer von Aufführungen und Teilnehmer an religiösen Feiern vielfach in die Gemeinschaft des Staates eingebunden.

Der Mensch war mit dem Bürger identisch. Der Wert, den der Einzelne sich beimaß und der ihm von der Bürgerschaft beigemessen wurde, ergab sich aus seiner Bürgeridentität, nicht wie im modernen Staat aus einer Position, die er in der Wirtschaft als Unternehmer, in einer Partei als

Funktionär, als Präsident eines Freizeitklubs oder als Bischof in der Hierarchie der Kirche hätte bekleiden können.

Die Häuser waren zu klein und eng, als dass sie ein Refugium hätten bieten können. Das Leben spielte sich in der Öffentlichkeit ab.

Die in dem modernen demokratischen Rechtsstaat verwirklichten Ideen der Volkssouveränität, der Herrschaft des Rechts, der Gleichheit der Bürger vor dem Gesetz, der Toleranz, der Freiheit der Meinungsäußerung und der Lebensgestaltung im Rahmen der Gesetze gab es bereits in der Antike. Die Demokratie war und ist die Verfassung, in der Entscheidungen nicht aus dem Anspruch vermeintlich absoluter Wahrheit abgeleitet werden, sondern aus einem kontrovers geführten, legitimierten und transparenten Diskurs der Bürger und ihrer Repräsentanten hervorgehen. Das Ziel war und ist der Nutzen der Gemeinschaft. Wie der Bürger heute nicht nur Rezipient und passiver Profiteur staatlicher Leistungen ist oder sein sollte, so war auch der Bürger im antiken Athen zu aktiver Mitgestaltung des Lebens in der Gemeinschaft aufgerufen.

Es ist nicht erst das Verdienst der Moderne, Recht und Gerechtigkeit unterschieden zu haben. Sokrates hat das gegen ihn gefällte Urteil zwar als rechtens, aber zugleich als ungerecht empfunden.

Die Maxime, dass der Staat die Freiheit des Individuums nur in dem Maß beschränken dürfe, *als die Sicherstellung der Bürger gegen sie selbst und gegen auswärtige Feinde notwendig ist* (Wilhelm v. Humboldt), galt auch für die Polis. Es waren die antiken Philosophen wie Platon und Aristoteles, die den Staat auf die Erziehung zur Tugend verpflichten wollten. In der Praxis hat sich die Rechtsfindung damals nicht anders, als es heute geschieht, an dem orientiert, was dem Rechtsfrieden diente und die Freiheit des Einzelnen schützte und garantierte.

Die Prinzipien der Rotation, der Kollegialität, der Kontrolle und Rechenschaftspflicht, auch des Verbots der Kumulation von Ämtern, galten damals und gelten heute. Trotz aller raffinierten Mechanismen gelang es damals so wenig, wie es heute gelingt, der Korruption Herr zu werden. *Mit Geld bewirkt man viel in Athen*, heißt es in der in der 2. Hälfte des 5. Jahrhunderts verfassten Schrift des sog. Pseudo-Xenophon, eines demokratiekritischen Aristokraten. (Staat der Athener, 3, 3).

Nicht nur unser *freiheitlicher, säkularisierter Staat lebt von Voraussetzungen, die er nicht garantieren kann* (Ernst-Wolfgang Böckenförde), sondern auch im antiken Athen hing das friedliche Zusammenleben der Menschen von Voraussetzungen ab, die der Staat nicht garantieren konnte, davon, dass die in *ungeschriebenen Gesetzen* enthaltenen moralischen Forderungen Geltung hatten. Hilfsbedürftige hatten Anspruch auf Rücksicht, Fremde auf gastliche Aufnahme, Eltern, wenn sie alt waren, auf die Pflege ihrer Kinder, Tote auf Bestattung. Bei Thukydides heißt es in der Gefallenenrede des Perikles:

> *Wir übertreten die Gesetze nicht, hauptsächlich aus Scheu und aus Gehorsam gegenüber der jeweiligen Obrigkeit und den Gesetzen, und zwar hauptsächlich den Gesetzen, die zum Nutzen derer bestehen, die Unrecht erleiden, und den Gesetzen, die zwar nicht aufgeschrieben sind, deren Übertretung aber nach allgemeinem Urteil Schande bringt.* (2, 37, 3).

Aischyne heißt Schande, aber auch Scham. Es ist die Scham, die die Menschen daran hindert, etwas zu tun, was den allgemein anerkannten Wertvorstellungen widerspricht.

Der Beitrag der Griechen zum Recht besteht nicht wie der der Römer in der Zusammenstellung von Rechtssätzen, die das Miteinander der Menschen in Alltagssituationen regeln und ordnen soll, sondern in der Auseinandersetzung mit dem Problem, wie ein Gemeinwesen gerecht verfasst werden kann. Die Werke Platons und Aristoteles' zu Staat und Politik sind aktuell wie eh und je.

Die repräsentative Demokratie stellt gegenüber der direkten Demokratie nicht die zweitbeste Lösung dar. Es ist sinnvoll, in einer komplexen Welt die Sachentscheidungen einem Gremium von Experten zu überantworten, die zur Rechenschaft gezogen werden können. In der repräsentativen Demokratie besteht nicht die Notwendigkeit, Beschlüsse in einer begrenzten Zeitspanne herbeizuführen. Es bleibt Zeit für Reflexion. Der Prozess der Entscheidungsfindung wird entschleunigt.

Gegen plebiszitäre Entscheidungen wird eingewandt, dass niemand für sie verantwortlich gemacht werden könne, dass sie zudem der Gefahr der Manipulation unterlägen. Dem gegenüber wird immer wieder dazu ermutigt, mehr direkte Demokratie zu wagen und das heißt, das Volk mitgestalten und mitentscheiden zu lassen. Durch die öffentlichen und intensiven Diskurse werde das Interesse der Menschen geweckt, sie würden umfassend informiert, sie fühlten sich ernst genommen und der Gemeinschaft zugehörig. Da auch die Politiker erführen, was das Volk denkt und will, wirke sich das Verfahren positiv für die repräsentative Demokratie aus.

Die moderne Demokratie hat sich nicht an den Mechanismen orientiert, mit denen man in Athen versucht hat, Eliten zu verhindern, sondern an denen der römischen Verfassung, mit denen man die Macht des Volkes eingeschränkt hat.

> *Democracy is the worst form of government except all those other forms that have been tried from time to time.*
> (Winston Churchill, 1947).

Kleisthenes hat in seiner Neuordnung der Polis darauf geachtet, dass die kleinsten Verwaltungseinheiten, die *Demen* mit ihrem *Demarchen*, dem Ortsbürgermeister, an der Spitze bestehen blieben und alle Angelegenheiten, die die Gemeinde betrafen, selbstständig regeln konnten. Der Bürger fügte seinem Namen den des Demos hinzu, aus dem er stammte, und blieb so zeitlebens der Heimat verbunden.

Die Gemeinde spielt auch in unserem Staat eine bedeutende, oft unterschätzte Rolle. Hier entfaltet sich Bürgerinitiative in Ämtern, Vereinen, Stiftungen, in ehrenamtlicher Tätigkeit. Hier wird Demokratie unmittelbar erlebt und gelebt.

Das Problem der Spannung zwischen den Entscheidungsträgern und der Zahl derer, über die entschieden wird, und das Problem des Ausgleichs zwischen horizontaler Gleichheit und vertikaler Elitebildung betreffen und beschäftigen die direkte Demokratie der Antike und die repräsentative Demokratie unserer Zeit gleichermaßen.

16 Momente der Gefährdung der modernen Demokratie

Für die Zukunft stellen sich die Fragen, ob die Demokratie und die mit ihr verknüpfte Idee der **Freiheit** überleben werden, angesichts der wachsenden Macht der Industrie, der Finanzwelt und des sich abzeichnenden Endes der Nationalstaaten. Fundamentalismus und Terrorismus zwingen den Staat zu einer immer effizienteren Überwachung der Kommunikationsmittel und der öffentlichen Plätze und Anlagen. Die Möglichkeit der unbewachten und freien Bewegung wird eingeschränkt. Der für die Demokratie konstitutive Wert der **Redefreiheit** wird zunehmend ambivalent: Er kennt, dank der sozialen Netzwerke, praktisch keine geographischen Grenzen mehr, kann zugleich aber durch gezielt verbreitete Falschmeldungen tödlich wirken, Existenzen vernichten, Wahlen manipulieren, Staaten destabilisieren. Ein Todesurteil, im fernen Osten gefällt, wird in Berlin oder Paris vollstreckt. Wer sich in den sozialen Medien zu Wort meldet, kann das anonym tun, muss nicht mehr dafür einstehen.

Der **Rechtsstaat** ist gefährdet, wenn im internationalen Verkehr vereinbarte Prinzipien, wie die Einhaltung einer Grenze der Verschuldung nicht beachtet werden und eine Finanz- und Bankenkrise hervorrufen, wenn Flüchtlinge hier willkürlich unkontrolliert in das Staatsgebiet hineingelassen, dort ebenso willkürlich abgewiesen werden.

Der Terror bedroht die **Sicherheit**, die zu gewährleisten zu den wichtigsten Aufgaben des Staates gehört.

Sind die Prinzipien der Demokratie gefährdet?

Literatur

Werner Becker: Elemente der Demokratie, Stuttgart (Reclam), 1985
Jochen Bleicken: Die athenische Demokratie, Paderborn (Schöningh), ⁴1995
Hermann Brauer: Die Entwicklung der Demokratie in Athen, Paderborn (Schöningh), 1968
Mortimer Chambers: Aristoteles: Staat der Athener, übersetzt und erläutert, Berlin (Akademie-Verlag), 1990
Reiner Eichenberger: Mehr Demokratie wagen, FAZ vom 27.11.2017, S. 18
Moses I. Finley: Antike und moderne Demokratie, Stuttgart (Reclam), 1980
Egon Flaig: Die Mehrheitsentscheidung: Entstehung und kulturelle Dynamik, Paderborn (Schöningh), 2013
ders.: Den Untermenschen konstruieren, in: Elisabeth Herrmann-Otto: Antike Sklaverei, Darmstadt (WBG), 2013, S. 57–62
Peter Funke: Bürgerschaft und Bürgersein – Teilnehmen und Teilhaben,
in: Elke Stein-Hölkeskamp/Karl-Joachim Hölkeskamp (Hrsg.): Die griechische Welt. Erinnerungsorte der Antike, München (Beck), 2010, S. 472–486
Hans-Joachim Gehrke/Ulrich Götter: Revolution des Politischen: Glanz und Elend der athenischen Demokratie, in: Die griechische Klassik, Idee oder Wirklichkeit, Mainz (Philipp v. Zabern), 2002, S. 166–172
Oliver Grote: Die Genese der griechischen Polis als Ausdifferenzierung von Systemen, in: Gymnasium 2016/5, S. 467–489
Mogens Hermann Hansen: Die Athenische Demokratie im Zeitalter des Demosthenes. Struktur, Prinzipien und Selbstverständnis, Berlin (Akademie Verlag), 1995
Konrad H. Kinzl (Hrsg.): Demokratia. Der Weg zur Demokratie bei den Griechen, Darmstadt (WBG), 1995
Paul Kirchhof: Wenn die Freiheit ins Leere läuft, FAZ vom 20.1.2016
Udo Margedant: Die attische Demokratie, Arbeits- und Quellenheft und Lehrerheft, Frankfurt/Main (Hirschgraben), 1984
Christian Meier: Entstehung des Begriffs *Demokratie*. Vier Prolegomena zu einer historischen Theorie, Frankfurt/Main (Suhrkamp), ²1970
Christian Meier/Paul Veyne: Kannten die Griechen die Demokratie? Berlin (Klaus Wagenbach), 1988
Karl Mittermaier/Mainhard Meir: Demokratie. Die Geschichte einer politischen Idee von Platon bis heute, Darmstadt (WBG), 1995
Josiah Ober: Demopolis oder was ist Demokratie, Darmstadt (WBG), 2017
Björn Onken: Die attische Polis, Stuttgart (Reclam), 2015

Angela Pabst: Die athenische Demokratie, München (Beck), ²2010

Frank Pergande: Politik als Lotterie. Könnte Losen bei schwierigen Entscheidungen helfen? Ja, aber nur, wenn es Wahlen nicht ersetzt. FAZ vom 5.11.2017

Winfried Schmitz: Antike Demokratie und Atomistik. Politische Ordnungsvorstellungen im Spiegel antiker Kosmogonien, Stuttgart (Franz Steiner), 2015

Elke Stein-Hölkeskamp: Das archaische Griechenland. Die Stadt und das Meer, München (Beck), 2015

dies.: Demokratie – die *herrschende Hand des Volkes*, in: Die griechische Welt (s.o.), S. 481–509

Klaus Stüwe/Gregor Weber (Hrsg.): Antike und moderne Demokratie, München (dtv), 1972

Tuttu Tarkiainen: Die athenische Demokratie, München (dtv), 1972

Hans Erich Troje: Europa und griechisches Recht, Frankfurt/Main (Klostermann), 1971

Jean-Pierre Vernant: Die Entstehung des griechischen Denkens, Frankfurt/Main (Suhrkamp), 1982

Hans Vorländer: Demokratie. Geschichte, Formen, Theorien, München (Beck), ²2010

Rolf Walther: Wie funktionierte die attische Demokratie?, Vortrag am 12.1.1998 im Rotary-Club Dillenburg (unveröffentlicht)

Der tödliche Blick

Die Geschichte von Orpheus und Eurydike

Gliederung

1	Die Orphik	193
2	Der Tod in der Vorstellung der Griechen	194
3	Der Dichter Ovid und die *Metamorphosen*	196
4	Der Mythos bei Ovid	197
4.1	Orpheus in der Unterwelt: Text	197
4.2	Interpretation	199
4.3	Der Tod des Orpheus	200
5	Fragen zum Sinn der göttlichen Bedingung	201
6	Der Mythos bei Vergil und Boethius	202
7	Reiner Maria Rilkes Gedicht *Orpheus, Eurydike und Hermes*	203
7.1	Das antike Relief	203
7.2	Das Gedicht	204
7.3	Die Interpretation	206
8	Der Mythos bei Cesare Pavese, Günter Kunert und Christoph Willibald Gluck	207
Literatur		210
Rezeptionen (Auswahl)		211

„Mosaik mit Orpheus"
(3. Jahrhundert n.Chr.)

Orpheus und Eurydike –

das ist eine Geschichte, die von der Liebe erzählt und vom Tod und von der Kunst. Sie geht uns alle an, die wir leben und lieben, die wir um den Tod eines geliebten Menschen trauern und uns vielleicht wünschen, mit ihm gestorben zu sein, nicht mehr weiterleben zu wollen. Uns begegnet in Orpheus ein Mensch, der sich um sein Glück betrogen fühlt und der versucht, die Zeit zurückzudrehen. Es gelingt nicht. Wir erfahren, wie er mit der Erkenntnis umgeht, wie die Erinnerung, die Hoffnung, die Dichtung und die Musik Trost spenden können, wie die Liebe über den Tod hinaus Bestand hat.

1 Die Orphik

Im 6. Jahrhundert v.Chr. gewann eine religiöse Strömung an Boden, die sich auf Orpheus als ihren Religionsstifter berief.

Von Orpheus erzählt der **Mythos**, er sei ein Sohn des Apollon und der Muse Kalliope, er sei in Thrakien geboren worden und habe schon an der Fahrt teilgenommen, den die Griechen zu den Kolchern am Schwarzen Meer unternommen hätten, um das Goldene Vlies nach Griechenland zurückzuholen. Er habe durch seinen Gesang die Symplegaden, gefährliche, in Abständen aneinander schlagende Felsen, ruhig gestellt. Die Fahrt soll eine Generation vor dem Trojanischen Krieg im 13. Jahrhundert v.Chr. stattgefunden haben.

Eine **historische Persönlichkeit**, die im 7. Jahrhundert gelebt haben soll, ist nicht zuverlässig fassbar. Schriften, die ihm zugeschrieben werden, sind nicht erhalten.

Die Orphik entwarf eine Theorie der Theogonie und Kosmogonie, der Entstehung der Götter und der Welt. Sie hat Elemente aus Mysterien, die es schon in Griechenland gab, z.B. in Eleusis, aus den magischen Praktiken des Schamanentums Asiens, aus der ägyptischen Vorstellung von der Tötung und Auferstehung des Osiris übernommen. Ziel war es, die Seele durch Riten, Askese und Vegetarismus zu reinigen, damit sie dereinst in ein seliges Jenseits geführt werde. Sie ist unsterblich, der Körper ist ihr Grab: *sóma séma psychés*.

Es wurden nur unblutige Opfer dargebracht.

Wie man sich die Insel der Seligen vorgestellt hat, erfahren wir in einem Gedicht des griechischen Dichters Pindar (ca. 520 – ca. 445 v.Chr.):

> *Wer dreimal das Wagnis bestand, dreimal im Diesseits*
> *und im Jenseits zu verweilen*

> *und dabei die Seele ganz und gar von Unrecht*
> *frei zu halten, der wandelt auf der Straße des Zeus*
> *zum Turm des Kronos. Dort umwehen*
> *Meereslüfte die Inseln der Seligen. Blüten leuchten golden.*
> *Auf dem Land prangen die einen auf prächtigen Bäumen,*
> *andere ernährt das Wasser.* (2. Ol. VV. 66–73).

Die Sekte war besonders in Unteritalien sehr verbreitet.

Die Praktiken, mit denen sie im 4. Jahrhundert v.Chr. Menschen zu gewinnen versuchten, lernen wir bei Platon kennen.

> *Bettler und Wahrsager kommen an die Türen der Reichen und gaukeln ihnen vor, ihnen – den Orphikern – sei von den Göttern in Opfern und Beschwörungen eine Macht zuteil geworden: Wenn sie, die Reichen selbst, oder ihre Vorfahren einen Frevel begangen hätten, würden sie sie im Jubel von Festen sühnen ...*
>
> *Sie bieten eine große Menge Bücher des Musaios und des Orpheus an, der Nachkommen der Selene und der Musen, wie sie sagen, nach deren Vorschriften sie ihre Opfer darbrächten. Und sie überzeugen nicht nur einzelne Menschen, sondern ganze Städte, dass es durch Opfer und kindische Freuden eine Lösung und Reinigung von den Verbrechen gibt, und zwar für die Lebenden ebenso wie für die Toten. Sie nennen das Todesweihen, die uns von den Strafen im Jenseits befreien. Wer keine Opfer darbringe, den erwarte Furchtbares.*
>
> (Der Staat, 364 B/C–365 A).

Mysterien gewannen im Verlauf der antiken Religionsgeschichte eine immer größere Bedeutung. Die Mysterien der Isis und der Mater Magna waren im ganzen Imperium Romanum weit verbreitet, die Mithrasmysterien spielten besonders im Westen des Reiches eine große Rolle. Man konnte sich durchaus in viele Mysterien einweihen lassen, und davon ist auch rege Gebrauch gemacht worden.

Die Orphik war bis in die Spätantike lebendig.

Eurydike heißt *die weit Richtende*. Sie war vielleicht ursprünglich eine Totenrichterin, die nicht angeblickt werden durfte. Sie verweist auf das Jenseits, dem die Orphik eine besondere Bedeutung zugemessen hatte.

2 Der Tod in der Vorstellung der Griechen

Über das, was die Toten im Hades erwartete, gab es im griechischen Mythos schaurige Geschichten von Frevlern, die ewig während harte Strafen verbüßen mussten, wie Tantalos, Sisyphos, Tityos oder die Danaiden. Aber auch diejenigen, die sich keine schlimmen Verfehlungen hatten zu Schulden kommen lassen, erwartete ein trauriges Los. Nichts wird von ihnen bleiben als blutleere, körperlose Schatten. Der Tartarus, tief unter der Erde, ist ein Ort der Finsternis, vor dem es selbst die Götter graust. (Hesiod, Theogonie, VV. 721–745). Die Menschen, die keine hoffnungsvolle Aussicht auf ein freudvolles Leben nach dem Tod hatten, suchten Trost und Halt in den Mysterien, die dem Tod das Stigma der Endgültigkeit zu nehmen versprachen.

Homer (um 700 v.Chr.) erzählt in der *Odyssee*, wie Odysseus die Toten beschwört. Als er die Seele des Achilleus trifft, vermutet er, der Held werde auch in der Unterwelt ein mächtiger Herrscher sein. Weit gefehlt! Achill belehrt ihn:

> *Preise mir nicht, mich tröstend, den Tod, berühmter Odysseus.*
> *Lieber wollte ich Lohndienste leisten bei einem andern*
> *Mann, der kümmerlich lebt, auf dem Acker ein einfacher Knecht sein,*
> *als über all die dahingeschiedenen Toten zu herrschen.*
> (13, VV. 487–491).

Am besten hatten es noch die Philosophen. Sokrates stellte sich das Leben der Seele nach dem Tod als eine ewige sorgenfreie Fortsetzung des irdischen Daseins oder als einen traumlosen Schlaf vor, die Stoiker und Epikureer waren davon überzeugt, dass der Tod das absolute Ende sei.

Und damit waren sie zufrieden.

Es gab zwar auch das Elysium, aber es blieb nur wenigen auserwählten Menschen vorbehalten. (Homer, Od., 4, VV. 563–68; Pindar, 2. Ol., VV. 61–80).

Für den antiken Menschen erschöpfte sich der Sinn des Lebens im Diesseits. Bei Homer wird das gemeinsame Mahl, bei dem reichlich Fleisch aufgetischt und Wein ausgeschenkt und das zudem von einem Sänger verschönt wird, als vollkommenes Glück gepriesen. (Od., 9, VV. 5–11).

Einen Trost für die Zeit nach dem Tod bietet die Aussicht auf Ruhm, den man in den Schlachten im Krieg oder im Frieden als Sieger in einem der zahlreichen Wettkämpfe erringen konnte. (Ilias, 11, VV. 783/784).

Nicht nur die Griechen sahen den Tod als eine absolute, nicht überschreitbare Grenze an. Texte des Alten Testaments aus verschiedenen Jahrhunderten vermitteln dieselben Vorstellungen:

> *Denn du bist Erde und sollst zu Erde werden.* (Genesis, 3, V. 19).
> *Denn wir sterben des Todes und sind wie Wasser, das auf die Erde gegossen wird und das man nicht wieder einsammeln kann.*
> (2. Samuel, 14, V. 14).
> *Nimmst du weg ihren Odem, so vergehen sie und werden wieder zu Staub.* (Psalm 104, V. 29).

Überzeugend hat erst das Christentum dem Tod durch den Glauben an die Auferstehung des historisch beglaubigten Jesus das Stigma der Endgültigkeit und des Grauens genommen. *Tod, wo ist dein Sieg? Tod, wo ist dein Stachel?* (1. Kor. 15, V. 5, Übers.: M. Luther). Nicht zuletzt durch den Glauben an die den Menschen von Christus verheißene Auferstehung erwies sich die neue Religion als der alten überlegen.

3 Der Dichter Ovid und die *Metamorphosen*

Publius Ovidius Naso wird im Jahr 43 v.Chr. geboren, in einem kleinen Städtchen in den Abruzzen, das ca. 100 km östlich von Rom liegt. Es hieß damals Sulmo, heißt heute Sulmona. Ovid ist römischer Bürger, er stammt aus dem wohlhabenden Ritterstand. Er geht, wie es in seinen Kreisen üblich war, zur Ausbildung nach Rom. Er beginnt die politische Laufbahn. Aber bevor er noch die Quästur, die unterste Sprosse der höheren Laufbahn, erreicht hat, bricht er sie ab. Er wird Dichter. Er schreibt Liebesgedichte (*amores*), fiktive Liebesbriefe mythischer Frauen (*epistulae heroidum*) und eine Anleitung für die, die eine Geliebte oder einen Geliebten suchen (*ars amatoria*), und für die, die sie wieder loswerden wollen (*remedium amoris*). Er wird in Rom gefeiert – als er ein Opfer der Staatsräson wird. Er ist 51 Jahre alt, da wird er auf Anordnung des Kaisers Augustus verbannt, genauer: relegiert, denn er behält sein Vermögen und das römische Bürgerrecht. Den Grund kennt man bis heute nicht. Hing es vielleicht mit seinen erotischen Dichtungen zusammen, die nicht so recht zu der an den alten römischen Tugenden orientierten Politik des Kaisers passen wollten? Hatte er ein Verhältnis mit einer Dame des Kaiserhauses? Lassen wir es offen.

Verbannungsort ist Tomi, eine 639 v.Chr. von der Stadt Milet gegründete griechische Kolonie am Schwarzen Meer, ein unwirtlicher Ort, den thrakische Geten bewohnten und in dem sicher mehr Getisch als Griechisch gesprochen wurde. Er war weit entfernt von den Zentren der Kultur und Zivilisation. Heute heißt er Konstanza und liegt in Rumänien. Seit 29 v.Chr. stand er unter römischer Verwaltung.

Ovid arbeitet gerade abschließend an den Verwandlungsgeschichten, den *Metamorphosen*, als er Rom verlassen muss. Er will, dass das Werk verbrannt wird. Es ist zwar schon fast vollendet, aber es genügt seinen hohen Ansprüchen noch nicht. Zum Glück sind bereits Exemplare im Umlauf, so dass es der Vernichtung entgeht. Vergeblich bemüht sich der Dichter erst bei Augustus, dann bei dessen Nachfolger Tiberius um Begnadigung. Obwohl er verzweifelt ist, hört er nicht auf zu dichten. Oder gerade deshalb? Seine Werke, *Tristia* und *Epistulae ex Ponto*, sind die ersten Beispiele einer Exilliteratur. Er stirbt in Tomi im Jahr 17 n.Chr. Sein Wunsch, nach Rom überführt zu werden, wird nicht erfüllt. Seinen Grabspruch hat er selbst formuliert. Nur in seiner Liebesdichtung möchte er weiterleben:

Naso, der Dichter, liege ich hier, ein Spieler mit der
zarten Liebe; die Kunst hat meinen Tod bewirkt.
Hast du geliebt und gehst vorüber, so sei es keine
Last dir zu wünschen, weich möge hier ruhen Ovid.
(Tristien 3,3, VV. 73–76).

Die *Metamorphosen* sind ein großes Epos im Versmaß des Hexameters. Es beginnt mit der Entstehung des Kosmos aus dem Chaos und endet mit der Apotheose Caesars, der nach dem Chaos des Bürgerkriegs eine neue Ordnung, einen neuen Kosmos, zu begründen versucht hat. Etwa 250 Erzählungen sind locker aneinandergereiht. Fast alle Mythen handeln vom Wandel. Verwandlung ist ein menschliches Urbedürfnis: Verwandlung im Theater, in Kultbräuchen, in der Fastnacht. Ovid erzählt von Verwandlungen. Kein Wunder, dass das Interesse an seiner Dichtung im Laufe der vielen Jahrhunderte nicht erlahmt ist. Noch immer lassen sich Maler und Bildhauer, Dichter und Komponisten von ihr inspirieren. Das gilt auch und besonders von der Erzählung, die von der Liebe des Orpheus und dem Tod der Eurydike handelt, obwohl sie von keiner Verwandlung berichtet.

Die Geschichte der Rezeption der Verwandlungsgeschichten ist die Geschichte von Verwandlungen.

4 Der Mythos bei Ovid

4.1 Orpheus in der Unterwelt: Text

Die Geschichte spielt in Thrakien, dessen Bewohner die Kikonen sind und in dem ein Gebirge liegt, Rhodope, nach dem Orpheus der *rhodopeische Seher* (*Rhodopeius vates*) genannt wird. *Vates* bedeutet sowohl *Seher* als auch *begnadeter Sänger*.

Die Hochzeitsriten haben bereits begonnen. Der Ritus sieht vor, dass die Braut dem Bräutigam am Hochzeitstag feierlich zugeführt wird. Es werden Hymnen gesungen, die Götter, insbesondere der Hochzeitsgott Hymenaeus, werden angerufen, Fackeln werden entzündet. Das Feuer symbolisiert das Leben und die Liebe.

Eurydike ist in Begleitung von Najaden, Nymphen, göttlichen Wesen, die zwar nicht unsterblich sind, denen aber ein langes Leben vergönnt ist. Eurydike ist wohl auch eine Nymphe. Umso schmerzlicher ist ihr vorzeitiger Tod.

So erzählt Ovid die Geschichte:

Orpheus ruft Hymenaeus mit seiner Stimme vergeblich.
Anwesend ist er zwar, doch die festlichen Worte bringt er
nicht und nicht die fröhlichen Mienen, kein Omen, das Glück bringt.

*Auch die Fackel zischt nur, die er hin- und herschwenkt,
Tränen durch ihren Rauch erregend, sie fängt kein Feuer.
Schlimmer noch ist das Ende als das Omen: Während
nämlich die junge Braut, von Najaden begleitet, durch die
Wiese streift, da wird sie von einer giftigen Schlange
in die Ferse gebissen, fällt und stirbt augenblicklich.*

*Als der rhodopeische Seher sie genug auf
Erden beweint hat, wagt er, um es im Reich der toten
Schatten zu versuchen, zur Styx hinabzusteigen
durch die Taenarische Pforte. Bittend naht er sich der
Herrin Persephone durch die schwerelosen Völker
und die Schatten der Toten, und er kommt zu dem Herrn des
düsteren Schattenreiches. Da schlägt er sogleich die Saiten,
und er singt: „Ihr Götter der unterirdischen Welt, in
die wir mit allem, was sterblich entsteht, zurückfallen werden,
lasst es zu und erlaubt es, ohne die Umschweife einer
falschen Rede die Wahrheit zu sagen. Ich bin nicht hierher zu
euch herabgestiegen, um des Tartarus Dunkel
anzuschauen, und nicht, um des medusischen Monsters
dreifach schlangenumzottelte Hälse in Fesseln zu legen.
Grund des Weges ist meine Gattin. Sie trat auf eine
Schlange. Diese hat sie mit ihrem Gift getötet
und ihr die Jahre ihrer Jugend geraubt. Ich wollte
es ertragen. Ich leugne nicht, dass ich es versuchte.
Amor hat mich besiegt. In unserer Welt ist dieser
Gott nur allzu bekannt. Ob er es hier ist, weiß ich
nicht. Doch ich glaube, dass ihr ihn kennt. Denn wenn die alte
Sage von dem Raub nicht erfunden ist, dann hat Amor
euch verbunden. Bei diesem Ort, in dem die Angst wohnt,
diesem ungeheuren Chaos, der Stille des öden
Reiches, bitte ich, macht Eurydikes übereiltes
Schicksal rückgängig. Wir gehören euch ganz. Nach kurzer
Zeitspanne eilen wir, ob früher oder später,
zu der Stätte, die allen bestimmt ist. Wir alle streben
ja hierher, denn dies ist die letzte Wohnstatt, und am
längsten seid doch ihr die Herrscher über uns, das
Menschengeschlecht, und auch sie wird, wenn sie all die Jahre,
die ihr gehören, gelebt hat, und wenn sie reif ist, eurer
Satzung sich fügen. Nur als eine Leihgabe fordern
wir sie von euch. Wenn das Schicksal aber meiner Gattin
diese Gnade verweigert, dann will ich nicht mehr in die
Welt zurückkehren. Freut euch dann am Tod zweier Menschen."
Als er so spricht und die Saiten der Lyra schlägt zu den Worten,
weinen die blutlosen Seelen, und Tantalus hört damit auf, die
flüchtige Welle zu erhaschen, Ixions Rad steht
still, die Vögel verzehren nicht des Tityos Leber,
ohne ihre Gefäße lauschen die Danaiden,*

*auf deinem Stein hast du gesessen, Sisyphus; dass die
Wangen der Eumeniden jetzt zum ersten Mal ganz
feucht geworden sind, erzählt man. So sehr waren
sie von dem Lied gerührt. Da kann weder die Gattin des Herrschers
noch der Herr, der über die Tiefe gebietet, die Bitte
abschlagen, und sie rufen Eurydike, die noch mitten
unter den erst eben eingetroffenen Schatten
war. Sie kommt heran mit langsamem Schritt infolge
ihrer Verwundung. Der rhodopeische Seher empfängt sie,
und er empfängt das Gesetz, die Augen nicht rückwärts zu wenden,
bis er die Avernischen Täler verlassen hat. Doch
wenn er sich umwenden sollte, dann wird er die Gabe verwirken.*

*Aufwärts führt der Pfad durch schweigende Stille steil und
dunkel, finster von dichtem Nebel. Der Rand der Erde
ist schon nicht mehr fern. Da wendet er aus Angst, die
Kräfte könnten sie verlassen, und begierig,
sie zu sehen, liebend die Augen. Sie gleitet zurück, sie
streckt die Arme aus, will ergreifen und ergriffen
werden, erfasst, die Unselige, nichts als flüchtige Schatten,
aber sie klagt nicht über den Gatten, obwohl sie jetzt zum
zweiten Mal stirbt. Wie hätte sie auch darüber klagen
sollen, dass sie geliebt worden ist? Sie sagt ein letztes
„lebe wohl", das er kaum noch hören kann, und gleitet
dann zurück in das dunkle Reich der toten Schatten.*

(10, VV. 1–63).

4.2 Interpretation

Mit Orpheus verbindet sich von Beginn an der Fluch des *Vergeblichen*.

Die Lebensfreude wird ihm jäh geraubt. Die Welt wird für ihn bedeutungslos.

Nach der Zeit der rituellen Trauer, über die Ovid rasch hinweggeht, macht er sich mutig auf den Weg in die Unterwelt wie der Heros Herakles, der einmal den Höllenhund Kerberos aus der Unterwelt emporgeholt hat. *Düster* ist das einzige Attribut, das die Unterwelt charakterisiert. Der Schreckensort wird nicht beschrieben.

Orpheus singt zur Leier. Wir würden sagen, er psalmodiert. Jetzt erst wird die Trauer vernehmlich. Sein Vortrag ist ein kleines Meisterstück antiker Rhetorik.

Er beginnt damit, dass er die Macht der Götter der Unterwelt preist und dass er seiner Überzeugung Ausdruck verleiht, dass sie nur die und nichts als die Wahrheit hören wollen. Man nennt das Anliegen, sich den Hörer geneigt zu machen, *Captatio benevolentiae*.

Bevor er mit der Erzählung des Vorgangs beginnt – das ist die *narratio* – weist er darauf hin, dass weder Neugier noch Aggression seine Motive seien (*exordium*). Wie Pluton aus Liebe Persephone geraubt hat, so hat er sich aus Liebe in die Unterwelt gewagt.

Es folgt die Argumentation (*argumentatio*). Er spricht zuerst emotional, beschwört die Liebe, dann sachlich, rational. Er verwendet Begriffe aus der Rechtssprache (*munus*, V. 37). Er erhebt einen Anspruch auf eine bestimmte Lebenszeit Eurydikes, und er ist davon überzeugt, dass sie noch nicht abgelaufen ist. Worauf sich die Überzeugung stützt, sagt er nicht. Er verlangt die Wiederherstellung der gestörten Ordnung, fordert ein Recht auf Nutzung. In die Argumentation bettet er seine Bitte ein.

Am Schluss wird er offensiv. Er formuliert einen moralischen Protest und macht zugleich ein Angebot: Wenn es nicht anders geht, möge doch wenigstens der Tod die beiden Liebenden vereinen (*peroratio*).

Die Rhetorik verfehlt ihre Wirkung nicht. Der Dichter verweilt lange bei ihrer Beschreibung. Sie bedroht die Ordnung der Unterwelt. Die Götter geben nach. Es beginnt der Aufstieg. *Mit schleppendem Fuß* folgt Eurydike dem Sänger. Was sie auf dem Weg nach oben fühlt, erfahren wir nicht. Ihre Langsamkeit ist ein Grund für die Sorge des Orpheus.

Den Schluss bildet die Schilderung der Trennung der Liebenden, sie schmerzt beide.

4.3 Der Tod des Orpheus

Orpheus erstarrt, er ist wie tot, was er angedroht hatte, vollzieht sich.

Erst allmählich findet er seine Stimme wieder. Er versucht vergeblich, ein zweites Mal in die Unterwelt zu gelangen. Singend verbringt er sein Leben. Frauen, die um ihn werben, weist er zurück. Mit seinem Gesang zieht er die wilden Tiere, die Bäume und Pflanzen in seinen Bann. In dieser Kunst, die Welt zu befrieden und zu beleben, wird er später mit Christus verglichen werden. (z.B. Clemens von Alexandrien, ca. 150 – ca. 215 n.Chr., Mahnrede an die Heiden, zitiert bei W. Storch, a.a.O., S. 84/85).

Schließlich wird er, der Sohn des Apollon, von den Frauen, die er zurückgewiesen hat, zerrissen. Es sind Mänaden, Rasende, die vom Geist des Dionysos erfüllt sind. Sie verkörpern das Wilde und Triebhafte, das Gegenteil einer friedlichen, dem Leierspiel lauschenden Natur.

> *Überall liegen verstreut seine Glieder. Das Haupt und die Leier*
> *nimmst du, o Hebrus, zu dir, und beide gleiten in deinem*
> *Strom dahin, als plötzlich von der Lyra – o Wunder –*
> *Klagetöne erklingen, die Ufer erwidern die Klagen.*
> (11, VV. 50–53).

Am Strand der Insel Lesbos landen das Haupt und die Leier an.

Orpheus' unsterbliche Seele sucht und findet Eurydike bei seinem zweiten endgültigen Eintritt in die Schattenwelt. In der Begegnung der Liebenden zeigt sich, dass die Liebe über den Tod hinaus Bestand hat, sie überlebt das irdische Dasein. Wie Orpheus hat sich Ovid gewünscht, dass sein Gesang, und gerade der Gesang von der Liebe, ihn überlebt wie die klingende Harfe des Orpheus.

Der Mythos von Orpheus und Eurydike ist keine Verwandlungsgeschichte. Beide werden wieder die, die sie waren, und sie bleiben es für immer: Liebende.

5 Fragen nach dem Sinn der göttlichen Bedingung

Worum geht es den Göttern, die gewiss wussten, dass Orpheus scheitern würde?

Um die **Liebe**, die, wenn sie das Maß übersteigt, den geliebten Menschen auch töten kann? Oder hat Orpheus zu wenig geliebt, zu wenig vertraut? Phaidros will in Platons *Symposion* gerade darin die Ursache des Scheiterns sehen, dass Orpheus nicht genug geliebt hat. (179 D/E).

Um die **Macht des Todes**? Musste Orpheus begreifen, dass der Tod etwas Endgültiges ist? Ist es vielleicht kein Zufall, dass Eurydike nicht neben Orpheus emporsteigt, sondern hinter ihm bleibt, als gehöre sie noch mehr der Unterwelt an als ihm?

Um die **Macht der Götter**? War es nicht vermessen, sich auf einen Rechtsstreit mit den Göttern einzulassen?

Um die **Macht der Vergangenheit**? Hätte Orpheus nicht, statt sich umzuwenden, vorausblicken müssen, in die Zukunft, hätte er nicht die lebensfeindliche Trauer bewältigen müssen?

> Christus sagt: *Wer die Hand an den Pflug legt und sieht zurück, der ist nicht geschickt für das Reich Gottes*. (Lukas, 9, V. 62).

Ist das die Lehre der antiken Unterweltgötter? Um die angemaßte **Macht der Menschen**, den Anspruch, selbst den Tod zu besiegen? Zerstört der unstillbare Wissensdrang das Seinsvertrauen?

Um die **Macht der Zeit**, die keine Wiederholung zulässt, die irreversibel ist?

Der Dichter gibt uns keine Antwort. Er verweist uns auf uns selbst.

6 Der Mythos bei Vergil und Boethius

Wie anders man das Geschehen gestalten kann, zeigt uns **Vergil**, der Dichter des römischen Nationalepos, der *Aeneis*. Er war eine Generation älter als Ovid. Er lebte von 70–19 v.Chr. Ovid kannte ihn. In seinem Gedicht über den Landbau, den *Georgica*, erzählt er:

> *Orpheus war auf dem Rückweg und allen Gefahren entronnen,*
> *und die ihm wiedergeschenkte Eurydike war der Luft der*
> *oberen Welt schon nahe. Sie folgte ihm, das war die*
> *Vorschrift der Herrin Persephone. Plötzlich packte Orpheus*
> *unbedacht in seiner Liebe der Wahnsinn, verzeihlich,*
> *wenn die Götter der Unterwelt zu verzeihen verstünden.*
> *Da blieb er stehen und blickte, dem Licht ganz nahe, zurück zu*
> *seiner Eurydike. Er vergaß die Vorschrift, und er*
> *war von der Sehnsucht nach ihr überwältigt. Vergeblich war die*
> *Mühe, und der Vertrag der gnadenlosen Tyrannen*
> *war gebrochen. Aus dem Avernischen Sumpf erklang ein*
> *dreifaches Donnern. Sie sagte: „Welcher so große Wahnsinn*
> *hat mich Arme und hat dich, Orpheus, zugrunde gerichtet?*
> *Siehe, das grausame Schicksal ruft uns wieder zurück, und*
> *Schlaf bedeckt schon die brechenden Augen. Leb wohl, denn ich werde*
> *fortgetragen, bin umgeben von ungeheurem*
> *Dunkel. Nach dir strecke ich meine kraftlosen Arme*
> *aus, schon nicht mehr die Deine." Das sind ihre letzten Worte.*
> *Plötzlich verschwindet sie aus seinen Augen wie ein*
> *zarter Rauch, der aufgelöst in Luft, zurückweht*
> *zu den Toten. Ihn, der vergeblich nach den Schatten*
> *greift, und vieles noch sagen möchte, sieht sie nicht. Der*
> *Fährmann des Orkus lässt ihn nicht ein zweites Mal den*
> *Sumpf überqueren, der den Weg versperrt. Was soll er*
> *tun, wohin sich wenden, da ihm ein zweites Mal die*
> *Gattin geraubt war? Welche Tränen sollen die Götter,*
> *welche Lieder sie erweichen? Sie fährt schon, erkaltet,*
> *in dem stygischen Nachen zurück in die Welt der Toten.*
>
> (4, VV. 485–506).

Anders als bei Ovid steht hier Eurydike im Mittelpunkt. Sie wirft Orpheus vor, dass er sich von einer unkontrollierten Leidenschaft hat hinreißen lassen, sie spricht von *Wahnsinn* und *Wahn*, *dementia* (V. 488) und *furor* (V. 495). Orpheus lädt Schuld auf sich, weil er sich nicht von der Vernunft hat leiten lassen. Hier spricht die stoische Philosophie aus dem Dichter.

Boethius, ein Philosoph und Christ, der von 480–524 n.Chr. gelebt hat, erzählt die Geschichte in seinem Werk *Trost der Philosophie*, das er im Gefängnis geschrieben hat. Am Schluss wendet er sich an seine Leser, an die Nachwelt.

*Euch geht diese Geschichte an,
die ihr aufwärts zum oberen Tag
euren Geist zu erheben sucht.
Wer zur Höhle des Tartarus
unterliegend das Auge senkt,
der verliert, was er Köstliches
mit sich führt, wenn er Schatten schaut.*
(3, Kap. 12; Übers.: Karl Büchner).

Der Weg aus der Unterwelt ist der Weg des Lebens aus dem Dunkel in das Licht. Wer diesen Weg nicht mutig geht, sondern, besiegt, zurückblickt, verliert, was er sich an Wissen und Erkenntnissen, an Glauben und Gewissheiten angeeignet hat, er verliert sich selbst.

Wer die Hand an den Pflug legt und sieht zurück, der ist nicht geschickt für das Reich Gottes.

Im Alten Testament wird die Geschichte von Lot und seiner Frau erzählt. Sie dreht sich nach den von Gott zerstörten Städten Sodom und Gomorrha um und erstarrt zur Salzsäule. (Gen. 19, VV. 15–17, 26). Was bedeutet das?

7 Rainer Maria Rilkes Gedicht *Orpheus, Eurydike und Hermes*

7.1 Das antike Relief

Rilke hat das Gedicht im Jahr 1904 geschrieben. Er nimmt Bezug auf ein antikes Relief, das im 5. Jahrhundert v.Chr. in Athen entstanden ist, aber nur in römischen Kopien erhalten ist, die sich im Nationalmuseum in Neapel, in der Villa Albani in Rom und im Louvre in Paris befinden. Sie stammen aus der Zeit zwischen 100 v.Chr. und 100 n.Chr.

Eurydike steht zwischen Hermes und Orpheus. Es gilt, Abschied zu nehmen, nachdem Orpheus sich umgewendet hat. Hermes, ein trauriger und mitfühlender Gott, hat schon Eurydikes rechte Hand ergriffen. Er ist mit ihr durch die gleiche Blickrichtung, mit ihr und Orpheus durch die gleiche Beinstellung verbunden. Ein wenig überragt er das Liebespaar, das sich einander zuneigt. Orpheus hat den Schleier vom Gesicht der geliebten Frau gezogen, als sei sie ihm gerade jetzt als Braut zugeführt worden, und blickt sie an. Er berührt ihre linke Hand, die sie auf seine Schulter gelegt hat. So, wie Eurydikes eine Hand von Hermes ergriffen wird, wie ihre andere Hand auf Orpheus' Schulter liegt und von ihm berührt wird, gehört sie beiden an, noch dem Leben und schon dem Tod. Sie blickt traurig, gefasst, in ihr Schicksal ergeben. Alle haben den Mund geschlossen, keine Klagen, ein Abschied ohne Worte.

7.2 Das Gedicht

Da war der Seelen wunderliches Bergwerk.
Wie stille Silbererze gingen sie
als Adern durch sein Dunkel. Zwischen Wurzeln
entsprang das Blut, das fortgeht zu den Menschen,
und schwer wie Porphyr sah es aus im Dunkel.
Sonst war nichts Rotes.

Felsen waren da
und wesenlose Wälder. Brücken über Leeres
und jener große graue blinde Teich,
der über seinem fernen Grunde hing
wie Regenhimmel über einer Landschaft.
Und zwischen Wiesen, sanft und voller Langmut,
erschien des einen Weges blasser Streifen
wie eine lange Bleiche hingelegt.
Und diesen einen Weges kamen sie.
Voran der schlanke Mann im blauen Mantel,
der stumm und ungeduldig vor sich aussah.
Ohne zu kauen, fraß sein Schritt den Weg
in großen Bissen, seine Hände hingen
schwer und verschlossen aus dem Fall der Falten
und wussten nicht mehr von der leichten Leier,
die in die Linke eingewachsen war
wie Rosenranken in den Ast des Ölbaums.
Und seine Sinne waren wie entzweit:
Indes der Blick ihm wie ein Hund vorauslief,

*umkehrte, kam und immer wieder weit
und wartend an der nächsten Wendung stand,
blieb sein Gehör wie ein Geruch zurück.
Manchmal erschien es ihm, als reiche es
bis an das Gehen jener beiden andern,
die folgen sollten diesen ganzen Aufstieg.
Dann wieder war's nur seines Steigens Nachklang
und seines Mantels Wind, was hinter ihm war.
Er aber sagte sich, sie kämen doch,
sagte es laut und hörte sich verhallen. Sie kämen doch, nur wären's zwei,
die furchtbar leise gingen. Dürfte er
sich einmal wenden (wäre das Zurückschaun
nicht die Zersetzung dieses ganzen Werkes,
das erst vollbracht wird), müsste er sie sehen,
die beiden Leisen, die ihm schweigend nachgehn,
den Gott des Ganges und der weisen Botschaft,
die Reisehaube über hellen Augen,
den schlanken Stab hertragend vor dem Leibe
und flügelschlagend an den Fußgelenken
und seiner linken Hand gegeben: Sie.
Die So-Geliebte, dass aus einer Leier
mehr Klage kam als je aus Klagefrauen,
dass eine Welt aus Klage ward, in der
alles noch einmal da war: Wald und Tal
und Weg und Ortschaft, Feld und Fluss und Tier,
und dass um diese Klage-Welt, ganz so
wie um die andre Erde eine Sonne
und ein gestirnter stiller Himmel ging,
ein Klage-Himmel mit entstellten Sternen –,
diese So-Geliebte.*

*Sie aber ging an jenes Gottes Hand,
den Schritt beschränkt von langen Leichenbändern,
unsicher, sanft und ohne Ungeduld.
Sie war in sich. Und ihr Gestorbensein
erfüllte sie wie Fülle.
Wie eine Frucht von Süßigkeit und Dunkel,
so war sie voll von ihrem großen Tode,
der also neu war, dass sie nichts begriff.*

*Sie war in einem neuen Mädchentum
und unberührbar; ihr Geschlecht war zu
wie eine junge Blume gegen Abend,
und ihre Hände waren der Vermählung
so sehr entwöhnt, dass selbst des leichten Gottes
unendlich leise, leitende Berührung
sie kränkte wie zu sehr Vertraulichkeit.*

Sie war schon nicht mehr diese blonde Frau,
die in des Dichters Liedern manchmal anklang,
nicht mehr des breiten Bettes Duft und Eiland
und jenes Mannes Eigentum nicht mehr.
Sie war schon aufgelöst wie langes Haar
und hingegeben wie gefallner Regen
und ausgeteilt wie hundertfacher Vorrat.
Sie war schon Wurzel. Und als plötzlich jäh
der Gott sie anhielt und im Schmerz im Ausruf
die Worte sprach: „Er hat sich umgewendet" –,
begriff sie nichts und sagte leise: „Wer?"

Fern aber, dunkel vor dem klaren Ausgang,
stand irgendjemand, dessen Angesicht
nicht zu erkennen war. Er stand und sah,
wie auf dem Streifen eines Wiesenpfades
mit trauervollem Blick der Gott der Botschaft
sich schweigend wandte, der Gestalt zu folgen,
die schon zurückging dieses selben Weges,
den Schritt beschränkt von langen Leichenbändern,
unsicher, sanft und ohne Ungeduld.

7.3 Interpretation

Orpheus ist ungeduldig, schweigt, blickt vor sich hin, möchte schneller vorankommen. Er bleibt immer wieder stehen und lauscht. Er ist der So-Liebende, So-Klagende. Er ist außer sich.

Eurydike ist ganz ohne Ungeduld, ganz in sich, und *dachte nicht des Mannes ... und nicht des Weges. So war sie voll von ihrem großen Tod.* Begehren und Begehrtwerden lagen ihr fern. *Sie war in einem neuen Mädchentum.* Sie war eins mit sich selbst, ohne Bezug zu anderen, zur Welt.

Im Tod, dem notwendigen Komplement des Lebens, erfüllt sich das Dasein. Der Tod hat nichts Furchtbares an sich, nichts Erschreckendes. Im Gegenteil: Er erlöst von der Fremdbestimmung, er ist wie bei den Orphikern Befreiung und Emanzipation.

Orpheus weigert sich, den Tod als das anzuerkennen, was er ist. Er ist der besitzhaft Liebende, der nicht loslassen kann und will.

Das Gedicht mahnt uns, die wir leben, anders als Orpheus zu lernen, den Toten in seinem Tod ruhen zu lassen.

Ist Eurydike zu Beginn dem Hermes gefolgt, so folgt am Schluss Hermes der Eurydike. In seinem Schmerz spiegelt sich die Trauer des Orpheus.

8 Der Mythos bei Cesare Pavese, Günter Kunert und Christoph Willibald Gluck

Bei dem italienischen Schriftsteller **Cesare Pavese** (1908–1950) erzählt Orpheus einer Bakchantin, einer Mänade aus dem Gefolge des Dionysos, die Geschichte seiner Rückkehr aus der Unterwelt. Sie wird ihn, wie es der Mythos will, am Schluss töten. Der Text ist 1947 entstanden. Die Überschrift lautet: *Der Untröstliche.*

> *So trug es sich zu. Wir stiegen den Pfad zwischen dem Wald der Schatten hinan. Kokytos, der Styx, die Barke, die Klagen waren schon fern. Auf den Blättern sah man flüchtig das Schimmern des Himmels. Ich vernahm hinter meinem Rücken das Geräusch ihres Schrittes. Aber ich war noch dort unten und hatte am Leib jene Kälte. Ich dachte, dass ich eines Tages dahin würde zurückkehren müssen, dass abermals sein wird, was war. Ich dachte an das Leben mit ihr, wie es einst gewesen, dass es ein anderes Mal zu Ende sein würde. Was gewesen ist, wird wieder sein. Ich dachte an jenen Frost, an jene Leere, die ich durchquert hatte und die sie in den Knochen, im Mark, im Blut mit sich trug. Lohnte es sich, wieder zu leben? Daran dachte ich und sah das Schimmern des Tages. Da sagte ich: „Es sei zu Ende", und wandte mich um. Eurydike verschwand, wie die Kerze verlischt. Ich vernahm nur ein Rascheln wie von einer Maus, die sich rettet.*

Eurydike gehört noch ganz dem Totenreich an, aber ihr Tod ist nicht Erfüllung, sondern Kälte, Frost, Leere. Tod ist Erstarrung, Empfindungslosigkeit. Selbst dem Orpheus haftet noch die Kälte am Leib. Wir erfahren, welche Gedanken ihm beim Aufstieg durch den Kopf gehen: Es ist nicht die Liebe, nicht die Ungeduld, so schnell wie möglich mit der geliebten Frau wieder vereint zu sein. Er stellt sich vor, welches Leben ihn in der Zukunft erwartet, und kommt zu dem Schluss, dass es eine Wiederholung dessen sein wird, was war, ein Leben mit der Erinnerung an den Tod und ein Leben, das wieder im Tod enden wird. Dieser Orpheus blickt nicht unversehens, nicht unüberlegt zurück, sondern er trifft eine Entscheidung: *Es lohnt sich nicht, wieder zu leben.*

Als ihn die Bakchantin fragt: *Wer möchte die Vergangenheit nicht zurück? Beinahe wäre Eurydike wiedergeboren,* antwortet er: *Um abermals zu sterben, Bakcha? Um das Grauen des Hades im Blut mitzutragen und Tag und Nacht mit mir zu zittern? ... Wirklich war diese Vergangenheit nur im Gesang. Schon beim Ersteigen des Berges schwand jene Vergangenheit hin, wurde Erinnerung, wusste vom Tod. Indem sie starb, wurde Eurydike etwas anderes. Und jener Orpheus, der hinabstieg zum Hades, war nicht mehr Gatte und Witwer. Der Mensch glaubt, das, was gewesen war, ist rückgängig zu machen. Er glaubt, mit Trunkenheit das Schicksal zu brechen. Ich weiß das alles, und es ist nichts.*

Der Mensch verändert sich, er kann sich auf seinem Weg in die Zukunft nicht von der Vergangenheit lösen. Es gibt die Wiederholung nur in dem Sinn, dass jedes Leben wieder im Tod endet. Die Zeit ist irreversibel.

Paveses Orpheus wollte Eurydike retten und vor dem Leben bewahren und sich selbst vor einem Leben mit ihr. Er vergleicht sie mit einer Maus, die sich flüchtend rettet. Er war vielleicht nicht verzweifelt, aber wohl doch *untröstlich*. Es war eine schmerzliche Erkenntnis, zu der er gekommen war.

Pavese ist 1950 freiwillig aus dem Leben geschieden.

Günter Kunert ist ein bedeutender und vielfach ausgezeichneter deutscher Lyriker, Jahrgang 1929. Dem Gedicht, das wir betrachten wollen, hat er die Überschrift *Orpheus III* gegeben. Sein Orpheus hat vieles mit dem des Pavese gemeinsam. Auch er hat sich bewusst dafür entschieden, sich umzuwenden.

War es denn recht,
die bereits selig versunken
in die Anonymität allgemeiner Jenseitigkeit,
zurückführen zu wollen
in Abgründe schmerzbringenden Fleisches,
in die Langeweile abstumpfender Zellen
und hin zu gewisser Enttäuschung: Mehltau
aus zerriebener Hoffnung,
der alles Blühen befällt.

Nichts ist so unwiederholbar wie Glück.

Ich sah schon
künftiger Tage Lawinen aus Gleichgültigkeit,
wachsende Schichten aus Fremdheit und Staub
uns beide verschütten, bevor ich darum
Dich ansah:
Berühmter falsch gedeuteter Augen-Blick,
unvergesslich und fragend:
War es denn recht?

Kunerts Orpheus ist sich nicht so sicher wie der Orpheus Paveses. Er fragt: *War es denn recht?* Die Antwort scheint zunächst so eindeutig zu sein wie bei Pavese. Orpheus macht eine Rechnung auf: Dort eine Eurydike, die nicht Frost und Leere aus der Welt des Todes in die Welt der Lebenden tragen wird, sondern eine Eurydike, die *selig versunken ist in die Anonymität allgemeiner Jenseitigkeit,* in einen Tod, wie Rilke ihn sich vorstellt, und hier die Aussicht auf ein Leben der Langeweile, Enttäuschung, zerriebener Hoffnung, der Gleichgültigkeit und Fremdheit und die Erkenntnis, dass nichts so unwiederholbar ist wie Glück. Dieser Orpheus verneint das Leben nicht. Er erinnert sich an das Glück, das ihm an der

Seite der Eurydike zuteil geworden ist. Aber er fürchtet, dass der Wunsch, es wiederzubeleben, nicht erfüllt werden wird. So scheint die Rechnung aufzugehen:

Es war nicht recht, Eurydike wiederbeleben zu wollen. Aber es scheint nur so:

Die am Anfang gestellte Frage wird am Schluss noch einmal wiederholt, und sie bleibt unbeantwortet.

Die Empathie für die Liebenden, mit der Ovid und Rilke die Geschichte erzählen und die auch das antike Relief charakterisiert, vermisst man bei den modernen Dichtern.

Der Mythos stellt uns wie Orpheus vor die Frage: Wie gehen wir mit dem Tod um, mit den Toten, den geliebten Menschen, die er uns entrissen hat? Was bedeutet er uns? Etwas Endgültiges, ein Verlöschen wie das Licht einer Kerze? Ist das für uns eine tröstliche oder eine erschreckende Vorstellung? Glauben wir, dass der Tote in Frieden ruht, losgelöst von allen Sorgen und Lasten des Alltags, befreit von jeglicher Art Fremdbestimmung, dass er in *die selige Anonymität allgemeiner Jenseitigkeit* eingegangen ist? Hoffen wir auf die Auferstehung, ein glückliches Wiedersehen in einer anderen, besseren Welt? Trauern wir, indem wir uns in Gedanken in die Vergangenheit versenken, uns immer wieder vorstellen, wie glücklich wir waren, und wie erstrebenswert es wäre, es wieder zu werden und zu sein? Oder sind wir uns dessen bewusst, dass Glück unwiederbringlich, dass die Zeit irreversibel ist? Stellen wir uns den Aufgaben der Gegenwart und den Herausforderungen der Zukunft?

Eines bleibt uns in jedem Fall: die Erinnerung und die Gewissheit, dass unsere Liebe den Tod überdauert, kann uns niemand nehmen.

Von der Liebe handelt – und damit wollen wir schließen – die Oper *Orfeo ed Euridice* des Komponisten **Christoph Willibald Gluck** (1714– 1787). Sie ist 1762 entstanden. Sie markiert, sagt man, einen Einschnitt in der Geschichte der Oper, den Beginn der klassizistischen Epoche.

Der Gott Amor belohnt den so sehr liebenden Orpheus, und er lässt Eurydike aus einem tiefen Schlaf erwachen. Orpheus eilt zu ihr und umarmt sie.

Franz Liszt hat zu der Oper einen musikalischen Prolog komponiert.

Literatur

Michael von Albrecht: Das Buch der Verwandlungen. Ovid-Interpretationen, Düsseldorf/Zürich (Artemis & Winkler), 2010

ders.: Ovids Metamorphosen. Texte, Themen, Illustrationen, Heidelberg (Winter), 2014

Karl Heinz Eller: Ovid und der Mythos von der Verwandlung. Zum mythologischen und poetischen Verständnis des Metamorphosen-Gedichts, Frankfurt/Main (Diesterweg), 1982

Marion Giebel: Ovid, Reinbek bei Hamburg (Rowohlt), 1991

Niklas Holzberg: Ovid. Dichter und Werk, München (Beck), 1997

Wolfgang J. Pietsch (Hrsg.): Ovids Metamorphosen im Unterricht, Bamberg (Buchner), 2010

Ulrich Schmitzer: Ovid, Hildesheim (Olms), 2011

Bernd Seidensticker/Antje Wessels (Hrsg.): Kunerts Antike. Eine Anthologie, Freiburg im Breisgau (Rombach), 2004

Wolfgang Storch (Hrsg.): Mythos Orpheus, Texte von Vergil bis Ingeborg Bachmann, Leipzig (Reclam), 1997

Rezeptionen (Auswahl)

Es ist ein Irrtum, Europa primär als einen Begriff der Politik oder Ökonomie zu begreifen, Das, was Europa zunächst einmal eint, ist unsere gemeinsame Kultur. (Roman Herzog)

Kunst: Gemälde, Mosaike, Plastiken, Zeichnungen, Holzschnitte

Themen:
Orpheus bei den Thrakern
Orpheus besänftigt die Tiere
Orpheus in der Unterwelt
Der Tod des Orpheus
Orpheus und die Bakchantinnen
Das Haupt des Orpheus
Eurydike wird von der Schlange gebissen
Eurydike kehrt in den Hades zurück
Orpheus und Eurydike

Künstler
Mittelalter: Orpheus/Christus unter den Tieren, Katakomben in Rom, 2.–4. Jahrhundert
    Orpheus/David, Mosaik in Jerusalem
Luca della Robbia: Der leierspielende Orpheus, am Campanile in Florenz, 1437/39
Mosaik im Fußboden des Doms von Siena: Orpheus unter den wilden Tieren, 1480/90
Andrea Mantegna: Orpheus unter Tieren, am Höllentor, Tod, Palazzo Ducale in Mantua um 1470
Albrecht Dürer: Orpheus' Tod durch zwei Mänaden, 1494 (?)
Luca Signorelli: Orpheus in der Unterwelt, Dom in Orvieto, um 1500
Jan Brueghel der Ältere: Orpheus in der Unterwelt, Florenz, Palazzo Pitti, 1620
Peter Paul Rubens: Orpheus und Eurydike, 1636/37
Antonio Canova: Orpheus wendet sich um, Figurengruppe, 1773
Gustave Moreau: Das thrakische Mädchen, das den Kopf des Orpheus trägt, Paris, Louvre, 1865
Anselm Feuerbach: Orpheus und Eurydike, Wien, Österreichische Galerie, 1868/69
Auguste Rodin: Orpheus (1892), Orpheus und Eurydike (1894)

Lovis Corinth: Orpheus, 1909
Jean Cocteau: Tod des Orpheus, Rathaus von Menton, 1957/58
Gerhard Marcks (1889–1989): Holzschnitte

Musik

Claudio Monteverdi: L'Orfeo, 1607/09
Luigi Rossi: Orpheus, 1647
Josef Haydn: Orfeo ed Euridice, 1791
Jacques Offenbach: Orpheus in der Unterwelt, 1858
Ernst Krenek: Orpheus und Eurydike, 1926, Text: Oskar Kokoschka
Igor Strawinsky: Orpheusballett, 1947
Hans Werner Henze: Orpheus, Tanzstück, 1979
Heinrich Poos (geb. 1928): Orpheus. Drei Fantasien für Chor, Sprecher und Instrumente, Uraufführung 2008 in Mainz

Film
Jean Cocteau: Orpheus, 1950
Marcel Camus: Orfeu negro, 1959

Dramen
Oskar Kokoschka : Orpheus und Eurydike, 1918
Jean Anouilh: Eurydice, 1941